成都轨道交通集团有限公司岗位培训系列教材

综合监控检修工

成都地铁运营有限公司　编

西南交通大学出版社
·成都·

图书在版编目（CIP）数据

综合监控检修工 / 成都地铁运营有限公司编. —成都：西南交通大学出版社，2017.12（2018.7 重印）
ISBN 978-7-5643-5862-4

Ⅰ. ①综… Ⅱ. ①成… Ⅲ. ①城市铁路－交通监控系统－检修 Ⅳ. ①U239.5

中国版本图书馆 CIP 数据核字（2017）第 264617 号

综合监控检修工

成都地铁运营有限公司　编	责任编辑／姜锡伟
	封面设计／墨创文化

西南交通大学出版社出版发行
（四川省成都市二环路北一段 111 号西南交通大学创新大厦 21 楼　610031）
发行部电话：028-87600564　028-87600533
网址：http://www.xnjdcbs.com
印刷：四川森林印务有限责任公司

成品尺寸　185 mm×230 mm
印张　15　字数　323 千
版次　2017 年 12 月第 1 版
印次　2018 年 7 月第 2 次

书号　ISBN 978-7-5643-5862-4
定价　36.00 元

课件咨询电话：028-87600533
图书如有印装质量问题　本社负责退换
版权所有　盗版必究　举报电话：028-87600562

成都轨道交通集团有限公司岗位培训系列教材
编委会

主　任　沈卫平
副主任　饶　咏
委　员　章　扬　徐安雄　朱　均　刘　兵　丁　超　陈　辉
　　　　谢　斌　侯慧芳　向娅莉　李向红　曾东亮　廖理明
　　　　冉　洪　孙永全　魏立源　王　磊

《综合监控检修工》
编写人员

李俊勇　陈　莉　甘晓东　高　雅　唐　丹　李林蹊
商以子　赵　磊　伍文兵　王秀娟　贺　立

序
PREFACE

中国共产党第十八次全国代表大会以来，随着我国城市化进程的不断加快，城市轨道交通取得了长足发展。地铁，作为一种独立的轨道交通系统，凭借其运行速度快、载客能力强、舒适度高、能耗较低，且在行驶过程中不受地面道路拥挤状况影响等优势，已成为当前各大城市缓堵保畅最有效的方式。截至 2017 年 6 月 30 日，我国已有 29 座城市开通运营轨道交通线路，合计运营线路 136 条，运营总里程达到 3 529 km；我国已步入城市轨道交通高速发展时期。

作为西部政治、经济、文化中心，成都市制定了"轨道交通引领城市发展格局"的轨道交通发展战略，大力实施轨道交通加速成网计划，预计到 2022 年，地铁运营里程将突破 600 km。轨道交通的快速发展，需要清晰的、与各发展阶段相适应的组织管理模式，也需要与发展战略相适应的、具有前瞻性的人力资源管理体系，更需要在此基础上构建员工培训和发展体系，以指导运营人才的自我培育。因此，只有提炼并总结运营经验，加速人才培育，才能有效解决轨道交通人才短缺的问题，确保后续线路的顺利开通与安全运营。

基于愈加凸显的轨道交通专业人才培养需求，成都轨道交通集团有限公司下属成都地铁运营有限公司通过总结 7 年来的运营管理经验，历时一年完成了"成都轨道交通集团有限公司岗位培训系列教材"的编写工作。本套培训教材，涵盖行车调度、电客车司机、站务、通信、信号、供电等地铁运营主要专业（岗位），同时结合各专业的岗位标准、培训标准、认证标准，对专业涉及的基础知识、岗位知识和故障（应急）处理进行了总结和分析，既能够满足加速成网发展背景下的地铁员工培训需要，也能为职业院校轨道交通相关专业人才培养提供一定的借鉴。

由于水平、能力有限，本套书中还有诸多不足之处，恳请各位读者、同行不吝指正，我们将在后续实践中不断丰富和完善教材内容。

成都轨道交通集团有限公司
2017 年 11 月

前言
FOREWORD

　　随着我国城市化进程不断加快,城市轨道交通作为缓解城市交通压力的重要组成部分,也进入迅猛发展时期。经济发达国家的交通发展历史告诉我们,只有采用大客运量的地铁和轻轨交通系统,才能从根本上改善城市的公共交通状况。当前,在国家加快城市轨道交通建设这一大背景下,如何快速而高效地培养合格的地铁运营人才,直接关系到地铁的安全运营。

　　综合监控专业作为城市轨道各个子系统信息传递的枢纽,不仅可以为各个孤岛系统建立一个综合的监控界面进行信息交互,还能够对各个子系统实现底层设备的监控,为城市轨道行业的数据化、信息化和地铁的高速安全运营提供可靠条件。《综合监控检修工》分别从综合监控系统介绍、地铁常用通信协议、综合监控功能和接口知识、人机界面标准、故障处理及新技术应用等多个环节较为详细地介绍了综合监控检修工岗位人员应具备的知识和技能。

　　教材的编写是一项探索性工作,由于编者的能力有限、经验不足,书中难免存在不足之处。欢迎读者对教材提出宝贵意见和建议,以便教材修订时补充更正。

　　感谢成都工业学院教职人员在本教材出版前的质量评价环节提出的宝贵修改意见。

编　者

2017 年 11 月

目录
CONTENTS

概　述 ··· 1

第一部分　基础知识

第一章　综合监控系统介绍 ·· 2
　第一节　综合监控系统构成 ··· 2
　第二节　中央级综合监控系统构成（CISCS）·· 4
　第三节　车站级综合监控系统（SISCS）·· 5
　第四节　车辆段维修管理 ··· 7
　第五节　综合监控系统网络 ··· 10
　第六节　大屏幕系统的构成 ··· 17
　复习思考题 ··· 20
第二章　地铁中常用的通信协议 ··· 21
　第一节　MODBUS-RTU 协议 ·· 21
　第二节　MODBUS TCP 协议 ·· 34
　第三节　IEC104 协议 ·· 45
　第四节　OPC 协议 ·· 55
　复习思考题 ··· 57

第二部分　岗位知识

第三章　综合监控功能及接口知识 ·· 58
　第一节　综合监控系统功能 ··· 58

第二节　实现的相关机电系统功能 ……………………………………… 86
　　复习思考题 ………………………………………………………………… 144
第四章　典型设备检修标准及维护要点 ……………………………………… 145
　　第一节　典型设备检修标准 ……………………………………………… 145
　　第二节　日常维护要点 …………………………………………………… 149
　　复习思考题 ………………………………………………………………… 152
第五章　人机界面标准（人机）……………………………………………… 153
　　第一节　人机界面概述 …………………………………………………… 153
　　第二节　人机界面（HMI）风格设计 …………………………………… 154
　　第三节　图元设计 ………………………………………………………… 162
　　第四节　HMI 规划 ………………………………………………………… 165
　　第五节　典型画面布局 …………………………………………………… 169
　　第六节　IBP 盘 …………………………………………………………… 172
　　复习思考题 ………………………………………………………………… 196

第三部分　故障处理（或应急处理）

第六章　故障处理分类 ………………………………………………………… 197
　　第一节　车站部分故障处理 ……………………………………………… 197
　　第二节　中央部分故障处理 ……………………………………………… 205
　　第三节　常见通用故障处理 ……………………………………………… 206
　　复习思考题 ………………………………………………………………… 214

第四部分　新技术应用

第七章　新技术应用 …………………………………………………………… 215
　　第一节　综合监控远程巡检系统简介 …………………………………… 215
　　第二节　主所一键应急程控功能简介 …………………………………… 216
　　第三节　水泵在线监测系统功能简介 …………………………………… 216
复习思考题答案 ………………………………………………………………… 218
参考文献 ………………………………………………………………………… 227
附录　名词解释 ………………………………………………………………… 228

概 述

综合监控专业作为城市轨道各个子系统信息传递的枢纽，不仅可以为各个孤岛系统建立一个综合的监控界面进行信息交互，还能够对各个子系统实现底层设备的监控，为城市轨道行业的数据化、信息化和地铁的高速安全运营提供可靠的条件。

综合监控检修工的主要职责是对所属综合监控系统设备（包括软件和硬件）、对应的子系统接口进行维护，其中包括日常巡检、计划性检修、故障修等，作业要求非常严格。对作业人员本身而言，综合监控检修作业不仅需要健康的身体素质，还需要超强的心理素质，遇到故障抢修能够沉着应对。除此之外，对于一个综合监控检修工而言，必须具备的专业知识、牢固的基础理论知识、丰富的实战经验、熟悉设备的能力等都是必须的。

由于综合监控系统涉及城市轨道交通多个系统，车站常见的有广播系统、闸机、电梯、导向、站台门，这些设备都和综合监控系统有信息交互，有些能监控，有些只能监视，除此之外还有重要的电力监控系统、火灾报警系统、环控系统等等。所有的连接都采用各自的通信协议和接口方式。要想成为一个专业的综合监控检修工，不仅需要了解自身的设备，还需要对相连接的子系统的通信方式进行彻底学习。

综合监控系统基于软件平台，会出现不同的线路。不同的厂家就有不一样的软件平台，每个综合监控检修工不能一直处于一条线作业，当同时在线路之间进行维护时，就需要具备强大的综合监控检修工基础知识和实践经验。本书并没有对具体的软件平台进行讲解，但是对设计规范和理论进行了剖析，读者只有熟记规范，才能在以后的岗位上得心应手，处理故障才能手到擒来。

本书共有四个部分：第一部分内容为综合监控系统介绍和综合监控系统常用的协议知识；第二部分为综合监控检修工岗位知识；第三部分为故障处理和应急处理；第四部分为新技术应用，对综合监控系统远程巡检、水泵在线监测、一键程控功能等新技术应用作了简要介绍。

本书以理论知识为载体，结合成都地铁1/2/3/4号运营线为示例，由浅入深、通俗易懂，较好地体现了综合监控检修工的岗位要求和工作内容，实现了培训教育与岗位技能的有效对接，能帮助读者加深对综合监控检修工岗位的了解，对于提高从业人员基本素质、掌握综合监控检修工岗位的核心知识与技能有直接的帮助和指导作用。

第一部分 基础知识

第一章 综合监控系统介绍

【本章学习重点】

本章主要概述了综合监控的基础知识与综合监控的基本构成方式。

第一节 综合监控系统构成

综合监控系统（Integrated Supervisory Control System，ISCS）是用系统化方法将各个分散的自动化系统联结为一个有机的整体，实现地铁各专业系统之间的信息互通、资源共享。成都地铁综合监控系统是一个典型的大型分层、分布式结构的监控系统，该系统按两级管理（中央、车站）、三级控制（中央、车站及就地）的原则进行设计。

综合监控系统构成的原则是：

（1）成都地铁综合监控系统采用深度集成模式，将火灾自动报警系统、环境与设备监控系统、电力监控系统的车站级、隧道火灾探测系统及中央级功能皆纳入综合监控系统进行统一设计、实施。

（2）综合监控系统遵循分散控制、集中管理、资源共享的设计原则。

（3）综合监控系统应围绕行车和行车指挥、防灾和安全、乘客服务等开展设计，以进一步提高运营行车管理的水平。

（4）综合监控系统面向的对象为控制中心的行调、电调、环调、维调和值班调度以及车站的值班站长、值班员以及车辆段的维修人员，系统应满足这些岗位的功能要求。其中：综合监控系统的维修和管理等功能，分别在控制中心及车辆段维修中心实现；控制中心的综合监控系统应能采集处理集成系统的必要设备故障信息，以方便维修调度的管理工作；维修中心应能采集处理集成系统的主要设备故障信息，以方便维修人员的维护和管理。

（5）当出现异常情况由正常运行模式转为灾害运行模式时，综合监控系统应能迅速转变为应急模式，在中央级、应急指挥中心为防灾、救援和事故处理指挥提供方便。

（6）综合监控系统应具备模式控制、群组控制以及点控等功能。综合监控系统应能反映各监控对象的工作状态。相关的安全联锁功能由控制层设备实现，与火灾密切关联的重要联动功能也由控制层实现。

（7）控制层应保证相对独立地工作，即控制层脱离综合监控系统的信息管理层时，仍能独立运行。

（8）综合监控系统应采用可靠性高的产品，保证能全天候不间断地运行。

综合监控系统采用三级控制方式，即中央级、车站级和现场级三级控制。对于设备而言，离设备越近，操作的优先权越高，就地级设备可以通过"本地"和"远程"转换开关获得设备操作权。如果设置为"远程"状态，该设备将设置为"中央"或"车站"控制。设备处于低级控制模式时，控制优先权在底层。

综合监控系统采用两级管理模式，即中央级和车站级管理。控制中心的主要责任人员是各调度员和相关管理人员，车站、车辆段等站点的主要负责人员是值班站长和相关值班人员，他们通过综合监控系统实现对全线机电设备等方面的监视，根据实际情况调整管理方式。如图1-1所示。

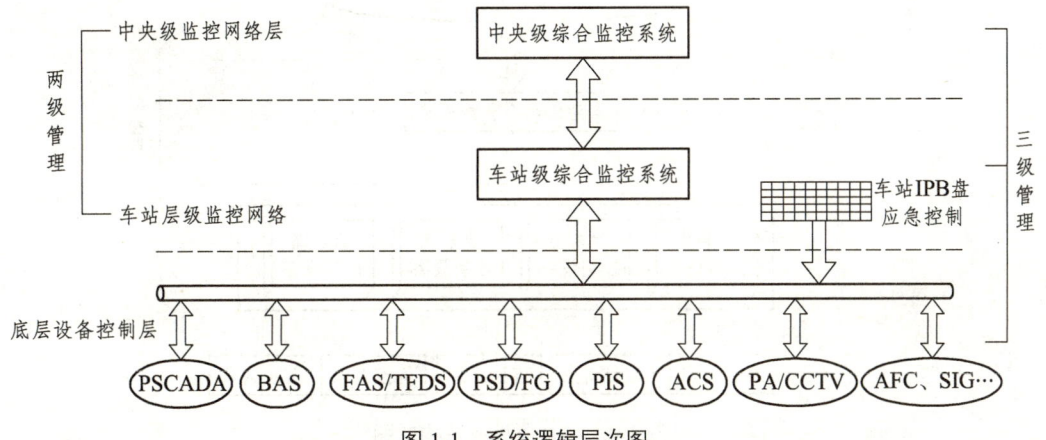

图1-1　系统逻辑层次图

综合监控系统作为一个综合信息化平台，集成了多个子系统的中央级功能，并同信号、自动售检票等系统的中央级互联，掌握全线设备的运行情况，负责管辖范围内设备监控与调度，其设备主要设置在控制中心，面向的操作对象是运营部门的环调、电调及维修人员。在中央级，系统可以对整个线路中各个站点系统管辖范围内的设备运行状态、故障情况进行监视，并向各个站点发布指令，统一指挥、协调各个站点的运行。信号、自动售检票、综合监控等系统均设有中央级。

车站级设备的监控功能主要是完成本站点设备监控、管理，由综合监控、信号、自动售检票等车站级系统组成。其中，综合监控系统在车站级集成了多个子系统的车站级功能，一方面负责管辖范围内设备监视，并根据本站的情况向下级子系统发布控制指令，另一方面将本站设备的运行数据传输给中央级，并接受中央级运行指令。车站级综合监控系统设备主要设置在综合监控设备室、车控室等地，面向的操作对象是车站的值班员。

现场级作为车站级、中央级的被监控对象，是车站地铁机电设备的主体，由BAS、FAS、PSD、FG、CCTV、PIS、SIG、AFC、ACS等系统组成，广泛分布于现场，可以进行现场的单台设备的操作，面向的操作对象主要是车站管理人员和维修人员。

综合监控系统的构成示意图如图1-2所示：

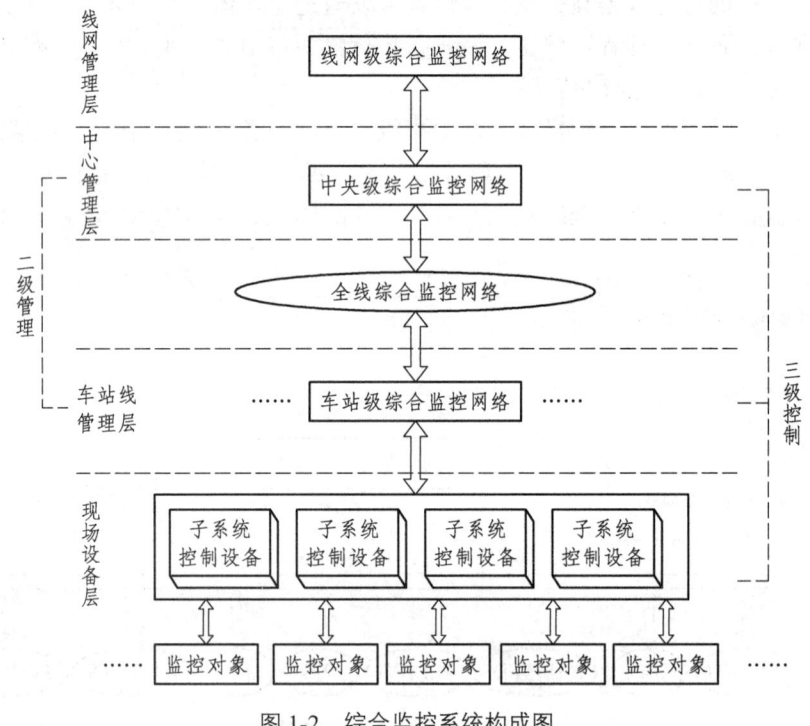

图1-2 综合监控系统构成图

第二节 中央级综合监控系统构成（CISCS）

中央综合监控系统存储、处理从被控系统读取的数据，实时反映现场设备状态的变化并生成报表。中央综合监控系统将记录这些信息，更新中央数据库。中央操作员工作站和综合显示屏可显示这些信息。中央综合监控系统（包括应急指挥中心）处理操作员的控制命令，相关的控制信息同时被传送给被控系统，如图1-3所示。

相关配置如下：

（1）两台冗余、带路由功能的工业级核心光纤以太网交换机。

（2）两台冗余中央实时服务器，完成实时数据采集和处理工作。冗余实时服务器能自动进行切换。每个实时服务器通过以太网接口与中央以太网交换机连接。

（3）两台冗余历史服务器，完成历史数据收集、存储、记录和管理等工作。冗余历史服务器能自动进行主备切换，并配置外部磁盘阵列和磁带机。历史服务器内配置 SQL Server、Oracle 等大中型关系型数据库管理系统，用来管理和存储历史数据。每台历史服务器通过冗余的以太网接口与中央主备以太网交换机连接。

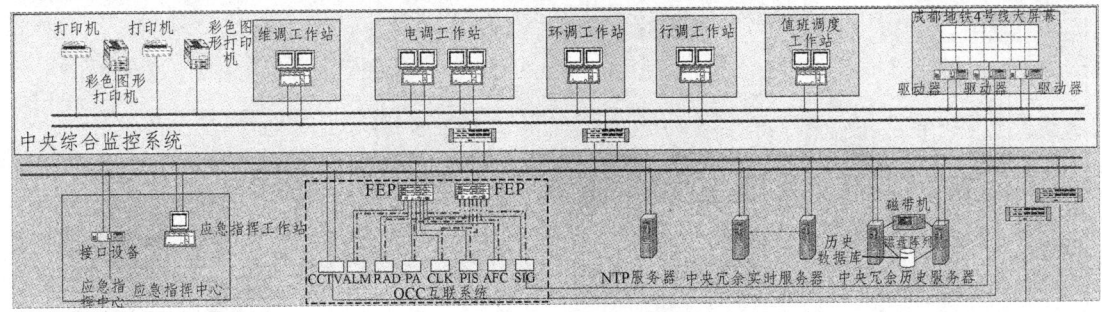

图 1-3　中央级综合监控系统图

（4）调度员工作站：

1 套行车辅助调度员工作站；

2 套电力调度员（备环调）工作站；

1 套环控调度员（备电调）工作站；

1 套维护调度员工作站；

1 套总调度员工作站。

配置 2 台冗余前端通信处理机（FEP），用于与中央级的 PIS、PA、SIG、RAD、ALARM、CLK 等系统的通信和协议转换。每台 FEP 通过以太网接口与中央主备核心交换机分别连接。

（5）前端处理器（FEP）接收和发送控制中心互联系统的信息。

（6）报表打印机和图形打印机。

（7）大屏幕系统，实现 OCC 的大屏显示监控功能，用于显示 CCTV、信号、客流等相关信息。

第三节　车站级综合监控系统（SISCS）

车站级综合监控系统设置在车站，主要由车站交换机、车站级实时服务器、前端通信处理机、值班员工作站、打印机、IBP 盘及操作台等构成，如图 1-4 所示。主变电站所集成的

SCADA系统接入临近车站的车站级综合监控系统。

车站综合监控系统存储、处理从被监控系统读取的数据，实时反映现场设备状态的变化并生成报表。车站综合监控系统将记录这些信息，更新车站数据库。车站操作员工作站可显示这些信息。车站综合监控系统处理操作员的控制命令，相关的控制信息同时被传送给被控系统。

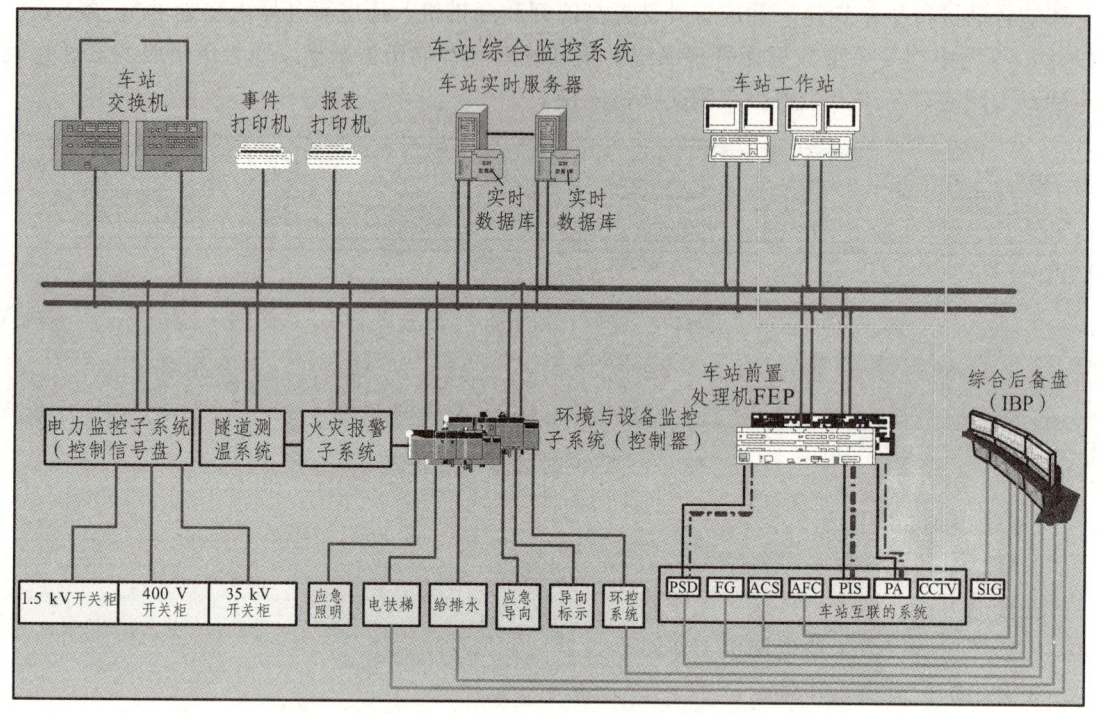

图1-4 车站综合监控系统图

车站级综合监控系统相关配置如下：

（1）配置两台冗余车站级光纤以太网交换机，用于实现综合监控系统的组网功能。

（2）配置两台冗余车站实时服务器，完成车站BAS、FAS、TFDS、SCADA（在车站集成SCADA的线路）等集成系统的实时数据采集和处理工作。冗余实时服务器能自动进行主备切换。每台实时服务器通过以太网接口与车站主备交换机分别连接。

（3）配置2台冗余前端通信处理机（FEP），用于与车站的PIS、PA、ACS、AFC、PSD、FG（跨江河临江2个站点才设置防淹门）等互联子系统的通信和协议转换。每台FEP通过以太网接口与车站主备交换机分别连接。

（4）配置2台操作员工作站，提供人机交互界面，用于值班人员对该站机电设备进行监控，工作站提供第三张网卡，接入CCTV系统。

（5）报表打印机和图形打印机。

（6）IBP盘，当发生故障和紧急情况时，在综合后备盘（IBP）上能够执行各监控系统的关键控制功能，这种控制以直接电缆（硬线）接入的方式，采用手动按键操作实现，IBP盘的操作权限高于综合监控系统，仅低于就地控制。

第四节　车辆段维修管理

车辆段设有综合监控系统，FAS、BAS、SCADA的维修管理系统，仿真测试平台及培训系统，是一套具有完整结构的自治系统，具有自律性，可以独立完成车辆段各个系统的监控工作，不依赖控制中心工作，也可以提供车辆段的实时数据服务，是全线ISCS的基本单位，如图1-5所示。其可以接受来自控制中心的命令，同时向任何需要车辆段数据的客户提供车辆段全部实时和历史数据。维修基地考虑设置综合监控系统维修车间，车间设两套值班工作站，用于与中央控制室维修调度联系，以及安排本车间的日常检修和临时抢修工作。

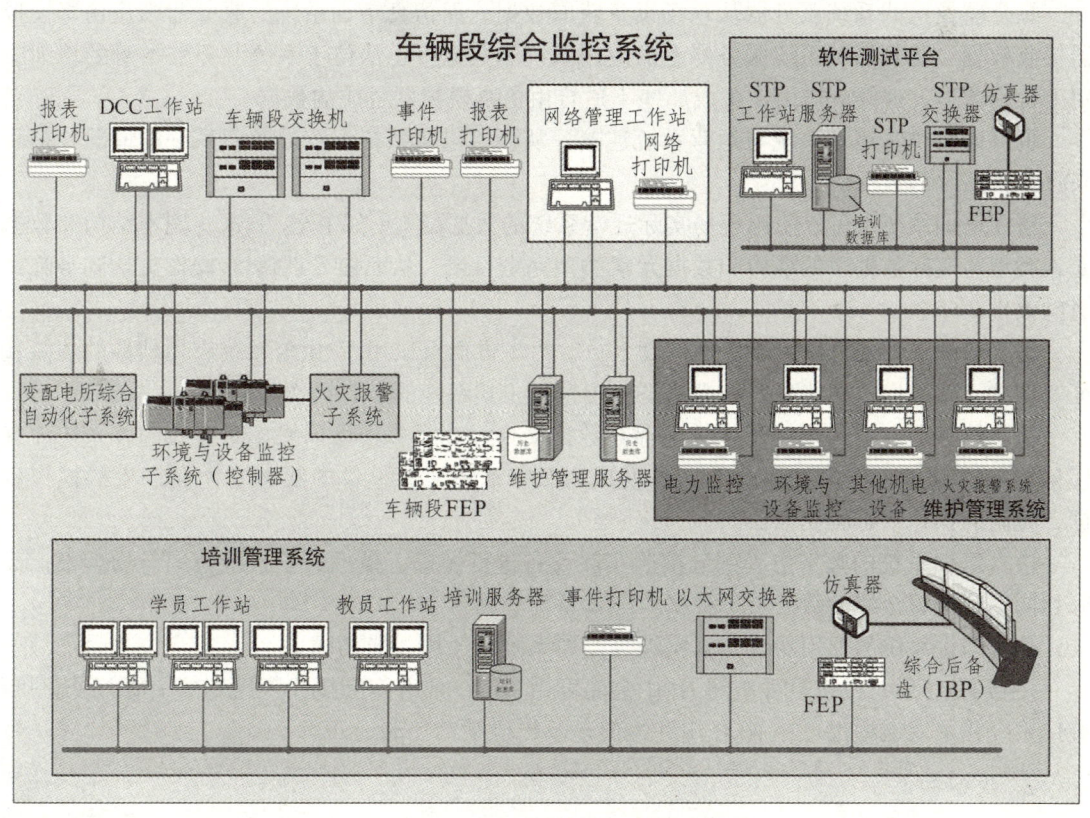

图1-5　车辆段综合监控系统图

一、综合监控维修管理系统

综合监控维修管理系统设备包括服务器（除硬盘不小于1TB并可扩展外，其他硬件配置与SISCS实时服务器相同，考虑冗余配置，用于存储告警信息及处理集成系统信息）、2台1 000 M交换机、2台FEP、综合监控系统维修工作站、BAS系统维修工作站、FAS系统维修工作站、SCADA维修系统工作站等设备，实现对综合监控系统集成系统及其监控设备的故障报警的汇总、分析和统计功能，并具备对相关设备的备品备件管理及维修人员的维修工作的管理等功能。

二、培训系统

仿真培训系统通常是用一个独立的系统来模拟实际运营的系统，包括培训服务器、教员工作站、学员工作站、仿真模拟器、网络交换机及打印机、模拟IBP等设备。

1. 功能概述

综合监控运营系统服务器从现场设备获取数据，而仿真培训系统的服务器则从仿真模拟器接收数据。仿真培训系统服务器上的应用系统和数据库也从位于系统服务器本身的培训应用上得到数据，这些应用用于生成那些不适合由仿真模拟器生成的数据。

也可以将仿真培训系统与运营系统连接，从而可以从系统中查看运营系统的情况并接收来自运营系统的数据。

仿真培训系统也可以使用现场实际运营系统的数据副本（如BAS）。这些副本结构和数据元素类型与实际数据库的结构和数据元素类型完全一致，从而使受训调度/操作员达到身临其境的效果。

仿真培训一方面可以用于培训调度人员，另一方面可以用于ISCS系统应用软件的功能验证及调试。系统模拟功能可以在模拟系统中模拟正式系统的所有操作功能。

仿真培训服务器与现场子系统不存在数据交换，此时各种培训操作对在线的各系统没有任何影响。调度工作站显示的数据是模拟列车移动和轨旁设备的状态变化而产生的模拟数据，控制的操作只影响模拟器。

仿真培训系统的数字仿真部分按照实际设备进行模拟，模拟的子系统范围与物理模拟部分相同，可配置全线的数据点（根据实际设备配置而定）。

仿真培训系统的通用功能与真实综合监控系统的通用功能相同。

登陆HMI后，操作员可访问HMI全部可用功能。所有实际操作中用到的HMI系统图和接口系统相关对话框都可在HMI用到，但是不提供某些功能。

2. 模拟功能

（1）提供所有实际ISCS系统的HMI布局图。

（2）进行模拟测试前，每个设备点和模式都有一个缺省的初始值。监视点包括状态和报警信号，模拟量值。

（3）TMS 和仿真器间每个设备/模式的控制点有一个正常反应的状态反馈。

（4）通过点击设备/模式，弹出对话框显示详细信息。

（5）控制对话框完全是功能性的，带有一个缺省的正常反馈，使之看上去是与实际系统相连的。

3. 数据录制和回放

1）数据录制

系统具有屏幕录制及回放功能。

实际 ISCS 系统的数据不需要额外的录制操作，系统自动保存了全部的历史记录（至少保留 3 个月）供 TMS 系统回放。

在 TMS 的工作站上配置数据录制功能，用于录制 TMS 系统的数据。录制界面主要包括以下内容：

（1）车站：选择待录制的 TMS 系统中的车站；

（2）专业：选择待录制的 TMS 系统中的专业；

（3）数据录制：开始对所选的车站、专业进行录制；

（4）停止录制：停止对所选的车站、专业进行录制；

（5）继续录制：当录制处于暂停状态时，可以点此按钮继续对所选的车站、专业进行录制；

（6）暂停录制：暂时停止对所选的车站、专业进行录制。

2）数据回放

在 TMS 的工作站上配置数据回放功能，可选择数据回放的数据源（在线系统、TMS 系统）和范围（车站、专业），以及回放的开始时间和结束时间，同时可以将所选的回放数据以场景的方式保存在 TMS 服务器上，便于多次回放。场景名称可由教师自行定义，主要包括以下内容：

（1）数据源：选择待回放数据的来源，分为在线系统和 TMS 系统；

（2）车站：选择待回放的数据源中的车站；

（3）专业：选择待回放的数据源中的专业；

（4）开始日期、开始时间：选择开始回放的日期和时间；

（5）结束日期、结束时间：选择回放结束的日期和时间；

（6）数据回放：开始对所选的车站、专业进行回放；

（7）停止回放：停止对所选的车站、专业进行回放；

（8）继续回放：当回放处于暂停状态时，可以点此按钮继续对所选的车站、专业进行回放；

（9）暂停回放：暂时停止对所选的车站、专业进行回放。

4. 对维护人员的培训

TMS 提供丰富的多媒体培训课件、图文并茂的使用手册，帮助运营维护人员更好地熟悉 MACS-SCADA 软件，从基本的离线组态软件的使用，到在线系统的维护和管理，从最初的数据库组态、图形组态，到高级的脚本应用开发，提供全面的培训课程。

在 TMS 每台学员机上安装的 MACS-SCADA 离线组态软件和工程实例，为学员提供了一个完全结合培训课件的实践环境。

TMS 系统提供相关的维护手册、屏幕录像、例子程序供维护人员培训，这些培训资料可以通过 ISCS 页面上的帮助页面调用。

三、仿真测试平台（STP）

仿真测试平台包括服务器、仿真模拟器、FEP、网络交换机及打印机等设备。STP 用于对综合监控系统和各机电设备系统软硬件接口、通信协议、数据格式等内容进行测试，可以作为软件升级、修改时的调试平台，还具有综合监控系统自身的功能仿真等作用。仿真测试平台还应与主干网络相连，起到上载软件、更新软件的作用。

四、网络管理系统（NMS）

网络管理系统（NMS）可对 ISCS 的全部网络设备进行配置、监视和控制。网管系统包括网管工作站、网管软件和网管打印机等，承包人还可根据系统运营和维护的需要，配置 1 套硬件防火墙及 1 套防病毒软件。承包人应采取相关措施有效防止 L2（数据链路层）攻击，以及来自防火墙内部的网络攻击。

第五节 综合监控系统网络

综合监控系统的网络大致可以分为三部分，即主干传输网、中央和车站局域网和现场总线网络。

第一目 主干传输网络

主干传输网络采用千兆以太网技术将控制中心与各车站、车辆段局域网相连。

主干传输网络通过通信系统提供的单模光纤实现连接。中央、车站和车辆段与主干网的连接采用 1 000 Mb/s 单模光纤接口。主干传输网的交换设备配置工业级的以太网交换机。

主干网采用冗余双环拓扑结构进行构建。

主干传输网络分布于 18 个节点（一期 16 个车站、1 个控制中心、1 个车辆段）。

主干传输网络在控制中心的中央设备室交换机采用工业级万兆核心以太网交换机。

在车站级网络节点，每节点分别配置了 2 台模块化的工业级以太网交换机作为节点传输设备。

主干传输网络采用高可靠性的 Supreme-Ring 环网冗余技术，主干传输网络采用单模光纤构成一个千兆双环网的拓扑结构，站点间距离可以达到 20 km。

第二目 局域网

局域网部分包括控制中心、各车站、车辆段的综合监控系统内部局域网。

一、中央综合监控系统局域网

中央局域网为双冗余的 1 000 Mb/s 以太网，符合 IEEE802.3 系列的相关标准。中央采用千兆工业以太网交换机，配置千兆单模光纤接口模块，用于与主干网络的连接。

为便于布线，在控制中心的中央控制室另设两台工业以太网交换机，中央工业以太网交换机具备路由功能。

二、车站级局域网

车站级局域网为双冗余的 1 000 Mb/s 以太网，符合 IEEE802.3 系列的相关标准。车站级局域网采用冗余工业以太网交换机组建（通过千兆单模光纤接口连接主干传输网络）。

1. 1 号线综合监控网络介绍

总体架构如下：

整个成都地铁 1 号线采用了工业以太冗余双环网，由一期工程环网和二期工程南延线环网组成（图1-6）。每个环网是单模光纤组成的千兆冗余双环网。

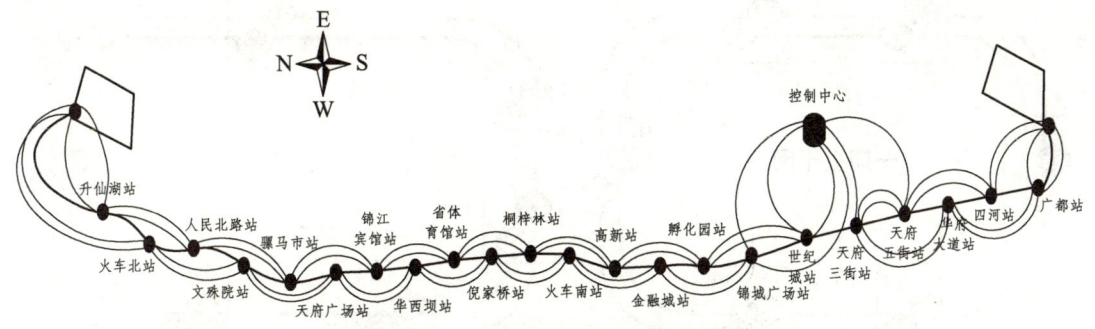

图1-6 全网通信状态监视图

每个环网上有一个交换机用于进行环网的冗余管理，该交换机的两个连接环网的端口中有一个端口是不传输用户数据的,只是用于避免网络风暴和检测环网闭环状态。因此该节点可视为逻辑上的断点,一旦有物理断点出现,则该逻辑断点变为闭合。逻辑断点可设置在任意一台环网交换机上,为了合理优化网络,所有数据流将被平均分布在以控制中心为核心的两条条千兆链路上,如图1-7所示:

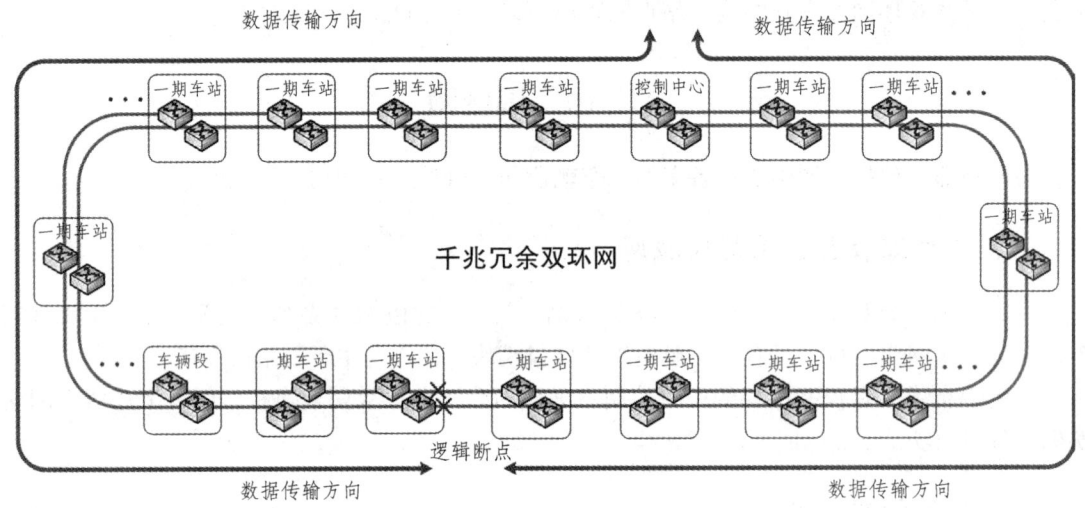

图1-7 千兆冗余双环网图

二期南延伸段的新增车站沿世纪城站向南增加站点,每个车站网络接法和一期网络一样也是跨站相接,进行连通调试独立成环后再进行与一期的网络延伸。在网络延伸时,在原一号线控制中心2台核心交换机上新增2个千兆光口,并将天府3街站与天府5街的2台车站交换机分别与控制中心的2台核心交换机新增千兆光口相连接,最后南延伸段与一期的主干网融合在一起。如图1-8所示:

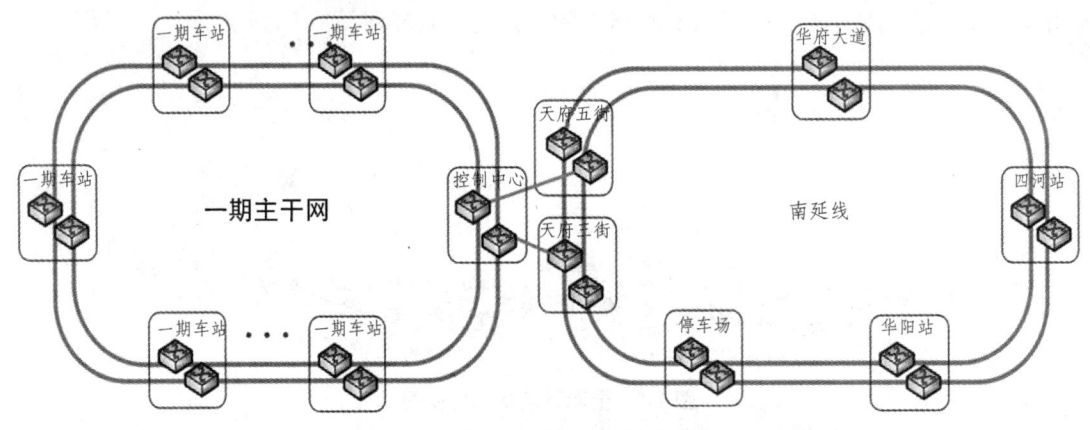

图1-8 一期主干网与南延线网融合图

综合监控系统在线路各车站、车辆段、停车场、OCC设置两台光口以太网口交换机作为节点传输设备。中央和车站局域网包括控制中心、各车站、车辆段的综合监控系统内部局域网。现场总线网包括BAS、FAS、SCADA各子系统现场级设备的组成网络，采用工业控制网络或现场总线网络构成。

2. 2号线综合监控网络介绍

总体架构如下：

成都地铁2号线综合监控系统是一个分层分布式系统，综合监控系统采用中央级和车站级两级管理，中央级、车站级和底层设备控制层（现场级）三级控制的分层分布式结构。整个综合监控系统网络分为三级：综合监控系统主干网、综合监控系统车站局域网（包括控制中心、车辆段局域网）、现场控制网络。

综合监控系统主干传输网络通过通信系统提供的单模光纤实现连接。中央、车站和车辆段与主干网的连接采用1 000 Mb/s单模光纤接口。综合监控系统主干网采用冗余双环拓扑的网络架构，是综合监控系统整体网络的主干道。它将连接车站局域网、车辆段局域网以及控制中心局域网，由设在车站、车辆段、控制中心地点的交换设备及交换设备之间的通信传输系统提供的传输通道构成。

各车站、车辆段和控制中心均作为主干网络节点，在控制中心设备室布置两套TSC Pt3603D-E模块化万兆三层工业交换机作为整个网络的核心交换机，为便于布线，在控制中心的中央控制室布置两台卓越TSC PT33D-A模块化三层千兆工业以太网交换机。各车站、车辆段、停车场的节点均采用主备冗余的两套TSC PT33D-A模块化三层千兆工业以太网交换机。所有车站、车辆段、控制中心的ISCS设备都连接到相应局域网上进行数据通信，再与主干网相连，从而构成一个完整的网络传输系统。

成都地铁2号线综合监控系统主干网采用双环千兆光纤工业以太网。在控制中心、各车站、车辆段各配置2台卓越工业以太网交换机组成2个TSC"Supreme-Ring"工业环网（A网、B网），保证综合监控系统主干网络的冗余切换。

控制中心及车辆段的2台交换机之间通过一根网线相连，双环网之间通过网络耦合技术（Coupling-ring）实现双网合一，实现2个环网的连接，提高网络系统对故障的包容程度，同时减少上位机的切换，进而提高了整个ISCS系统的稳定性。

成都地铁2号线综合监控系统主干网网络拓扑图如图1-9所示。

各个站点之间的单模光纤由通信专业提供，交换机之间的连接采用隔站连接方式。

3. 3号线综合监控网络介绍

总体架构如下：

成都地铁3号线综合监控系统是一个分层分布式系统，综合监控系统采用中央级和车站级两级管理，中央级、车站级和底层设备控制层（现场级）三级控制的分层分布式结构。整个综合监控系统网络分为三级：综合监控系统主干网、综合监控系统车站局域网（包括控制中心、车辆段局域网）、现场控制网络。

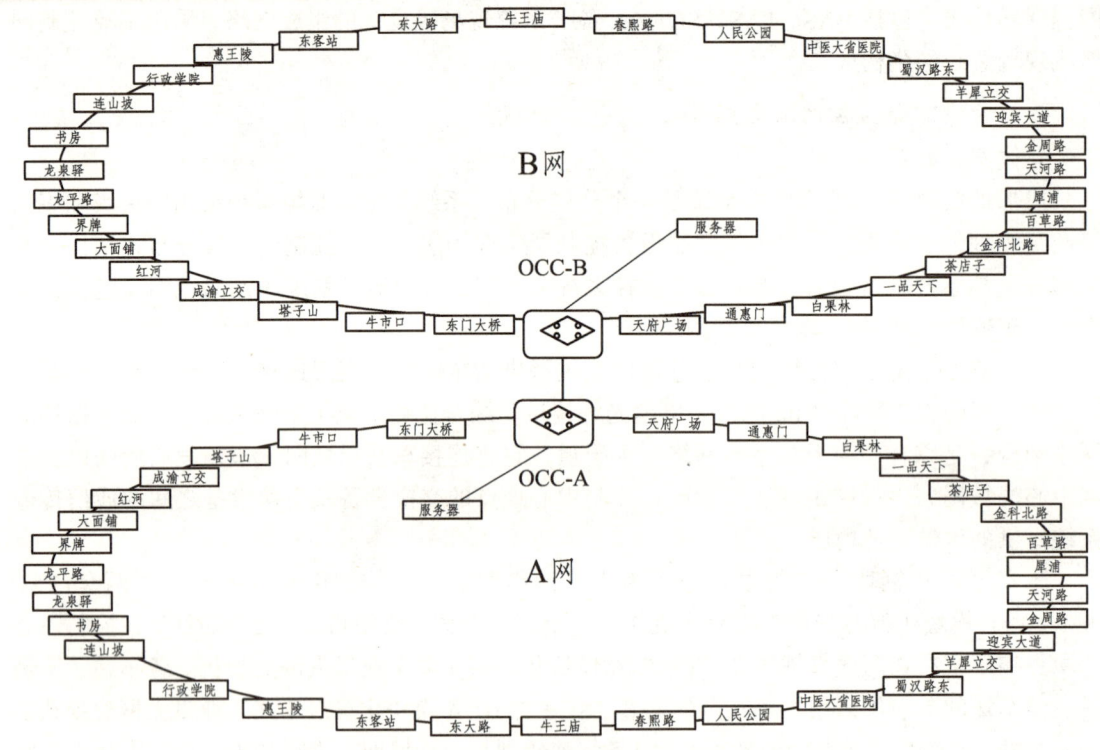

图1-9　成都地铁2号线综合监控系统主干网网络拓扑图

综合监控系统主干传输网络通过通信系统提供的单模光纤实现连接。中央、车站和车辆段与主干网的连接采用1 000 Mb/s单模光纤接口。综合监控系统主干网采用冗余双环拓扑的网络架构，是综合监控系统整体网络的主干道。它将连接车站局域网、车辆段局域网以及控制中心局域网，由设在车站、车辆段、控制中心地点的交换设备及交换设备之间的通信传输系统提供的传输通道构成。

各车站、车辆段和控制中心均作为主干网络节点，在控制中心设备室布置两套TSC Pt3603D-E模块化万兆三层工业交换机作为整个网络的核心交换机，为便于布线，在控制中心的中央控制室布置两台卓越TSC PT33D-A模块化三层千兆工业以太网交换机。各车站、车辆段、停车场的节点均采用主备冗余的两套TSC PT33D-A模块化三层千兆工业以太网交换机。所有车站、车辆段、控制中心的ISCS设备都连接到相应局域网上进行数据通信，再与主干网相连，从而构成一个完整的网络传输系统。

成都地铁3号线综合监控系统主干网采用双环千兆光纤工业以太网。在控制中心、各车站、车辆段各配置2台卓越工业以太网交换机组成2个TSC"Supreme-Ring"工业环网（A

网、B网），保证综合监控系统主干网络的冗余切换。

控制中心及车辆段的 2 台交换机之间通过一根网线相连，双环网之间通过网络耦合技术（Coupling-ring）实现双网合一，实现 2 个环网的连接，提高网络系统对故障的包容程度，同时减少上位机的切换，进而提高了整个 ISCS 系统的稳定性。

网络耦合技术（Coupling-ring）可以确保传输网络系统不因为某个终端的单点故障，导致对整个网络进行切换，同时又可以确保两个环网组在链路上现实"冗余"，实现网络负载达到一定的均衡的目的，进一步保证了系统的可靠性和灵活性。

成都地铁 3 号线综合监控系统主干网网络拓扑图如图 1-10 所示：

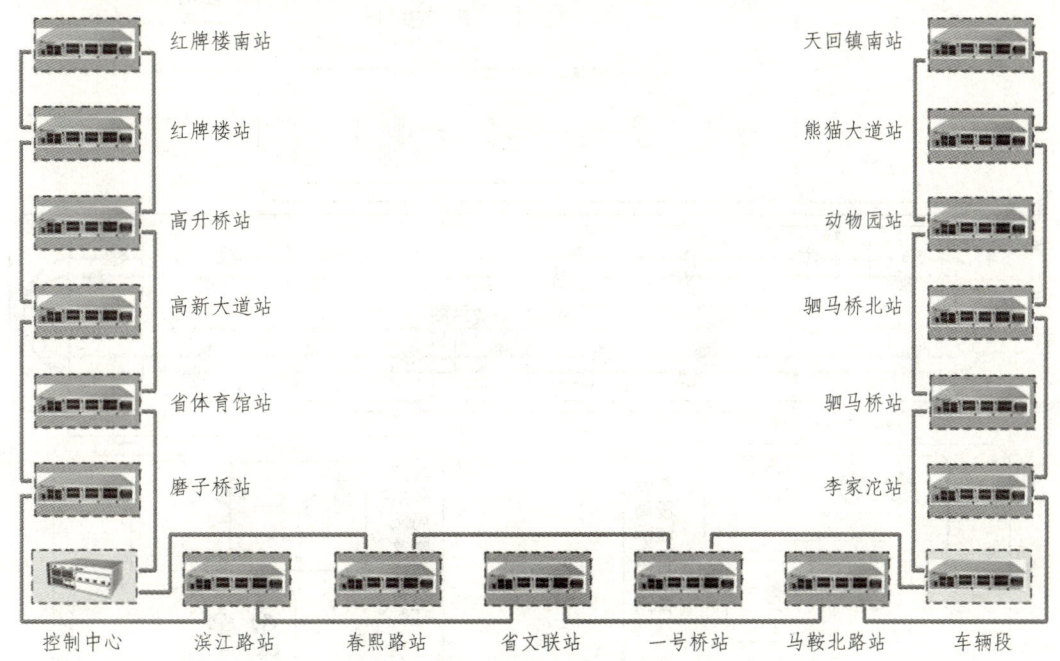

图 1-10　成都地铁 3 号线综合监控系统主干网网络拓扑图

各个站点之间的单模光纤由通信专业提供，具体数量见接口技术要求，交换机之间的连接采用隔站连接方式，主干网为双环网。

4. 4 号线综合监控网络介绍

总体架构如下：

综合监控系统网络是整个成都地铁 4 号线综合监控系统的基础。综合监控系统网络承载着整个成都地铁 4 号线综合监控系统中的各种监控的实时数据及信息流。它为整个计算机监控系统的实时、可靠、快速、准确地传递各种控制及监视信息提供了保障。

成都地铁 4 号线综合监控系统的网络遵循数字化、高速化、智能化、标准化、安全可靠、易扩充升级的原则进行设计,同时充分考虑监控系统总体建设目标。因此,网络系统设计根据信息集成、结构分层、层间相对独立的原则,针对地铁4号线监控系统的特点,将整个网络系统分为三部分:

(1)主干传输网络。

(2)中央和车站局域网络(包括OCC、车站、车辆段)。

(3)现场总线网络。

如图1-11所示为整个成都地铁4号线综合监控主干网网络拓扑图。

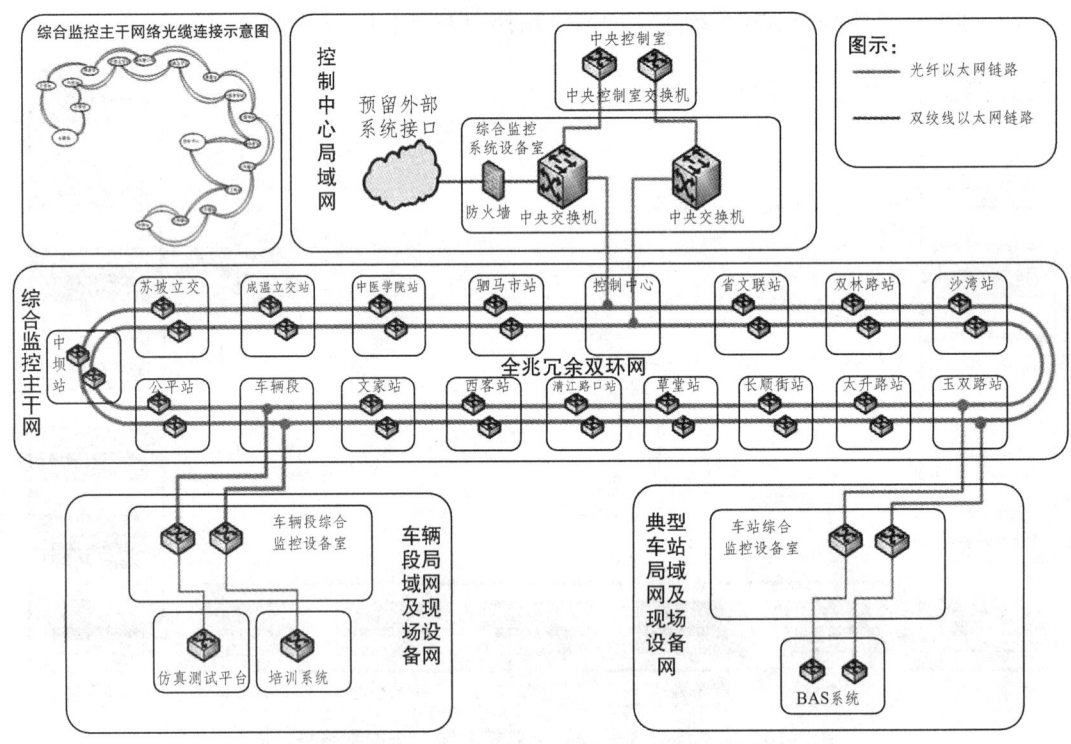

图1-11 成都地铁4号线综合监控系统主干网网络拓扑图

第三目 中央和车站局域网络

中央和车站局域网络主要实现局部区域内的网络通信,并通过主干传输网络实现各站点与OCC之间的信息传递。局域网络的主要接入设备有站点内的服务器、终端工作站、打印机、前置机等。本系统中的局域网主要包括三个部分:

(1)中央综合监控系统局域网。

(2)车站局域网络。

(3)车辆段局域网络。

这些局域网络通过主干通信网络互连互通，从而将整个地铁 4 号线的各区域局域网络有机地连接成一个整体，实现整个 ISCS 系统各个站点与 OCC 之间的信息传递。

第四目　车辆段局域网（车辆段综合监控设备室）

车辆段配置 2 台工业级模块化以太网交换机作为车辆段的主干传输网络的节点交换设备，同时通过配置各类接口模块也作为车辆段内的局域网交换机和维修系统的局域网交换机。

成都地铁 4 号线综合监控系统主干网采用双环千兆光纤工业以太网（A 网、B 网）。

第六节　大屏幕系统的构成

大屏幕是将国际最卓越的 DLP 高清晰度数字显示技术、显示墙无缝拼接技术、多屏图像处理技术、信号切换技术、网络技术等应用综合为一体，形成的一个高清晰度、高智能化、操作简便、迅速地集中控制的数字显示系统。

成都地铁控制中心的大屏幕投影系统（OPS）由投影拼接单元、多屏图形控制器、应用管理系统软件等构成，整个大屏系统划分为三个显示区域，供 SIG、CCTV 及每日客流量使用，投影单元可以进行弧形拼接。

一、大屏幕系统功能

大屏幕显示系统主要包括信号切换、信号处理、信号显示和显示控制等几大功能模块，如图 1-12 所示。

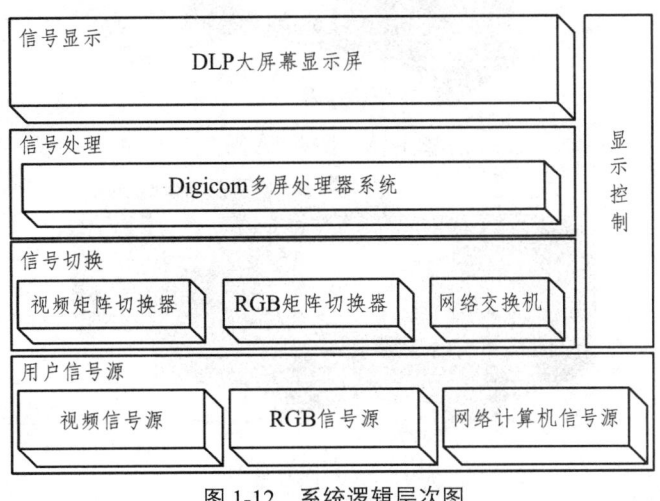

图 1-12　系统逻辑层次图

用户信号源：包括来自摄像头、DVD 等的各种制式的视频信号，来自用户工作站的 RGB 信号，局域网内工作站向网络输出的显示信号。

信号切换：用以连通或切换用户信号源，如视频矩阵切换器、RGB 矩阵切换器、网络交换机、集线器等设备。

信号处理：在显示信号之前对信号进行对应的处理，如切割、放大、窗口化等，包括集成 VTRON 多个技术的 Digicom 多屏处理系统。

信号显示：由显示单元组成的显示墙体，可将处理后的信号在大屏幕上显示出来。

显示控制：集中控制大屏幕显示系统的显示过程，包括 VWAS 大屏幕控制管理软件、专用的控制电脑以及安装了控制软件管理客户端的用户电脑。

二、大屏幕硬件组成

大屏幕显示系统主要组成部分： DLP™显示单元拼接墙体；多屏处理系统；显示墙应用管理系统；线缆、底座、工作站等周边设备。

（1）背投设备。

背投设备及其效果如图 1-13、图 1-14 所示：

图 1-13　背投效果图

图 1-14　背投设备图

（2）多屏处理器。

多屏处理器应该称为一个系统，包括中央控制服务器、桌面服务器、RGB 服务器、视频服务器各一台、节点机 27 台，如图 1-15 所示。

（3）控制 PC。

它是系统的窗口管理器（兼作无盘服务器），是整个系统控制的核心。它完成对信号源（RGB 服务器、应用服务器、ATS 服务器、视频服务器等）的初始化和配置，为信号分配传输所对应的显示终端（节点机）；对节点机进行初始化和配置，为各个节点机分配显示的信号源及显示区域，以及控制信号的叠加、缩放和拼接（内含加密狗）。

图 1-15　多屏处理器图

三、大屏幕软件

大屏系统通过安装于控制 PC 上的应用软件进行管理与控制，其功能如下：

（1）用户管理：包括用户资料数据库的管理，同时提供各客户端的用户认证过程、授权控制等。

（2）设备管理：显示系统内如显示器、矩阵等，可通过 VWAS 对其进行各种设置，从而控制这些设备。

（3）信号源管理：用于管理在大屏幕上显示的各种视频信号、计算机信号、网络显示信号的相关信息，包括来源、信号特点、信号路由等。

（4）窗口管理：通过拖放等方式，将信号源在大屏幕上以窗口的方式显示出来，操作员可以通过操作方框的方式来管理正在显示的窗口,如拖放、放大缩小、关闭等操作。

（5）模式和预案管理:通过 VWAS,可以把各种显示信号的组合定义成模式,操作员可以按照需要,随时调用模式,可以快速实现各种显示组合之间的切换;操作员还可以把各种显示窗口或者显示模式定义成预案,可以让 VWAS 定时自动地调用各种模式或者信号源显示,不需要人工干预（例如设定系统自动开机、自动进入待机状态等等）,并提供热键操作功能。

复习思考题

1. 简述综合监控系统硬件架构及每层主要设备。
2. 请简述综合监控系统的网络体系结构。

第二章 地铁中常用的通信协议

【本章学习重点】

本章分为四节，主要对串口 RS232\RS485\RS422 进行简单介绍，对常用的通信协议进行介绍，其中详细解说了 Modbus-Rtu 协议。

第一节 MODBUS-RTU 协议

Modbus 协议是应用于电子控制器上的一种通用语言。通过此协议，控制器相互之间、控制器经由网络（例如以太网）和其他设备之间可以通信。它已经成为一种通用工业标准。有了它，不同厂商生产的控制设备可以连成工业网络，进行集中监控。

此协议定义了一个控制器能认识使用的消息结构，而不管它们是经过何种网络进行通信的。它描述了控制器请求访问其他设备的过程，如何回应来自其他设备的请求，以及怎样侦测错误并记录。它制定了消息域格局和内容的公共格式。

当在一 Modbus 网络上通信时，此协议决定了每个控制器需要知道它们的设备地址，识别按地址发来的消息，决定要产生何种行动。如果需要回应，控制器将生成反馈信息并用 Modbus 协议发出。在其他网络上，包含了 Modbus 协议的消息转换为在此网络上使用的帧或包结构。这种转换也扩展了根据具体的网络解决节地址、路由路径及错误检测的方法。

协议在一根通信线上使用应答式连接（半双工），这意味着在一根单独的通信线上信号沿着相反的两个方向传输。首先，主计算机的信号寻址到一台唯一的终端设备（从机），然后，在相反的方向上终端设备发出的应答信号传输给主机。协议只允许在主计算机和终端设备之间数据交换，而不允许独立的设备之间的数据交换，这就不会使它们在初始化时占据通信线路，而仅限于响应到达本机的查询信号。

第一目 传输方式

传输方式是一个信息帧内一系列独立的数据结构以及用于传输数据的有限规则。以 RTU 模式在 Modbus 总线上进行通信时，信息中的每 8 位字节分成 2 个 4 位 16 进制的字符，每个信息必须连续传输下面定义的与 Modbus 协议-RTU 方式相兼容的传输方式。

1. 代码系统

8位二进制，十六进制数0，1，…，9，A，B，…，F。

消息中的每个8位域都是由一个两个十六进制字符组成。

2. 每个字节的位

1个起始位；

8个数据位，最小的有效位先发送；

1个奇偶校验位，无校验则无；

1个停止位（有校验时），2个Bit（无校验时）。

3. 错误检测域

CRC（循环冗长检测）。

第二目　协议

当信息帧到达终端设备时，它通过一个简单的"口"进入寻址到的设备，该设备去掉数据帧的"信封"（数据头），读取数据，如果没有错误，就执行数据所请求的任务，然后，它将自己生成的数据加入到取得的"信封"中，把数据帧返回给发送者。返回的响应数据中包含了以下内容：终端从机地址（Address）、被执行了的命令（Function）、执行命令生成的被请求数据（Data）和一个校验码（Check）。发生任何错误都不会有成功的响应。

一、信息帧（表2-1）

表2-1　Modbus信息帧

Address	Function	Data	Check
8-Bits	8-Bits	N x 8-Bits	16-Bits

特注：Modbus信息帧所允许的最大长度为256个字节，即 N 的范围是大于等于零且小于等于252（$N\{0, 252\}$）。

即，所有的数据长度一共256个字节，有效数据剩下253个字节。

二、地址（Address）域

信息帧地址域（信息地址）在帧的开始部分，由8位组成，有效的从机设备地址范围为0~247（十进制），各从机设备的寻址范围为1~247。主机把从机地址放入信息帧的地址区，并向从机寻址。从机响应时，把自己的地址放入响应信息的地址区，让主机识别已作出响应的从机地址。

地址 0 为广播地址，所有从机均能识别。当 Modbus 协议用于高级网络时，则不允许我用广播或其他方式替代。

三、功能（Function）域

信息帧功能域代码告诉了被寻址到的终端执行何种功能。有效码范围为 1～225（十进制），有些代码适用于所有控制器，有些适应于某种控制器，还有些保留以备后用。有关功能代替码的全部内容见表 2-2。

表 2-2 Modbus 协议功能列表

功能码	名称	作用
01	读取线圈状态	取得一组逻辑线圈的当前状态（ON/OFF）
02	读取输入状态	取得一组开关输入的当前状态（ON/OFF）
03	读取保持寄存器	在一个或多个保持寄存器中取得当前的二进制值
04	读取输入寄存器	在一个或多个输入寄存器中取得当前的二进制值
05	强置单线圈	强置一个逻辑线圈的通断状态
06	预置单寄存器	把具体二进制值装入一个保持寄存器
07	读取异常状态	取得 8 个内部线圈的通断状态，这 8 个线圈的地址由控制器决定，用户逻辑可以将这些线圈定义，以说明从机状态，短报文适宜于迅速读取状态
08	回送诊断校验	把诊断校验报文送从机，以对通信处理进行评鉴
09	编程（只用于 484）	使主机模拟编程器作用，修改 PC 从机逻辑
10	控询（只用于 484）	可使主机与一台正在执行长程序任务从机通信，探询该从机是否已完成其操作任务，仅在含有功能码 9 的报文发送后，本功能码才发送
11	读取事件计数	可使主机发出单询问，并随即判定操作是否成功，尤其是该命令或其他应答产生通信错误时
12	读取通信事件记录	可使主机检索每台从机的 ModBus 事务处理通信事件记录，如果某项事务处理完成，记录会给出有关错误
13	编程（184/384/484/584）	可使主机模拟编程器功能修改 PC 从机逻辑
14	探询（184/384/484/584）	可使主机与正在执行任务的从机通信，定期控询该从机是否已完成其程序操作，仅在含有功能 13 的报文发送后，本功能码才得发送
15	强置多线圈	强置一串连续逻辑线圈的通断
16	预置多寄存器	把具体的二进制值装入一串连续的保持寄存器
17	报告从机标识	可使主机判断编址从机的类型及该从机运行指示灯的状态

续表

功能码	名称	作用
18	（884 和 MICRO 84）	可使主机模拟编程功能，修改 PC 状态逻辑
19	重置通信链路	发生非可修改错误后，使从机复位于已知状态，可重置顺序字节
20	读取通用参数（584L）	显示扩展存储器文件中的数据信息
21	写入通用参数（584L）	把通用参数写入扩展存储文件，或修改之
22～64	保留作扩展功能备用	
65～72	保留以备用户功能所用	留作用户功能的扩展编码
73～119	非法功能	
120～127	保留	留作内部作用
128～255	保留	用于异常应答

当主机向从机发送信息时，功能代码向从机说明应执行的动作。如读一组离散式线圈或输入信号的 ON/OFF 状态，读一组寄存器的数据，读从机的诊断状态，写线圈（或寄存器），允许下载、记录、确认从机内的程序等。当从机响应主机时，功能代码可说明从机正常响应或出现错误（即不正常响应），正常响应时，从机简单返回原始功能代码；不正常响应时，从机返回与原始代码相等效的一个码，并把最高有效位设定为"1"。

如，主机要求从机读一组保持寄存器时，则发送信息的功能码为：
0000 0011（十六进制 03）
若从机正确接收请求的动作信息后，则返回相同的代码值作为正常响应。发现错时，则返回一个不正常响应信息：
1000 0011（十六进制 83）
从机对功能代码作为了修改，此外，还把一个特殊码放入响应信息的数据区中，告诉主机出现的错误类型和不正常响应的原因。主机设备的应用程序负责处理不正常响应，典型处理过程是主机把对信息的测试和诊断送给从机，并通知操作者。

四、数据域

数据域包含了终端执行特定功能所需要的数据或者终端响应查询时采集到的数据。这些数据的内容可能是数值、参考地址或者极限值。它的数据区有 2 个 16 进制的数据位（2 的 8 次方 256），数据范围为 00～FF（16 进制）。例如：功能域码告诉终端读取一个寄存器，数据域则需要指明从哪个寄存器开始及读取多少个数据，内嵌的地址和数据依照类型和从机之间的不同能力而有所不同。若无错误出现，从机向主机的响应信息中包含了请求数据，若有错误出现，则数据中有一个不正常代码，使主机能判断并作出下一步的动作。数据区的长度可为"零"以表示某类信息。

五、错误校验域

该域允许主机和终端检查传输过程中的错误。有时，由于电噪声和其他干扰，一组数据在从一个设备传输到另一个设备时在线路上可能会发生一些改变，出错校验能够保证主机或者终端不去响应那些传输过程中发生了改变的数据，这就提高了系统的安全性和效率，出错校验使用了 16 位循环冗余的方法，即 CRC 校验。

错误检测域包含一 16 Bits 值（用两个 8 位的字符来实现）。错误检测域的内容是通过对消息内容进行循环冗长检测得出的。CRC 域附加在消息的最后，添加时先是低字节然后是高字节。故 CRC 的高位字节是发送消息的最后一个字节。

六、字符的连续传输

当消息在标准的 Modbus 系列网络传输时，每个字符或字节按由左到右的次序方式发送：最低有效位（LSB）...最高有效位（MSB）。

位的序列是：

有奇偶校验

| 起始位 | 1 | 2 | 3 | 4 | 5 | 6 | 7 | 8 | 奇偶位 | 停止位 |

无奇偶校验

| 起始位 | | 2 | 3 | 4 | 5 | 6 | 7 | 8 | 停止位 | 停止位 |

七、错误检测

1. 奇偶校验

用户可以配置控制器是奇或偶校验，或无校验。这将决定每个字符中的奇偶校验位是如何设置的。

如果指定了奇或偶校验，"1"的位数将算到每个字符的位数中（ASCII 模式 7 个数据位，RTU 中 8 个数据位）。例如 RTU 字符帧中包含以下 8 个数据位：1 1 0 0 0 1 0 1

整个"1"的数目是 4 个。如果使用了偶校验，帧的奇偶校验位将是 0，便得整个"1"的个数仍是 4 个。如果使用了奇校验，帧的奇偶校验位将是 1，便得整个"1"的个数是 5 个。

如果没有指定奇偶校验位，传输时就没有校验位，也不进行校验检测。可用一附加的停止位代替填充至要传输的字符帧中。

2. CRC 检测

RTU 方式时，采用 CRC 方法计算错误校验码，CRC 校验传送的全部数据。它忽略信息中单个字符数据的奇偶校验方法。

　　循环冗余校验（CRC）域占用两个字节，包含了一个 16 位的二进制值。CRC 值由传送设备计算出来，然后附加到数据帧上，接收设备在接收数据时重新计算 CRC 值，然后与接收到的 CRC 域中的值进行比较，如果这两个值不相等，就表示发生了错误。

　　CRC 开始时先把寄存器的 16 位全部置成"1"，然后把相邻 2 个 8 位字节的数据放入当前寄存器中，只有每个字符的 8 位数据用作产生 CRC，起始位、停止位和奇偶校验位不加到 CRC 中。

　　在生成 CRC 时，每个 8 位字节与寄存器中的内容进行异或运算，然后将结果向低位移位，高位则用"0"补充，最低位（LSB）移出并检测，如果是 1，该寄存器就与一个预设的固定值进行一次异或运算，如果最低位为 0，则不作任何处理。

　　上述处理重复进行，直到执行完了 8 次移位操作，当最后一位（第 8 位）移完以后，下一个 8 位字节与寄存器的当前值进行异或运算，同样进行上述的另一个 8 次移位异或操作，当数据帧中的所有字节都作了处理后，生成的最终值就是 CRC 值。

　　生成一个 CRC 的流程为：

　　（1）预置一个 16 位寄存器为 0FFFFH（全 1），称之为 CRC 寄存器。

　　（2）把数据帧中的第一个 8 位字节与 CRC 寄存器中的低字节进行异或运算，结果存回 CRC 寄存器。

　　（3）将 CRC 寄存器向右移一位，最高位填以 0，最低位移出并检测。

　　（4）如果最低位为 0：重复第（3）步（下一次移位）。

　　如果最低位为 1：将 CRC 寄存器与一个预设的固定值（0A001H）进行异或运算。

　　（5）重复第（3）步和第（4）步直到 8 次移位，这样就处理完了一个完整的 8 位。

　　（6）重复第（2）步到第（5）步来处理下一个 8 位，直到所有的字节处理结束。

　　（7）最终 CRC 寄存器的值就是 CRC 的值。

　　CRC 值附加到信息时，低位在先，高位在后。查阅附录 C 中的一个实例，它详细说明了 CRC 的校验。

第三目　MODBUS 数据和控制功能详解

　　MODBUS 信息中的所有数据地址以零作为基准，各项数据的第一个数据地址的编号为 0。若无特殊说明在此节文中用十进制值表示，图中的数据区则用十六进制表示。

　　表 2-3 为一个例子，说明了 MODBUS 的查询信息，表 2-4 为正常响应的例子，这两例子中的数据均是十六进制的，也表示了以 RTU 方式构成数据帧的方法。

　　主机查询是读保持寄存器，被请求的从机地址为 06，读取的数据来自地址 40108 保持寄存器。注意，该信息规定了寄存器的起始地址为 0107（006BH）。

　　从机响应返回该功能代码，说明是正常响应，字节数"Byle count"中说明有多少个 8 位字节被返回。它表明了附在数据区中 8 位字节的数量,当在缓冲区组织响应信息时,"字节数"区域中的值应与该信息中数据区的字节数相等。如采用 RTU 方式时,63H 用一个字节（01100011）发送。8 个位为一个单位计算"字节数",它忽略了信息帧用组成的方法。

表 2-3　Modbus 的查询信息

Addr	Fun	Data start reg hi	Data start reg lo	Data #of regs hi	Data #of regs lo	CRC16 hi	CRC16 lo
06H	03H	00H	6BH	00H	01H	XXH	XXH

表 2-4　Modbus 的响应信息

Addr	Fun	Byte count	Data1 hi	Data1 Lo	Data 2 hi	Data2 lo	Data3 hi	Data3 lo	CRC16 hi	CRC16 lo
06H	03H	06H	02H	2BH	00H	00H	00H	63H	XXH	XXH

一、读取线圈状态（功能码 01）

读取从机离散量输出口（DO,0X 类型）的 ON/OFF 状态,不支持广播。

1. 查询

查询信息规定了要读的起始线圈和线圈量,线圈的起始地址为 0000H,1~16 个线圈的寻址地址分为 0000H~0015H（DO1=0000H,DO2=0001H,依此类推）。表 2-5 的例子是从地址为 17 的从机读取 DO1 至 DO6 的状态。

表 2-5　读取线圈状态——查询

Addr	Fun	DO start reg hi	DO start reg lo	DO #of regs hi	DO #of regs lo	CRC16 hi	CRC16 lo
11H	01H	00H	00H	00H	06H	XXH	XXH

2. 响应

响应信息中的各线圈的状态与数据区的每一位的值相对应,即每个 DO 占用一位（1=ON,0＝OFF）,第一个数据字节的 LSB 为查询中的寻址地址,其他的线圈按顺序在该字节中由低位向高位排列,直至 8 个为止,下一个字节也是从低位向高位排列。若返回的线圈数不是 8 的倍数,则在最后的数据字节中的剩余位至字节的最高位全部填 0,字节数区说明全部数据的字节数。如表 2-6、表 2-7 所示为线圈的输出状态响应的实例。

表 2-6　读取线圈状态——响应

Addr	Fun	Byte count	Data	CRC16　hi	CRC16　lo
11H	01H	01H	2AH	XXH	XXH

表2-7 数据

0	0	0	0	0	0	DO2	DO1
MSB	7	6	5	4	3	2	LSB

二、读取输入状态（功能码02）

读取从机离散量输入信号（DI，0X类型）的ON/OFF状态，不支持广播。

1. 查询

查询信息规定了要读的输入起始地址，以及输入信号的数量。输入的起始地址为0000H，1~16个输入口的地址分别为0~15（DO1=0000H，DO2=0001H，依此类推）。表2-8的例子是从地址为17的从机读取DI1到DI16的状态。

表2-8 读取输入状态——查询

Addr	Fun	DI start addr hi	DI start addr lo	DI num hi	DI numlo	CRC16 hi	CRC16 lo
11H	02H	00H	00H	00H	10H	XXH	XXH

2. 响应

响应信息中的各输入口的状态，分别对应于数据区中的每一位值，1=ON，0=OFF，第一个数据字节的LSB为查询中的寻址地址，其他输入口按顺序在该字节中由低位向高位排列，直至8个位为止。下一个字节中的8个输入位也是从低位到高位排列。若返回的输入位数不是8的倍数，则在最后的数据字节中的剩余位直至字节的最高位全部填零。字节数区说明了全部数据的字节数。如表2-9所示为读数字输出状态响应的实例。

表2-9 读取输入状态——响应

Addr	Fun	Byte count	Data1	Data2	CRC16 hi	CRC16 lo
11H	02H	02H	33H	CCH	XXH	XXH

数据1

DI8	DI7	DI6	DI5	DI4	DI3	DI2	DI1
MSB							LSB

数据2

DI16	DI15	DI14	DI13	DI12	DI11	DI10	DI9
MSB							LSB

三、读取保持寄存器（功能码03）

读取从机保持寄存器（4X类型）的二进制数据，不支持广播。

1. 查询

查询信息规定了要读的保持寄存器起始地址及保持寄存器的数量，保持寄存器寻址起始地址为 0000H，寄存器 1~16 所对应的地址分别为 0000H~0015H。

表 2-10 的例子是从 17 号从机读 3 个采集到的基本数据 U1、U2、U3，U1 的地址为 0000H，U2 的地址为 0001H，U3 的地址为 0002H。

表 2-10 读取保持寄存器——查询

Addr	Fun	Datastart addr hi	Data start addr lo	Data #of regs hi	Data #of regs lo	CRC16 hi	CRC16 lo
11H	03H	00H	00H	00H	03H	XXH	XXH

2. 响应

响应信息中的寄存器数据为二进制数据，每个寄存器分别对应 2 个字节，第一个字节为高位值数据，第二个字节为低位数据。

表 2-11 的例子是读取 U1，U2，U3（U1=03E8H，U2=03E7H，U3=03E9H）的响应。

表 2-11 读取保持寄存器——响应

Addr	Fun	Byte count	Data1 hi	Data1 Lo	Data 2 hi	Data2 lo	Data3 hi	Data3 lo	CRC16 hi	CRC16 lo
11H	03H	06H	03H	E8H	03H	E7H	03H	E9H	XXH	XXH

四、读取输入寄存器（功能码 04）

读取从机输入寄存器（3X 类型）中的二进制数据，不支持广播。

1. 查询

查询信息规定了要读的寄存器的起始地址及寄存器的数量，寻址起始地址为 0，寄存器 1~16 所对应的地址分别为 0000H~0015H。

表 2-12 的例子是请求 17 号从机的 0009 寄存器。

表 2-12 读取输入寄存器——查询

Addr	Fun	DO addr hi	DO addr lo	Data #of regs hi	Data #of regs lo	CRC16 hi	CRC16 lo
11H	04H	00H	08H	00H	01H	XXH	XXH

2. 响应

响应信息中的寄存器数据为每个寄存器分别对应 2 个字节，第一个字节为高位数据，第二个字节为低位数据。

如表 2-13 所示为寄存器 30009 中的数据用 000AH 2 个字节表示。

表 2-13 读取输入寄存器——查询

Addr	Fun	Byte count	Data hi	Data Lo	CRC16 hi	CRC16 lo
11H	04H	02H	00H	0AH	XXH	XXH

五、强置单线圈（功能码 05）

强制单个线圈（DO，0X 类型）为 ON 或 OFF 状态，广播时，该功能可强制所有从机中同一类型的线圈均为 ON 或 OFF 状态。

该功能可越过控制器内存的保护状态和线圈的禁止状态。线圈强制状态一直保持有效直至下一个控制逻辑作用于线圈为止。控制逻辑中无线圈程序时，则线圈处于强制状态。

1. 查询

查询信息规定了需要强制一个单独线圈的类型，线圈的起始地址为 0000H，1～16 个线圈的寻址地址分为 0000H～0015H（DO1=0000H，DO2=0001H，依此类推）。

由查询数据区中的一个常量，规定被请求线圈的 ON/OFF 状态，FF00H 值请求线圈处于 ON 状态，0000H 值请求线圈处于 OFF 状态，其他值对线圈无效，不起作用。

表 2-14 的例子是请求 17 号从机开 DO1 的 ON 状态。

表 2-14 强制单线圈——查询

Addr	Fun	DO addr hi	DO addr lo	Value hi	Value lo	CRC16 hi	CRC16 lo
11H	05H	00H	00H	FFH	00H	XXH	XXH

2. 响应

如表 2-15 所示为对这个命令请求的正常响应是在 DO 状态改变以后传送接收到的数据。

表 2-15 强制单线圈——响应

Addr	Fun	DO addr hi	DO addr lo	Value hi	Value lo	CRC16 hi	CRC16 lo
11H	05H	00H	00H	FFH	00H	XXH	XXH

六、预置单寄存器（功能码 06）

把一个值预置到一个保持寄存器（4X 类型）中，广播时，该功能把值预置到所有从机的相同类型的寄存器中。

该功能可越过控制器的内存保护，使寄存器中的预置值保持有效，只能由控制器的下一个逻辑信号来处理该预置值。若控制逻辑中无寄存器程序时，则寄存器中的值保持不变。

1. 查询

查询信息规定了要预置寄存器的类型，寄存器寻址起始地址为 0000H，寄存器 1 所对应的地址为 0000H。

表 2-16 的例子是请求 17 号从机 0040H 的值为 2717。

表 2-16 预设单寄存器——查询

Addr	un	Data startreg hi	Data startreg lo	Value hi	Value lo	CRC hi	CRC lo
11H	6H	00H	40H	0AH	9DH	XXH	XXH

2. 响应

表 2-17 所示对于预置单寄存器请求的正常响应是在寄存器值改变以后将接收到的数据传送回去。

表 2-17 预设单寄存器——响应

Addr	un	Data startreg hi	Data startreg lo	Value hi	alue lo	CRC hi	CRC lo
11H	6H	00H	40H	0AH	9DH	XXH	XXH

七、读取异常状态（功能码 7）

读从机中 8 个不正常状态线圈的数据，某些线圈号已在不同型号的控制器中预定义，而其他的线圈由用户编程，作为有关控制器的状态信息，如 "machine ON/OFF"、"heads retraced"（缩回标题）、"safeties satisfied"（安全性满意）、"error conditions"（存在错误条件）或其他用户定义的标志等。该功能码不支持广播。

该功能代码为存取该类信息提供了一种简单的方法，不正常线圈的类型是已知的（在功能代码中不需要线圈类型）。预定义的不正常线圈号如下：

```
控制器型号            线圈              设定
M84，184/384，584，9841-8        用户定义
484  257                          电池状态
          258-264                 用户定义
884       761                     电池状态
          762                     内存保护状态
          763      R10            工况状态
          764-768                 用户预定义
```

1. 查询

表 2-18 的例子是请求读从机设备 17 中的不正常状态。

表 2-18　读取异常状态——查询

Addr	Fun	CRC16 hi	CRC16 lo
11H	07H	XXH	XXH

2. 响应

正常响应包含 8 个不正常的线圈状态，为一个数据字节，每个线圈一位。LSB 对应为最低线圈类型的状态。

如表 2-19 所示为按查询要求返回响应。

表 2-19　读取异常状态——响应

Addr	Fun	DO Data	CRC16 hi	CRC16 lo
11H	07H	6DH	XXH	XXH

该例子中，线圈数据为 6DH（二进制 0110，1101），从左到右（最高位至最低位）的线圈状态分别为：OFF–ON–ON–OFF–ON–ON–OFF–ON。若控制器型号为 984，这些位表示线圈 8 至 1 的状态；若控制器型号为 484，则表示线圈 264 至 257 的状态。

八、强置多线圈（功能码 15）

按线圈的顺序把各线圈（DO，0X 类型）强制成 ON 或 OFF。广播时，该功能代码可对各从机中相同类型的线圈起强制作用。

该功能代码可越过内存保护和线圈的禁止状态线圈，保持强制状态有效，并只能由控制器的下一个逻辑来处理。若无线圈控制逻辑程序时，线圈将保持强制状态。

1. 查询

查询信息规定了被强制线圈的类型，线圈的起始地址为 0000H，1～16 个线圈的寻址地址分为 0000H～0015H（DO1=0000H，DO2=0001H，依此类推）。

查询数据区规定了被请求线圈的 ON/OFF 状态，如数据区的某位值为"1"表示请求的相应线圈状态为 ON，位值为"0"，则为 OFF 状态。如表 2-20 所示。

表 2-20　强置多线圈——查询

Addr	Fun	DO addr hi	DO addr lo	Data #of reg hi	Data #of reg lo	Byte count	Value hi	Value lo	CRC hi	CRC lo
11H	FH	00H	13H	00H	0AH	02H	CDH	01H	XXH	XXH

2. 响应

正常响应返回从机地址、功能代码、起始地址以及强制线圈数。

如表 2-21 所示为对上述查询返回的响应。

表 2-21 强置多线圈——响应

Addr	Fun	DO addr hi	DO addr lo	Data #of reg hi	Data #of reg lo	CRC16 hi	CRC16 lo
11H	0FH	00H	13H	00H	0AH	XXH	XXH

九、预置多寄存器（功能码 16）

把数据按顺序预置到各（4X 类型）寄存器中，广播时该功能代码可把数据预置到全部从机中的相同类型的寄存器中。

该功能代码可越过控制器的内存保护，在寄存器中的预置值一直保持有效，只能由控制器的下一个逻辑来处理寄存器的内容，控制逻辑中无该寄存器程序时，则寄存器中的值保持不变。

1. 查询

查询信息规定了要预置寄存器的类型，寄存器寻址起始地址为 0000H，寄存器 1 所对应的地址为 0000H。

表 2-22 的例子是请求 17 号从机 0040H 的值为 178077833。

表 2-22 预设多寄存器——查询

Addr	Fun	Data start reg hi	Data starreg lo	Data #of reg hi	Data #of reg lo	Byte count	Value hi	Value lo	Value hi	Value lo	CRC hi	CRC lo
11H	10H	00H	40H	00H	02H	04H	40H	89H	0AH	9DH	XXH	XXH

2. 响应

如表 2-23 所示对于预置单寄存器请求的正常响应是在寄存器值改变以后将接收到的数据传送回去。

表 2-23 预设多寄存器——响应

Addr	Fun	Data start reg hi	Data start reg lo	Data #of reg hi	Data #of reg lo	CRC16 hi	CRC16 lo
11H	10H	00H	40H	00H	02H	XXH	XXH

十、报告从机标识（功能码 17）

返回一个从机地址控制器的类型、从机的当前状态以及有关从机的其他说明，不支持广播。

1. 查询

表 2-24 的例子是请求报告从机设备 17 的标识 ID 和状态。

表 2-24 报告从机标识——查询

Addr	Fun	CRC16 hi	CRC16 lo
11H	11H	XXH	XXH

2. 响应

如表 2-25 所示为正常响应格式，数据内容对应每台控制器的类型。

表 2-25 报告从机标识——响应

Addr	Fun	Byte Count	Slave ID	Run Indicator Status	Additfional Data	CRC16 hi	CRC16 lo
11H	11H	XXH	XXH	XXH	XXH	XXH	XXH

第二节 MODBUS TCP 协议

第一目 协议概述

Modbus 通信协议，是 Modicon PLC 所制定的资料交换通信接口标准，于 1979 年首先制定串行通信标准（含 Modbus 异步及 Modbus Plus 同步），于 1997 年制定网络通信标准（Modbus/TCP），属于 OSI 所定义的通信层次的第七层应用层次（Application Layer）。称为 Client/Server 或 Master/Slave 形式的通信协议。由于 Modbus 的通信协议简单、容易设计，所以被许多控制综设备或外围信号设备所广泛采用，因此无形中成为自控业界的标准。Modbus 异步的硬件架构简单，被使用的比率最高。Modbus Plus 同步的协议可以提供高速的通信速度，适合主控制设备间大量资料的交换。Modbus TCP 则是因应 Ethernet 网络的架构，近年来被大量使用的通信协议，也因为其速度及资料传送量远比 Modbus Plus 更快更大，所以已渐渐取代 Modbus Plus 的功能。

Modbus 通信协议基本上是遵循 Master and Slave 的通信步骤，有一方扮演 Master 角色采取主动询问方式，送出 Query Message 给 Slave 方，然后由 Slave 方依据接到的 Query Message 内容准备 Response Message 回传给 Master。即使目前硬件通信已经可以达到双方互相主动通信的能力，但是于 Modbus 通信协议的规定，必须一方为 Master，另一方为 Slave，不能互换角色。一般使用上，监控系统（HMI）都为 Master，PLC、电表、仪表等都为 Slave，HMI 系统一直轮询 Slave 的各种 relay and register 最新数值，然后做显示及各种逻辑计算及控制调整等处理。

一、Query and Response Cycle（图 2-1）

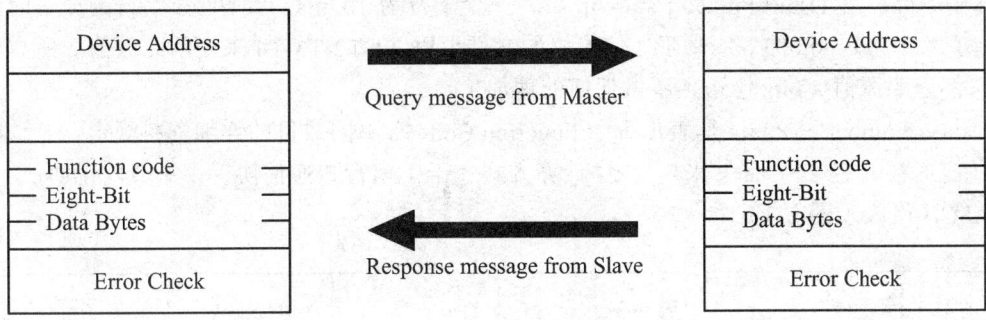

图 2-1　Query and Response Cycle

Device Address：该设备的编号，在同一个串行式网络上此为唯一的号码。于 TCP/IP 上可以使用 IP Address 区分之，所以该 Device Address 保留此字段可以使用或不使用。

Function Code：要求 Slave 处理各种不同资料或程序的 Command，以不同的 Function Number 来区分之。

Eight-Bit Data Bytes：依据 Function Code 而有不同的详细资料定义，Slave 设备依据此两字段资料，做各种处理。

Error Check：当通信传送资料时，因考虑信号可能会受外界干扰，所以必须加上 Error Check Code，使得 message 接收方可以就接到的资料再计算一次 Code，如果正确则做正常处理，不正确则不做处理。串行式通信规定有 CRC and LRC 等两种方式。对于 TCP/IP 通信，因为通信 Error Check 已经被 TCP/IP 的阶层处理掉，所以 Modbus TCP 通信协议上不用此字段。

二、基本资料格式（Data Format）说明

以上 Query and Response Message 基本格式如图 2-2 所示。所有资料格式最大长度为 256 字符。RTU 格式：

开始间隔	Device Address	Function Code	Data	CRC check	结束间隔
T1-T2-T3-T4	8 Bits	8 Bits	Number of 8 Bits	16 Bits	T1-T2-T3-T4

图 2-2　RTU 格式图

T1-T2-T3-T4：RTU 规定每次 Query 或 Response Message 的结束，是以未再接到下一个字

符间隔时间来判断。其规定为 3.5 字符的通信时间，举例来说：通信速率为 9 600 b/s、每个字符含 8 bits 再加上 1 start bit 及 1 stop bit 后，一个字符为 10 bits。计算 3.5 字符的通信时间为（3.5×10）/ 9 600 = 0.003 65 s。于通信协议的文件上以 T1-T2-T3-T4 来表示此数值。所有传送的字符都是照原值 8 bits 传送，不做任何处理加工。

Data：Number of 8 bits 是表示每个 Function Code 有不同数目的详细资料规定。

通信资料的 Error Check 采用 CRC 计算方式，于「串行式通信协议」小节内说明。

ASCII 格式（图 2-3）：

起始字符	Device Address	Function Code	Data	LRC check	结束字符
:	2 字符	2 字符	数个字符	2 字符	2 字符 <CR> <LF>

图 2-3 ASCII 格式图

起始字符及结束字符：因为所传送资料都是为 ASCII 码，以十六进制表示，也即是一定为 0123456789ABCDEF 等 16 个 ASCII 码。所以用特殊的字符规定开始或结束。

由 Device Address 至 Data 等资料，都是将 8 bits 原始值转换为两码的十六进制 ASCII 码，所以其实际传送的字符数约为 RTU 格式的两倍。

Data：数个字符是表示每个 Function Code 有不同数目的详细资料规定。

通信资料的 Error Check 采用 LRC 计算方式，于「串行式通信协议」小节内说明。

TCP/IP 格式（图 2-4）：

起始字符组	Device Address	Function Code	Data	Error check	结束规定
6 个起始字符	8 Bits	8 Bits	Number of 8 Bits	不使用	不使用

图 2-4 TCP/IP 格式图

起始字符组：于前面再多加 6 个字符，以定义一些 TCP/IP 的需要系数。说明如下：

Byte 0：本次通信 Message 的编号以 2 Bytes 整数（Byte 0、1）表示，此 Byte 为上字符，一般是由 Master 编号，以区分每次 Message。如果是 Slave 则将 Master 传来的 Query Message

照转至 Response Message。

Byte 1：本次通信 Message 的编号下字符。

Byte 2：通信协议识别号码以 2 Bytes 整数（Byte 2、3）表示，此 Byte 为上字符，此处为零。

Byte 3：通信协议识别号码下字符，于此处为零。

Byte 4：Message 长度以 2 Bytes 整数（Byte 4、5）表示，此 Byte 为上字符（由 Device Address 至 Data 为止），因为长度不能超过 256 位，所以此位永远为零。

Byte 5：Message 长度下字符（由 Device Address 至 Data 为止）。

由 Device Address 至 Data 内容同 RTU 格式。Modbus 规定 IP Port No.为 502。

举例说明三种格式：

Function Code-3 读取 Output Register 数值为例。

Device address：6。

Start Address：40 123（Modbus 规定 Output Register 由 40 001 开始）。

通信协议内则将 40 001 去除，以 122 表示也就是十六进制数 0x007A。

读取点数：3。

数据读取图见图 2-5。

Query Message	通信内容十六进制	ASCII Code	RTU 8-bits field 二进制	TCP 8-bits field 二进制
TCP Byte-0				0000 0000
TCP Byte-1				0000 0001
TCP Byte-2				0000 0000
TCP Byte-3				0000 0000
TCP Byte-4				0000 0000
TCP Byte-5				0000 0110
ASCII 起始字符		:		
Device Address	06	0 6	0000 0110	0000 0110
Function Code	03	0 3	0000 0011	0000 0011
Start Address (Hi byte)	00	0 0	0000 0000	0000 0000
Start Address (Lo byte)	7A	7 A	0111 1010	0111 1010
No. of registers (Hi byte)	00	0 0	0000 0000	0000 0000
No. of register (Lo byte)	03	0 3	0000 0011	0000 0011
Error Check Byte-0				
Error Check Byte-1				
结束字符		<CR><LF>		

图 2-5　读取图

回传的 3 点 register 数值为 789、12345、-567，也就是十六进制数 0x0315、0x3039、0xFDC9 等（图 2-6）。

Response Message	通信内容 十六进制	ASCII Code	RTU 8-bits field 二进制	TCP 8-bits field 二进制
TCP Byte-0				0000 0000
TCP Byte-1				0000 0001
TCP Byte-2				0000 0000
TCP Byte-3				0000 0000
TCP Byte-4				0000 0000
TCP Byte-5				0000 1001
ASCII 起始字符		:		
Device Address	06	0 6	0000 0110	0000 0110
Function Code	03	0 3	0000 0011	0000 0011
Byte count	06	0 6	0000 0110	0000 0110
Data-1 (Hi byte)	03	0 3	0000 0011	0000 0011
Data-1 (Lo byte)	15	1 5	0001 0101	0001 0101
Data-2 (Hi byte)	30	3 0	0011 0000	0011 0000
Data-2 (Lo byte)	39	3 9	0011 1001	0011 1001
Data-3 (Hi byte)	FD	F D	1111 1101	1111 1101
Data-3 (Lo byte)	C9	C 9	1100 1001	1100 1001
Error Check Byte-0				
Error Check Byte-1				
结束字符		<CR><LF>		

图 2-6　回传图

三、Function Code 说明

Function Code 有二十几种（图 2-7），但是一般使用上都以 1、2、3、4、5、6、15、16 等 8 种最为常用，以及另外特殊使用的 20、21 两种，此为 General Reference Register，绝大部分的 Modbus 设备并不会提供此 Register。在 PLC 上主要的控制数据有下列四种形式。此 8 种 Function Code 就是用于处理这些控制资料的，详细说明如下。

控制数据四种形式：

DI：Digital Input，以一个 bit 表示 On/Off，用来记录控制信号的状态输入，例如开关、接触点、电机运转、超限 switch 等等。在 PLC 上被称为 Input relay、Input coil 等。

DO：Digital Output，以一个 bit 表示 On/Off，用来输出控制信号，以激活或停止电机、警铃、灯光等等。在 PLC 上被称为 Output relay、Output coil 等。

AI：Analog Input，以 16 bits integer 表示一个数值，用来记录控制信号的数值输入，例如温度、流量、料量、速度、转速、文件板开度、液位、重量等等。在 PLC 上被称为 Input register。

AO：Analog Output，以 16 bits integer 表示一个数值，用来输出控制信号的数值，例如温度、流量、速度、转速、文件板开度、饲料量等等设定值。在 PLC 上被称为 Output register、Holding register。

Modbus Function Code	说明
01	Read Coil Status (output relay)
02	Read Input Status (input relay)
03	Read Holding Registers (output register)
04	Read Input Registers
05	Force Single Coil
06	Preset Single Register
07	Read Exception Status
08	Diagnostics
09	Program 484
10	Poll 484
11	Fetch Comm. Event Ctr.
12	Fetch Comm. Event Log
13	Program Controller
14	Poll Controller
15	Force Multiple Coils
16	Preset Multiple Registers
17	Report Slave ID
18	Program 884/M84
19	Reset Comm. Link
20	Read General Reference
21	Write General Reference
22	Mask Write 4x Register
23	Read/Write 4x Register
24	Read FIFO Queue
43	Read Device Identication
65 to 72	开放给一般使用者定义
100 to 110	开放给一般使用者定义

图 2-7 Function Code 说明图

第二目 ModScan32 使用手册

一、参数设定

首先要保证外部连接线正确连接好,确认数据的连接正常。硬件连接好以后,下面进入到软件界面操作(图 2-8)。

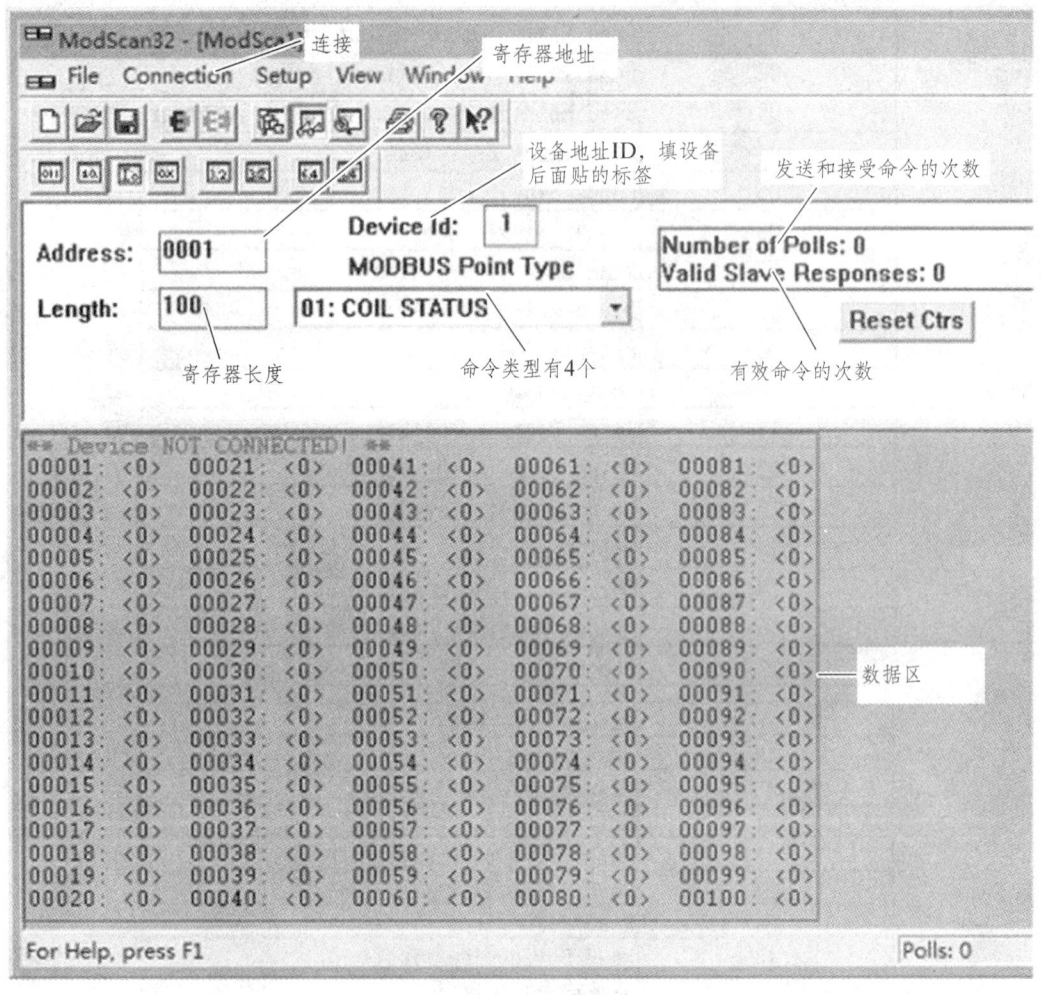

图 2-8 软件界面

第一步:单击菜单栏的 Connenction——"connect",出现如图 2-9 所示界面。
第二步:单击 Rotocol Selection,进入下一步,如图 2-10。

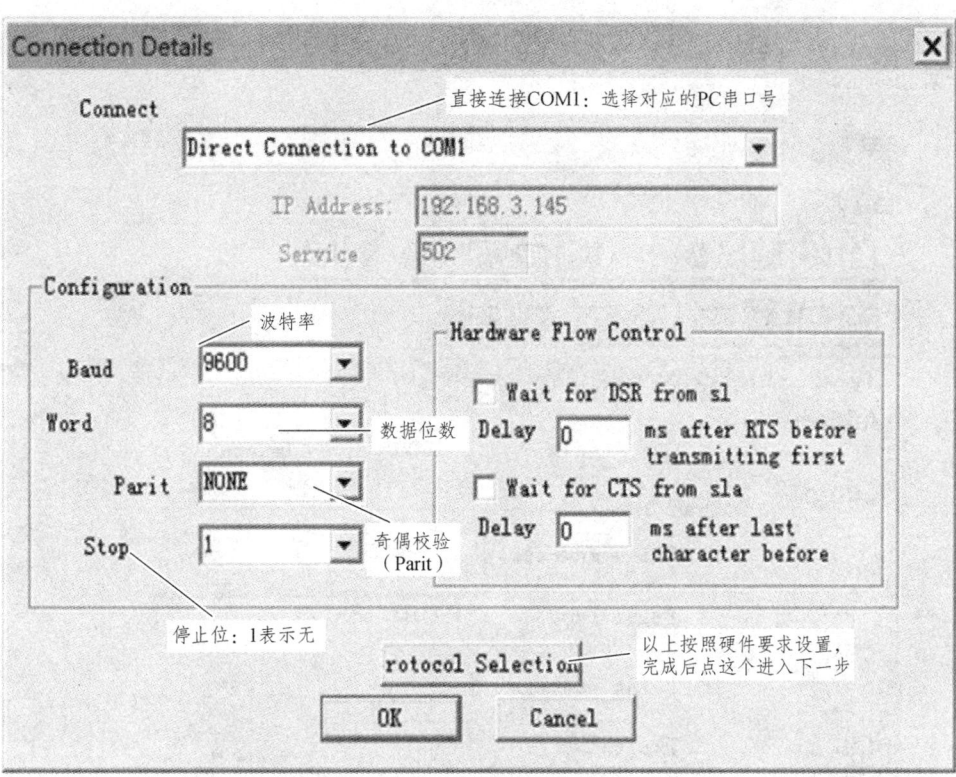

图 2-9 点击 connect

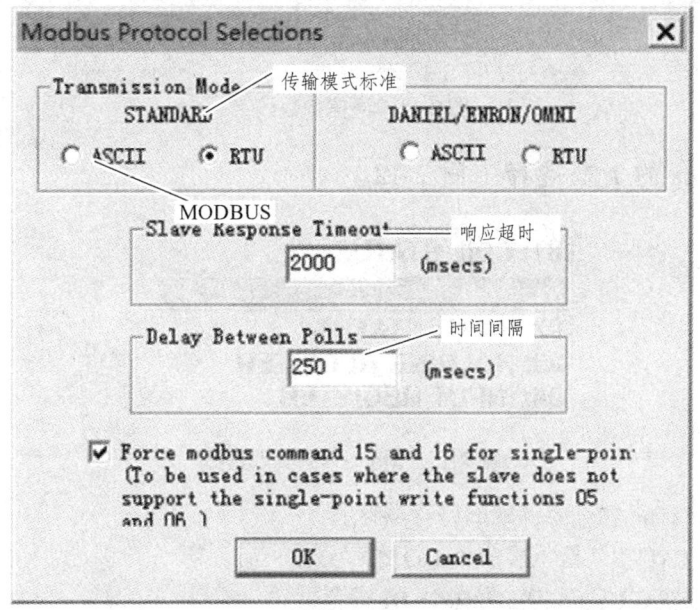

图 2-10 单击 Rotocol Selection

第三步：通信参数设定：进行下面的设置操作，在单击后出现的界面中填写如图 2-11 所示的数据。

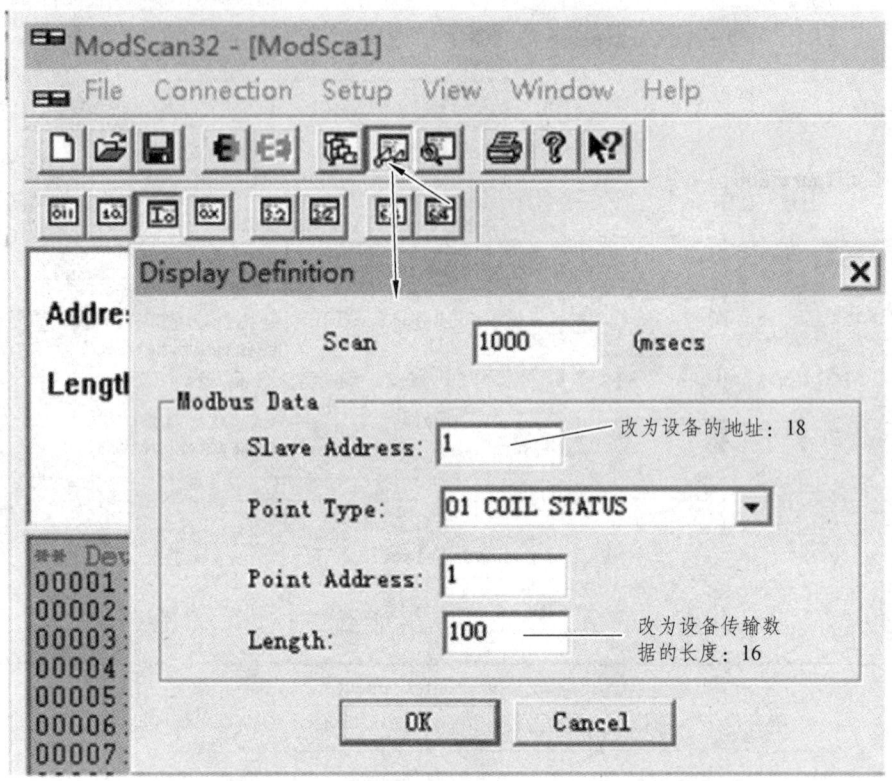

图 2-11　通信参数设定

二、Modbus 的类型选择（图 2-12）

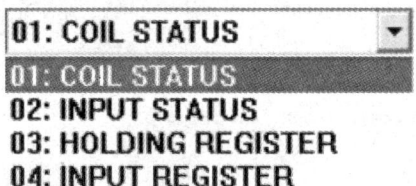

图 2-12　Modbus 的类型选择

Modbus Point Type 就是要读取的寄存器区：
"01：COIL STATUS"指 1 号命令 DO 寄存器；
"02：INPUT STATUS"指 2 号命令 DI 寄存器；

"03：HOLDING REGUSTER"指 3 号命令保存寄存器；
"04：INPUT REGISTER"指 4 号命令输入寄存器。
按照硬件产品说明书指导选择类型。

三、PC 显示数据设置

从左到右对应看：二进制、八进制、十六进制（图 2-13）。

图 2-13　PC 显示数据设置

四、其他功能菜单项（图 2-14）

图 2-14　其他功能菜单项

从左到右对应看为：新建、打开、保存、连接、断开、数据定义等。所有参数设置完成后单击 OK，如果对应串口有数据输入，就能获取数据。

备注：采用 Modbus/485 信号接入要求如下：

（1）Server 通信的参数为 9600，8，1，无校验（可调整，但是目前企业通信模式参数一致）。

（2）Server 的 485 地址是 1。

（3）采集点对应 Modbus RTU 地址为 4001 开始，数据类型为 RINT。

（4）提供的 MOdbus RTU Server 必须是国际标准版协议，使用 Modscan 调试软件能够测试通过。

ModSim32 和 ModScan32 两种 Modbus 调试工具使用说明：

Modbus 采用主从式通信，日常使用较多的是 Modbus RTU 和 Modbus TCP/IP 两种协议。最常用的 Modbus 通信调试工具就是 ModScan32 和 ModSim32。ModScan32 用来模拟主设备，它可以发送指令到从机设备（使用 Modbus 协议的智能仪表终端设备）中，从机响应之后，就可以在界面上返回相应寄存器的数据。

ModSim32 用来模拟从设备。它可以模拟采用 ModBus 协议的智能终端，主要用在 HMI 组态开发中。它通过 ModSim32 改变寄存器状态的值，模拟智能终端的状态变化，来观察 HMI 画面的变化，使得画面的变量配置正确。

ModSim32 和 ModScan32 可以在同一台电脑中运行，用来模拟采用了 Modbus 协议的设备的数据收发过程，方法如下：

1. ModSim32 的设置

ModSim32 几乎不需要设置，启动 ModSim32 后，在菜单栏中选择 Connection→Connect→Modbus/TCP Svr 即可，如图 2-15 所示：

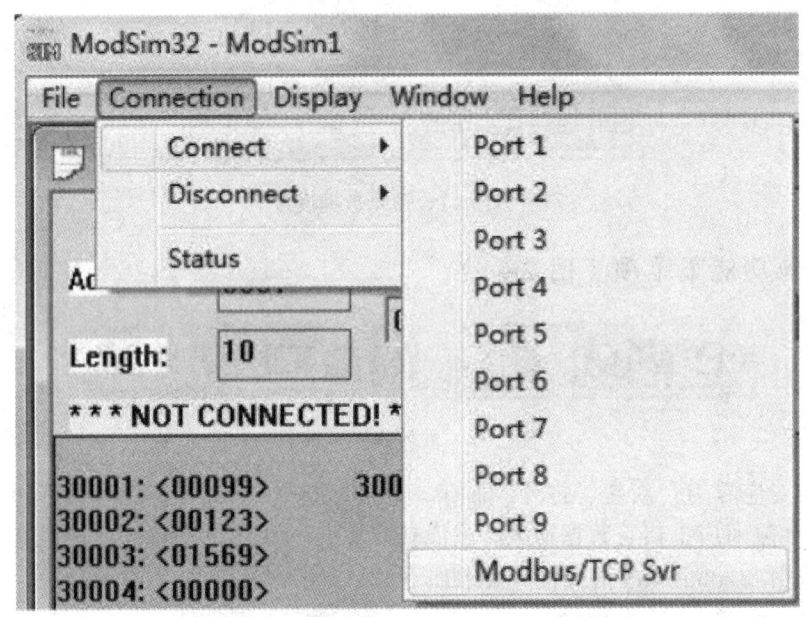

图 2-15　ModSim32

2. ModScan32 的设置

启动 ModScan32 后，在菜单栏中选择 Connection→Connect，弹出对话框，在 Connect 下边选择 Remote TCP/IP Server 连接方式，IP Address 处填写本机 IP 地址，Service 处为默认的 502 即可，点击 OK。按照 Modbus 协议的要求去读相应功能代码（0、1、3、4）的地址即可，注意选择相同的 Device Id、功能代码、起始地址（Address）和长度（Length），否则会提示，这是 ModSim32 和 ModScan32 中的地址不一样所致。另外，还需要注意的是，ModSim32 可以对所有功能代码的地址进行写操作，而 ModScan32 只能对 0 和 4 功能代码的地址进行写操作，不能对 1 和 3 功能代码的地址进行写操作。对于 ModScan32 而言，1 和 3 功能代码的地址是只读的，而 0 和 4 功能代码的地址是可读写的。在 ModSim32 中分别对地址 30001、30002、30003 写入 99、123、2217，则在 ModScan32 中可以看到 30001、30002、30003 三个地址显示的值也为 99、123、2217。

第三节 IEC104 协议

第一目 协议概述

IEC104 规约由国际电工委员会制定。IEC104 规约主要用于电力行业的远动，是把 IEC101（串口）的应用服务数据单元（ASDU）用网络规约 TCP/IP 进行传输的标准，该标准为远动信息的网络传输提供了通信规约依据。采用 104 规约组合 101 规约的 ASDU 的方式后，可很好地保证规约的标准化和通信的可靠性。

一、规约格式

IEC104 规约由 IEC101 规约演化而来，一般采用网络 TCP 通道，标准的端口号为 2404，由 IANA—互联网数字分配授权定义和确认，也可根据需要自行确定。其报文格式如表 2-26 所示。

表 2-26 IEC104 报文

启动字符 68H
报文（APDU）长度（最大为 253）
控制域八位数组 1
控制域八位数组 2
控制域八位数组 3
控制域八位数组 4
IEC104 定义的 ASDU

启动字符 68H 定义了数据流中的起点，APDU=APCI+ASDU，而 APDU 长度= ASDU 的字节长度+4 个控制字节，根据 4 个控制字节控制域内容可将 IEC104 报文分为三类报文：

（1）I 格式：用于编号的信息传输；
（2）S 格式：编号的监视功能；
（3）U 格式：未编号的控制功能。

二、规约格式详解

1. I 格式控制域（表 2-27）

| D7 | D6 | D5 | D4 | D3 | D2 | D1 | D0 |

表 2-27　I 格式控制域

发送序列号 N（S）D6--D0	0
发送序列号 N（S）D7--D14	
接收序列号 N（R）D6--D0	0
接收序列号 N（R）D7--D14	

功能：（1）用于信息报文的传送。
　　　（2）向对方报告已收到的信息帧序列号。
对应 APDU 格式如表 2-28 所示。

表 2-28　对应 APDU 格式

启动字符 68H
APDU 长度
I 格式控制域
ASDU

2. S 格式控制域（表 2-29）

| D7 | D6 | D5 | D4 | D3 | D2 | D1 | D0 |

表 2-29　S 格式控制域

0	0	0	0	0	0	0	1
0	0	0	0	0	0	0	0
接收序列号 N（R）D6--D0							0
接收序列号 N（R）D7--D14							

功能：当本站长期没有收到信息帧发送时，用于向对方报告已收到信息帧序列号，作为收信方对发送方的确认。

对应 APDU 格式如表 2-30 所示。

表 2-30　对应 APDU 格式

启动字符 68H
4
S 格式控制域

3. U 格式控制域（表 2-31）

表 2-31　U 格式控制域

D7	D6	D5	D4	D3	D2	D1	D0
TESTFR		STOPDT		STARTDT		1	1
确认	生效	确认	生效	确认	生效		
						0	0
				0	0	0	0
0	0	0	0	0	0	0	0

功能：（1）链路测试生效和确认。
　　　（2）启动数据传送生效和确认。
　　　（3）停止数据传送生效和确认。
对应 APDU 格式如表 2-32 所示。

表 2-32　对应 APDU 格式

启动字符 68H
4
U 格式控制域

S 格式和 U 格式的报文均无 ASDU 部分。发送序列号 N（S）和接收序列号 N（R）的使用为：发送方增加发送序列号而接收方增加接收序列号。控制站利用 STARTDT（启动数据传输）和 STOPDT（停止数据传输）来控制被控站的数据传输。当连接建立后，连接上的用户数据传输不会从被控站自动激活，控制站需要发送 STARTDT 指令来激活这个连接中的用户数据传输，被控站用 STARTDT 响应，随后，被控站可利用 IEC104 中的有关 ASDU 将变化数据主动上送给控制站，控制站可以在收到一个或几个被控站的报文后发送一个 S 格式的报文给被控站，控制站也可以利用有关的 ASDU 报文向被控站请求全数据或全电度，或向被控站下发遥控命令，或对时。

4. ASUD 格式（表 2-33）

（1）VSQ 可变结构限定词：8 位数组 D0～D7，当 D7=1 时，表示信息元素按顺序摆放，ASDU 中从第二个元素开始，只需给出信息值；当 D7=0 时，表示信息元素不按顺序摆放，ASDU 中每个元素=信息体地址+信息值。D0～D6 表示信息元素个数。

（2）COT 传送原因：16 位数组，D7～D0 表示 104 规约中对应原因代码，D8～D15 表示源发地址，缺省值为 0，有效值范围为 1～255，当系统中有多个源时，在监视方向上所形成的镜像必须加上源发地址，以便返回给相应的源。

表 2-33　ASUD 格式

TYP：类型标识
VSQ：可变结构限定词
COT：传输原因
ASDU 公共地址
信息体地址
信息
.
.
.
信息

（3）ASDU 公共地址：16 位数组，有效值为 1～65534，0 未启用，65535 为全局地址。ASDU 公共地址能被一个被控站的所有对象的寻址所使用，是站地址的概念。一个子站可能是整个系统，也可能是部分系统，各系统都要有站地址来区分。而链路地址是指通信子站的链路编号，一般情况下，ASDU 公共地址和链路地址使用同一个地址，但也可以不一样。有时，ASDU 地址可以使用多个地址，用于信息分层，如同一个站可将信息分成高压保护和低压保护两部分，分别用不同的 ASDU 地址。

（4）信息体地址：24 位数据，D0～D15 为对应 104 规约的信息体地址，D16～D23 用于结构化对象信息体地址，不用时取 0。

第二目　协议使用

IEC104 协议主要用于电力行业的远动，那么针对遥信、遥测、遥控都有其规定的表示方法及 ASDU 格式，下面进行详细的讲述。

一、遥信信息的表示方法

遥信信息的一般表示方法为：信息地址（24 位）+信息值（8 位）。而遥信值的表示方法则分为单点遥信和双点遥信。

1. 单点信息表示法

D7 为状态位，0 表示有效，1 表示无效。D6 为 NT 位，0 表示为当前值，1 表示为非当前值；D5为SB位，0表示未被替换，1表示被替换；D4为BL位，0表示未被闭锁，1表示被闭锁。D3\D2\D1都为0，D0表示为遥信值，0表示OFF，1表示ON。

2. 双点信息表示法

D7为状态位，0表示有效，1表示无效。D6为NT位，0表示为当前值，1表示为非当前值；D5为SB位，0表示未被替换，1表示被替换；D4为BL位，0表示未被闭锁，1表示被闭锁。D3\D2都为0，D1和D0组合表示遥信值，1表示OFF，2表示ON，0和3都为不确定值。

3. 遥信信号的两种ASDU表示

第一种（其中01H表示为单点遥信包，03H表示为双点遥信包）：见表2-34。

表2-34 第一种

01H（03H）	
0	N
COT	
00H	
ADDR	
00H	
信息地址	
YX（i）	
信息地址	
YX（i+1）	
.	
.	
.	

第二种（其中01H表示为单点遥信包，03H表示为双点遥信包）：见表2-35。

表2-35 第二种

01H（03H）	
1	N
COT	
00H	
ADDR	
00H	

续表

01H（03H）
信息地址
YX（i）
YX（i+1）
.
.

4. 常用传送原因COT：

COT=3，表示突发上送；COT=2，表示背景扫描；COT=5，表示被请求上送；C0T=6，表示激活；COT=7表示激活确认；COT=0a，表示激活结束。

5. SOE 的 ASDU 表示（表2-36）

表2-36　SOE 的 ASDU 表

1EH（1FH）
N（SOE个数）
COT
ADDR
信息地址 L
信息地址 H
YX 状态
7 字节时标
信息地址 L
信息地址 H
YX 状态

二、遥测信息的表示方法

遥测的一般表示方法为：信息地址（16 位）+信息值（24 位或 40 位）。而遥测量的表示方法分为归一化值表示法和浮点数表示法。

1. 遥测值的归一化值表示法（24 位）

其中，16 位遥测值的表示，D15 表示为符号位，D15=0 表示为正数，D15=1 表示为负数；D0～D14 表示为遥测值。还有 8 位为测量品质描述。

2. 遥测值的浮点数表示法（40位）

其中，32位为遥测值的表示，D31为符号位，D24~D30为指数值，D0~D23为小数值，即 $D24=2^1$，$D25=2^2$，依次类推，而 $D23=2^0$，$D22=2^{-1}$，依次类推。

3. 带品质描述的归一化遥测包（表2-37或表2-38）

表2-37 带品质描述的归一化遥测包

	09H	
0		N
COT		
OOH		
ADDR		
00H		
信息地址		
YC（i）		
品质描述		
信息地址		
YC（i+1）		
品质描述		
……		

表2-38 带品质描述的归一化遥测包2

	09H	
1		N
COT		
OOH		
ADDR		
00H		
信息地址		
YC（i）		
品质描述		
YC（i+1）		
品质描述		

4. 不带品质描述的归一化遥测包（表 2-39 或表 2-40）

表 2-39　不带品质描述的归一化遥测包

	15H	
0		N
	COT	
	OOH	
	ADDR	
	00H	
	信息地址	
	YC（i）	
	信息地址	
	YC（i+1）	
	….	

表 2-40　不带品质描述的归一化遥测包 2

	15H	
1		N
	COT	
	OOH	
	ADDR	
	00H	
	信息地址	
	YC（i）	
	YC（i+1）	

5. 带品质描述的浮点值遥测包（表2-41 或表2-42）

表2-41　带品质描述的浮点值遥测包

	0DH	
0		N
	COT	
	00H	
	ADDR	
	00H	
	信息地址	
	YC（i）	
	品质描述	
	信息地址	
	YC（i+1）	
	.品质描述	
	…	

表2-42　带品质描述的浮点值遥测包2

	0DH	
1		N
	COT	
	00H	
	ADDR	
	00H	
	信息地址	
	YC（i）	
	品质描述	
	YC（i+1）	
	品质描述	

三、遥控信息的表示方法

遥控过程为：（1）主站发送遥控选择命令，子站以报文的镜像确认。
（2）主站发送遥控执行命令，子站以报文的镜像确认。
（3）主站发送遥控撤销命令，子站以报文的镜像确认。
对应的报文表示为：

1. 遥控选择/执行命令（表 2-43）

表 2-43　遥控选择/执行命令

68H
0EH
发送序列号
接收序列号
2Eh
01H
06H
00H
ADDR
00H
信息体地址
遥控命令限定词

2. 遥控选择/执行命令确认（表 2-44）

表 2-44　遥控选择/执行命令确认

68H
0EH
发送序列号
接收序列号
2Eh
01H
07H
00H
ADDR
00H
信息体地址
遥控命令限定词

其中：DCO 为 8 位数组，D7=0 时，表示执行；D7=1 时，表示选择。D2～D6 都为 0，D1\D0 组合表示，1 表示分，2 表示合，0 或者 3 表示不允许。

第四节　OPC 协议

OPC 的全称是 OLE for Process Control，它的出现为基于 Windows 的应用程序和现场过程控制应用建立了桥梁。在过去，为了存取现场设备的数据信息，每一个应用软件开发商都需要写专用的接口函数。现场设备种类繁多，且产品不断升级，往往给用户和软件开发商带来了巨大的工作负担。通常这样也不能满足工作的实际需要，系统集成商和开发商急切需要一种具有高效性、可靠性、开放性、可互操作性的即插即用的设备驱动程序。在这种情况下，OPC 标准应运而生。OPC 标准以微软公司的 OLE 技术为基础，它的制定是通过提供一套标准的 OLE/COM 接口完成的，在 OPC 技术中使用的是 OLE 2 技术，OLE 标准允许多台计算机之间交换文档、图形等对象。

COM 是 Component Object Model 的缩写，是所有 OLE 机制的基础。COM 是一种为了实现与编程语言无关的对象而制定的标准，该标准将 Windows 下的对象定义为独立单元，可不受程序限制地访问这些单元。这种标准可以使两个应用程序通过对象化接口通信，而不需要知道对方是如何创建的。例如，用户可以使用 C++语言创建一个 Windows 对象，它支持一个接口，通过该接口，用户可以访问该对象提供的各种功能，用户可以使用 Visual Basic、C、Pascal、Smalltalk 或其他语言编写对象访问程序。在 Windows NT4.0 操作系统下，COM 规范扩展到可访问本机以外的其他对象，一个应用程序所使用的对象可分布在网络上，COM 的这个扩展被称为 DCOM（Distributed COM）。

通过 DCOM 技术和 OPC 标准，软件开发商完全可以创建一个开放的、可互操作的控制系统软件。OPC 采用客户/服务器模式，把开发访问接口的任务放在硬件生产厂家或第三方厂家，以 OPC 服务器的形式提供给用户，解决了软、硬件厂商的矛盾，完成了系统的集成，提高了系统的开放性和可互操作性。

OPC 服务器通常支持两种类型的访问接口，它们分别为不同的编程语言环境提供访问机制。这两种接口是：自动化接口（Automation interface）、自定义接口（Custom interface）。自动化接口通常是为基于脚本编程语言而定义的标准接口，可以使用 VisualBasic、Delphi、PowerBuilder 等编程语言开发 OPC 服务器的客户应用；而自定义接口是专门为 C++等高级编程语言而制定的标准接口。OPC 现已成为工业界系统互联的缺省方案，为工业监控编程带来了便利，用户不用为通信协议的难题而苦恼。任何一家自动化软件解决方案的提供者，如果它不能全方位地支持 OPC，则必将被历史所淘汰。

OPC 规范简介

由 OPC Task Force 制定的 OPC(OLE for Process Control)规范于 1996 年 8 月正式诞生了。随着 1997 年 2 月 Microsoft 公司推出 Windows95 支持的 DCOM 技术，1997 年 9 月新成立的 OPC Foundation 对 OPC 规范进行修改，增加了数据访问等一些标准，OPC 规范得到了进一步的完善。

"OPC 是基于 Microsoft 公司的 Distributed interNet Application（DNA）构架和 Component Object Model（COM）技术，根据易于扩展性而设计的。OPC 规范定义了一个工业标准接口，这个标准使得 COM 技术适用于过程控制和制造自动化等应用领域。"OPC 基础委员会主席 Dave Rehbein 是这样描述的。

OPC 是以 OLE/COM 机制作为应用程序的通信标准。OLE/COM 是一种客户/服务器模式，具有语言无关性、代码重用性、易于集成性等优点。OPC 规范了接口函数，不管现场设备以何种形式存在，客户都以统一的方式去访问，从而保证软件对客户的透明性，使得用户完全从低层的开发中脱离出来。

应用程序与 OPC 服务器之间必须有 OPC 接口，OPC 规范提供了两套标准接口：Custom 标准接口、OLE 自动化标准接口。通常在系统设计中采用 OLE 自动化标准接口。

OLE 自动化标准接口，即采用 OLE 自动化技术进行调用，其技术为上节所述的 OLE 自动化技术。OLE 自动化标准接口定义了以下三层接口，依次呈包含关系。

OPC Server：OPC 启动服务器，获得其他对象和服务的起始类，并用于返回 OPC Group 类对象。

OPC Group：存储由若干 OPC Item 组成的 Group 信息，并用于返回 OPC Item 类对象。

OPC Item：存储具体 Item 的定义、数据值、状态值等信息。

由于 OPC 规范基于 OLE/COM 技术，同时 OLE/COM 的扩展远程 OLE 自动化与 DCOM 技术支持 TCP/IP 等多种网络协议，因此可以将 OPC 客户、服务器在物理上分开，分布于网络不同节点上。

OPC 规范可以应用在许多应用程序中，如它们可以应用于从 SCADA 或者 DCS 系统的物理设备中获取原始数据的最底层，它们同样可以应用于从 SCADA 或者 DCS 系统中获取数据到应用程序中。实际上，OPC 设计的目的就是从网络上某节点获取数据。

采用 OPC 规范设计系统的好处是：在进行新型微机远动系统的研制中，各个计算机以及各个模块的数据交换应该按照 OPC 规范进行。这样做有以下好处：

OPC 规范以 OLE/DCOM 为技术基础，而 OLE/DCOM 支持 TCP/IP 等网络协议，因此可以将各个子系统从物理上分开，分布于网络的不同节点上。

OPC 按照面向对象的原则，将一个应用程序（OPC 服务器）作为一个对象封装起来，只将接口方法暴露在外面，客户以统一的方式去调用这个方法，从而保证软件对客户的透明性，使得用户完全从低层的开发中脱离出来。

OPC 实现了远程调用，使得应用程序的分布与系统硬件的分布无关，便于系统硬件配置，使得系统的应用范围更广。

采用 OPC 规范，便于系统的组态化，将系统复杂性大大简化，可以大大缩短软件开发周期，提高软件运行的可靠性和稳定性，便于系统的升级与维护。

OPC 规范了接口函数，不管现场设备以何种形式存在，客户都以统一的方式去访问，从而实现系统的开放性，易于实现与其他系统的接口。

复习思考题

1. 标准 Modbus 协议通信介质是什么？分哪两种传输方式？
2. 列举至少 3 个 Modbus RTU 协议常用的功能码，并简要说明该功能码的意义。
3. 简述 OPC 自动化对象模型有哪三层次结构，每层次结构的用途。

第二部分 岗位知识

第三章 综合监控功能及接口知识

【本章学习重点】

本章节主要介绍了综合监控与其他子系统的接口及功能，且详细介绍了综合监控实现的机电系统功能。

第一节 综合监控系统功能

综合监控系统的服务对象包括控制中心的调度与管理人员，车站、车辆段的值班人员和系统维护人员等。其中，控制中心的调度员和管理人员完成中央级的监控和调度指挥，车站、车辆段的值班人员负责车站级的监控和调度指挥；系统维护人员完成综合监控系统、集成系统设备的维护。

为了使各使用者能迅速快捷准确地使用综合监控系统，综合监控系统开发了通用、控制、数据和联动等功能。

第一目 通用功能

综合监控系统实现对所有集成和互联子系统的具体功能，并提供相应的功能扩展。在这里，综合监控系统提供以下通用功能：

1. 系统安全及权限管理

为了操作的安全，ISCS识别所有系统用户并对他们的行为做出限制。操作员需要提供用户名和密码登录到ISCS后才能使用HMI。ISCS对提供的信息进行审查，未知的用户或错误的密码将被拒绝登录。不同的用户可以具有相同的角色，相同的规则可以应用到不同的用户身上，这就是权限的概念。权限是通过"位置功能"矩阵所定义的一组规则。位置指权力可能不同的任何地方，功能指需要监视/控制权力的任何系统、设备群或软件功能。权力允许或禁止操作员执行监视/控制动作。

"操作员"指使用应用程序的人。一个操作员通常拥有一个账号,这个账号通过他的用户名来定义,并且使用一个密码来登录到应用程序的安全管理系统。一个操作员可以具有一个或多个相关的权限来决定他在整个应用程序里所具有的权利。因此,操作员要进入 HMI 就需要提供用户名、权限及密码。操作员可从 HMI 修改自身登录的用户名,要从 HMI 注销也需要提供自己的密码。

所有密码会被加密,输入时不会在显示屏上显示。操作者登录口令字进入系统时,屏幕只显示操作者用户名及表示密码的"*"。按"登录"键后,所输入的数据将决定是否能打开 HMI。操作员可同时登入数个 HMI,即操作员可同时登入其他工作站。

2. 操作互斥及操作权限

由于中心操作员、车站操作员、车辆段和停车场操作员等多个位置均能对某个受控对象进行控制操作,如果不进行管理,可能造成人为操作事故,因此必须对控制权限进行管理。

控制权限管理方式包括:中心控制和车站控制的控制权互斥;就地控制和远方控制(中央级或车站级)的控制权互斥。

1)中央级和车站级

中央级和车站级对受控设备的控制权之间必须互斥,中央级和车站级不可同时对受控设备进行控制操作。即在中央级控制方式下,车站级不能对设备进行控制。若车站级需对设备进行控制时,必须待中央级将控制权下放到车站级,此时,中央级失去对设备的控制权。中央级控制权和车站级控制权之间的移交,必须由双方确认。当中心与车站通信中断后,控制权自动转移至车站,待中心与车站通信恢复后,中央级能主动收回控制权,或待车站级将控制权交回后,中央级重新获得对设备的控制权。

2)就地控制和远方控制

设备就地控制与远方控制(中央级或车站级)由硬件设备设置控制标志,实现控制权互斥。系统提供系统控制权限管理界面,用户通过该界面进行控制权移交、控制权查询、控制权强制解除功能。

控制权限由授权人(如中心调度员)授权给被授权人(如系统维修员或车站值班员),授权期间授权人失去已授权对象的控制权限。被授权人工作完毕后,交回授权对象的控制权限。可被授权的对象由单个可遥控设备、预先定义的成组可遥控设备或全站可遥控设备组成。

控制权限的移交或强制结果应在系统事件记录的控制权限管理表中详细记录。记录内容包含:授权操作时间、接受授权时间、授权人、被授权人、授权操作结果和控制权位置等项内容。授权操作由授权人发出,经被授权人确认后完成。一般已授出的控制权限由被授权人上交,授权人不主动收回。在发生紧急事故时,授权人可以强制收回操作权。

3. 时钟同步

ISCS 综合监控具有对时功能,可以实现整个系统所有的服务器、工作站的对时,保证整个系统具有相同的时钟。

校时服务器首先对 OCC 中心服务器进行校时,中心 OCC 服务器通过 MBN 网络对网络中的车站 ISCS 系统和车辆段 ISCS 系统进行校时。

4. 屏幕拷贝

综合监控系统的图形显示软件具有屏幕打印功能,通过操作员发出命令可将操作员选定的画面(或者整个屏幕)在指定的打印机上打印,也可将图形导出到文件中进行打印。

5. 存档要求

ISCS 系统操作记录的存档功能如下:

(1)任何控制操作,无论执行成功或失败,均被记入事件列表中,并允许以操作记录的筛选条件进行查询。

(2)操作记录内容包括操作员标识、操作位置、控制对象、命令发出时间(秒级精度)、遥控性质、执行结果等,并可在事件打印机上打印。

(3)对于顺序控制和模式控制,可以查看和打印控制序列执行过程每一步的事件列表,包括触发事件和执行结果(成功或失败)。

(4)事件列表中的记录在当地的存档文件和 OCC 的大存储量的设备中(包含操作记录)可保留 13 个月以上。超过 13 个月的数据可以转存到可读写光盘/磁带中,并可重新载入系统进行查询。

(5)操作记录的时标包括年月日时分秒,记录精度为 1 s。

ISCS 可通过 HMI 访问磁带上的历史数据,但由于磁带机属机械设备,其反应性能并不能满足 HMI 的基本要求,故不建议使用 HMI 访问磁带上的历史数据。

6. 打印管理

系统配置下列打印机:

(1)事件/报表打印机:打印有关事件信息及统计报表;

(2)彩色激光打印机:进行屏幕或报表打印;

(3)系统打印机:在工程师站/维护工作站进行屏幕或档案打印。

所有打印机可以通过网络实现共享。每台工作站可以预设默认的打印机。当默认打印机故障时,操作员可选择其他打印机打印。

打印管理具有定向打印功能,可以按需打印和禁止打印。在这种情况下,操作员能处理就地的文档文件及打印必要的信息。通过设置,所有打印任务均可输出到文件。

7. 设备状态与报警功能

1)状态概况

任何时刻,操作员能查看 ISCS 所监控设备的状态概况。通常,概况应有两种形式:

当前报警清单:这个清单能显示全部设备的当前报警状态,并且每个轮询周期更新一次状态。

事件概况清单：这个清单能显示全部被控系统的设备状态和已经发生的事件。这些事件包括操作员的操作和系统事件。

清单能以车站、系统、设备类型或者设备编号分组进行显示。提供显示全部ISCS所监控设备的动态画面。建议当设备出现故障时，表示设备的动态符号应变成红闪。

2）设备状态显示

ISCS系统操作员工作站屏幕上显示的内容包括ISCS系统以及现场设备的状态。这些状态信息可用文本或静态/动态图形的方式来显示。

显示的信息包括以下内容：

（1）各系统设备状态和报警指示。

（2）模拟量的测量值（如电压、电流、温度、湿度等）。

（3）设定点值、能量消耗（现场设备提供能耗数据）。

（4）各系统的系统图。

（5）模式运行信息。

3）报警管理

ISCS系统的各级操作员操作站都具备完善的报警功能，可对将报警信息进行分级、筛选重组，建立一个报警体系。当出现灾害或重大事件时，对调度员、车站工作人员及乘客进行声音报警，并能根据事件严重性以不同形式分类报警。ISCS设置不限于如下报警级别：紧急报警、事故报警、预告报警、事件报警。

每个监控点都可以被赋予报警级别，报警级别可用于报警过滤。报警过滤可以由操作员手动启动，或自动地被预定义的事件触发。由于不同的操作员有不同的操作职责，所以只有相关的报警显示在对应的操作员站上。不同操作员工作站的职责决定了该操作员站接收相应的报警。

8. 监视功能

1）人机界面

工作台可以完成动态和静态画面、运行情况摘要（包括软件各模块运行状况及诊断），允许在线生成和修改画面。

图形画面包括地形画面、示意性画面、图表图及趋势图等。

图形画面具有缩放功能和平移功能，缩放功能按缩放系数改变图形图素的大小。平移功能不影响画面的缩放。在图形画面激活缩放功能时，字型按放大系数成比例改变大小。

2）状态概况

任何时刻，操作员能查看ISCS所监控设备的状态概况，显示全部设备的当前报警状态，显示全部被控系统的设备状态和已经发生的事件，这些事件包括操作员的操作和系统事件。

第二目 控制功能

综合监控系统能实现如下的控制调节功能，包括：

1. 单独控制（基本遥控）

单独控制可以使操作员在操作员工作站上进行单点控制。单独控制在设备的属性框内操作，所有的操作都需经过确认后下发，并记录操作过程，提示操作结果。

2. 程序控制

以单一指令控制多个设备。程序控制由多个单独控制指令组成，由 ISCS 执行的顺序控制或并行控制，可控制一个或多个车站的设备。

3. 模式控制

模式控制是由子系统和外部系统执行的顺序控制，通过一个模式号对一个系统的多个设备或设备组进行控制，模式控制反馈模式执行的结果。

每个模式控制对应子系统一个连续执行的程序，由外部接口系统执行的顺序控制。如果某一模式被选中，则在操作员工作站上将显示出一个控制序列表，操作员确定后执行，综合监控系统发出模式控制指令给外部接口系统执行顺序控制，模式执行状态及有关的个别设备的状态由外部接口系统反馈。

4. 远程组控

操作员操作远程组控与选择操作基本遥控功能基本一样，不同的是远程组控功能预先定义好了控制序列。通过敲击远程组控的代号，也可以执行该组控。每一个远程组控的执行结果在操作员工作站上显示。如果执行没有成功，则在打印机上用明显标记进行打印。

每个远程组控所包括的控制命令是预先编制好并可被同时或逐条执行的。这组程序逐条执行的延时时间应从 0 s 到 5 min 可调。远程组控是下列任意控制功能的组合：基本遥控、限制点设置、模式控制、远程组控。

5. 响应程序

ISCS 系统可对单个或序列事件作出响应，这些响应是通过自动触发预先设定的程序进行的。当响应程序的触发条件不满足时，操作员可人工触发。根据运营需要，操作员有权禁止或允许触发。

6. 时间表控制

综合监控系统应提供时间表控制功能以便设备能在安排的时间上自动运作。操作员可以利用 HMI 来设置、增加、修改或删除时间表。

综合监控系统支持两种时间表控制机制：

（1）综合监控系统执行所编辑及执行的时间表，无须涉及其他接口系统。综合监控系统按时间表设定发出个别单独控制命令。

（2）综合监控系统将所编辑的时间表参数下载到各子系统就地控制。子系统自动执行这些时间表控制命令。综合监控系统将监视子系统执行时间表中有没有误差并发出警报。

综合监控系统提供的时间表包括环控时间表、PA 时间表、PIS 时间表。

7. 设备禁止

操作员能在线使用软件禁止一个或多个设备的监视和控制功能。

操作员能选择下面的几种禁止模式：

（1）自动禁止监视和控制功能。

（2）保留监视功能、禁止控制功能。

（3）保留监视功能和控制功能。

（4）被禁止的设备在显示上应明显地与其他设备有区别。

（5）提供禁止设备列表，记录禁止的操作人、操作位置、开始时间、结束时间和模式。

（6）禁止和取消禁止打印和存档。

计算机开关或者故障将不会影响禁止状态。

第三目　数据功能

综合监控系统软件由一系列的基于服务器和基于工作站的软件和模块组成，是基于通用中间件的、标准的、先进的、客户/服务器（Client/Server）结构，采用分布式系统结构。它由中央级综合监控系统、车站（车辆段）综合监控系统、数据库系统构成。

一、总体数据体系结构

综合监控系统的数据流主要有中央级和车站级两种（图 3-1）。

1. 中央级数据流分析

中央级系统软件由一系列的基于服务器和工作站的软件和模块组成，是基于通用中间件的、标准的、先进的、客户/服务器（Client/Server）结构。

中央级综合监控系统配置实时服务器，根据各子系统功能需求，设置数据采集及接口通信驱动程序。

如图 3-2 所示，中央级综合监控系统配置实时服务器，根据各子系统功能需求，设置数据采集及接口通信驱动程序。通过 FEP 采集 CLK、PA、RAD、PIS、ALM、SIG、AFC 信息；通过变电所前置通信机采集变电所综合自动化系统信息，将过程信息采集到实时服务器处理；CCTV 通过数字方式接入，同时传输一路模拟视频信号进大屏控制器。从各车站采集监视重要报警和状态信息等实时数据，为中央级工作站提供应用服务，同时为中央级综合监控系统实时数据库系统提供实时数据。

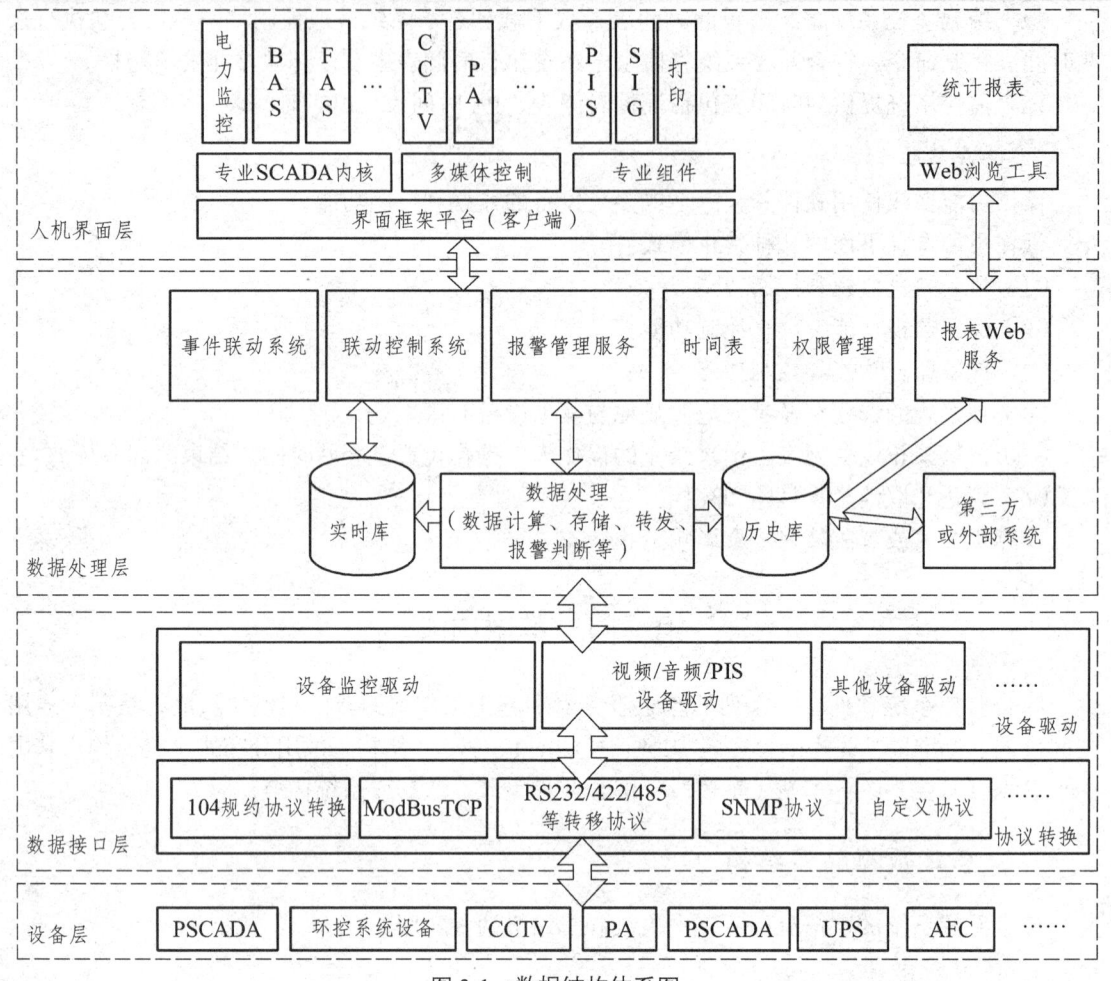

图 3-1 数据结构体系图

在 OCC 设置历史服务器，并配置适应于大规模存储的关系型数据库 Oracle 作为全线的历史数据库，使用中间件作为实时数据转存和实时趋势分析的工具。历史服务器负责在线实时采集 OCC、车站、车辆段的实时服务器的过程数据，使用这些数据生成系统的自动/人工报表或者历史信息查询。实时数据处理中间件为综合监控系统软件的数据历史查询、趋势回放、数据计算与压缩等功能提供高效率的服务。实时历史数据中间件与 Oracle 服务器，以及全线的实时服务器（PDB）共同构成实时数据/报警/事件查询的数据提供者。

中央的历史数据库和中央（车站）的实时服务器配合使用，在每台需要数据采集的服务器上安装中间件的数据采集器，进行分布式采集。分布式环境中，如果在采集器和历史数据库之间发生中断，那么远程数据采集器会自动地缓存采集到的数据。当网络连接恢复的时候，数据采集器会自动地重新建立数据连接并且把所有缓存的数据发送到服务器。

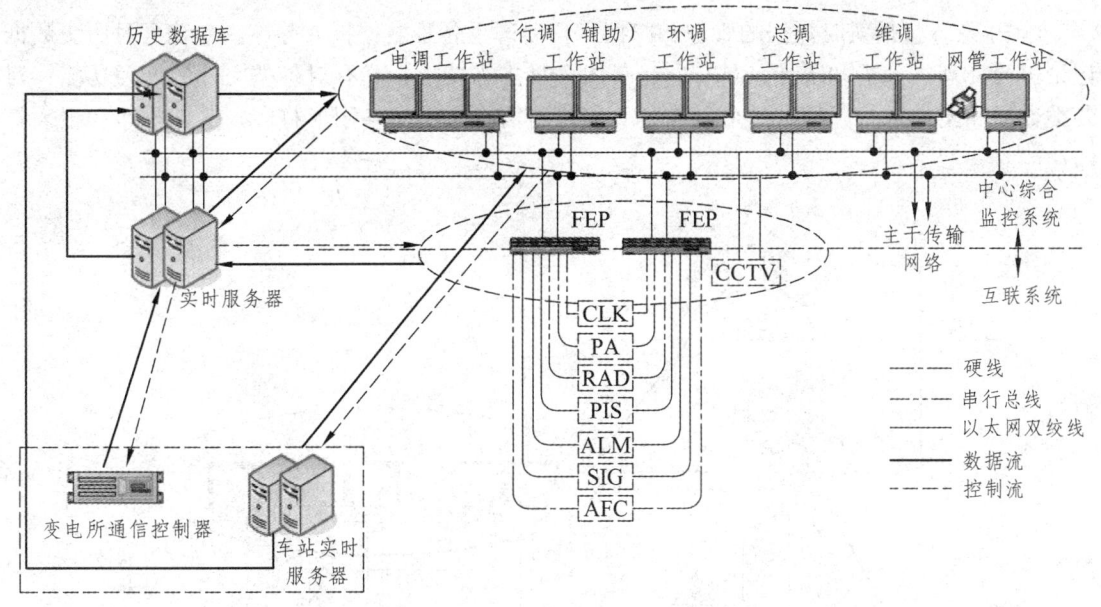

图 3-2　综合监控系统 OCC 数据流结构示意图

2. 车站级数据流分析

如图 3-3 所示，车站级综合监控系统配置实时服务器，根据各连接集成与互连系统的需要设置数据采集时间及接口通信驱动程序，将过程信息送实时服务器进行数据处理，为车站工作站提供应用服务。同时，为中央级综合监控系统实时数据库提供实时数据。

车站级实时数据服务的对象有：FEP、FAS、BAS、FG、PSD、CCTV、TFDS 设备及系统。PA、AFC、PIS、ACS 等系统信息经 FEP 处理进入车站综合监控系统。其中 TFDS 部分车站配置，FG 仅过江车站配置。CCTV 以数字方式直接接入车站工作站。变电所自动化系统接入各车站网络，直接上传中央，由中央级实时数据服务处理，并供中央级电力调度使用。

IBP 盘通过硬接线与 SIG、AFC、FAS、FG、PSD、BAS 系统相连，在火灾情况下可人工实施火灾模式控制。

车站级的实时服务器和中央的历史数据库配合使用，在每台需要数据采集的服务器上安装中间件的数据采集中间件，进行分布式采集。分布式环境中，如果在实时服务器采集中间件和历史数据库之间发生中断，那么远程数据采集器会自动地缓存采集到的数据。当网络连接恢复的时候，数据采集中间件会自动地重新建立数据连接并且把所有缓存的数据发送到服务器。

二、综合监控系统的数据功能

1. I/O 数据处理

ISCS 系统包括实时数据的管理和归档、自动产生各种数据报表等等。系统可对历史数据记录进行处理、分析和统计，具有点趋势图、日志等功能，具有对各类文件的处理功能，对各类数据和文件进行归档，并可制作各类用户所需报表，具备图形打印、文件打印和报表打印功能。

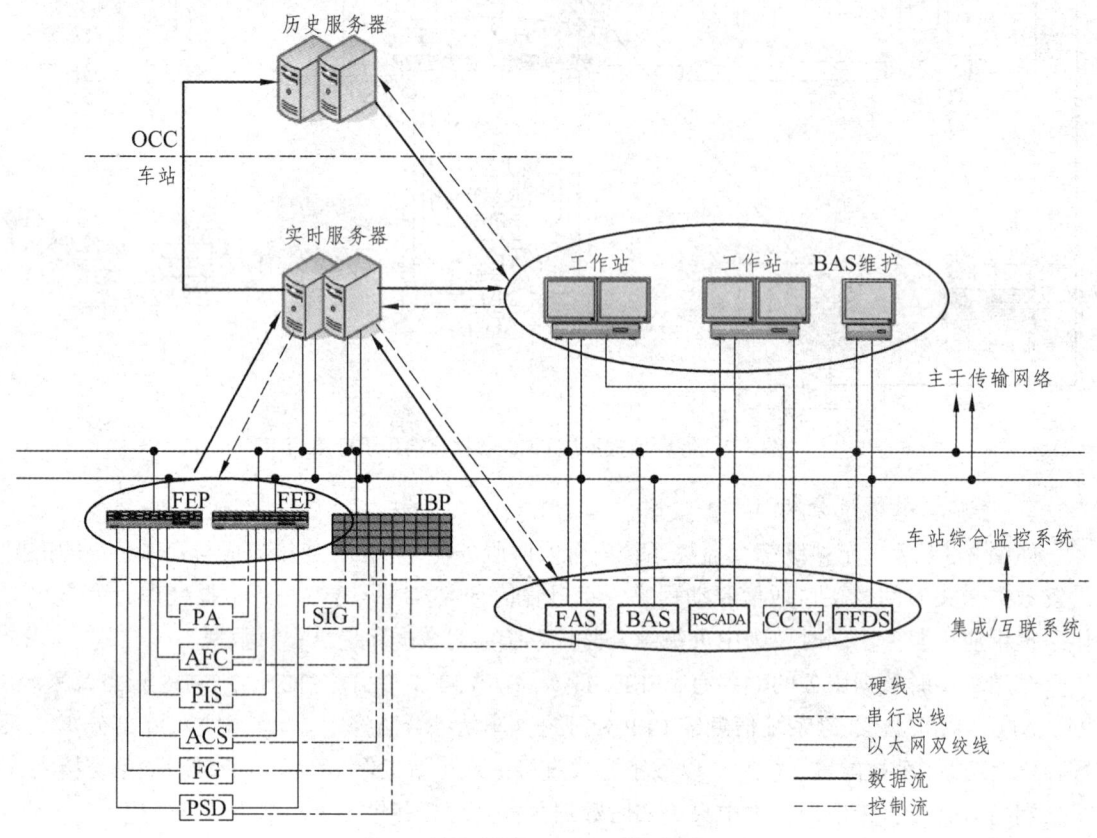

图 3-3 综合监控系统站级数据流结构图

2. 数据点的禁止/允许

ISCS 允许具有权限的操作员，将 IO 点的报警允许/禁止状态设定为禁止。处于报警禁止状态的点，即使点值满足报警规则，ISCS 也不产生报警，直到该点的报警禁止被解除。

报警禁止功能可以通过设置被特定操作员屏蔽。报警可为特定操作员通过点击鼠标等操作抑制。

ISCS 系统对数据点的抑制/禁止功能包括但不限于以下：

（1）控制禁止模式：禁止点控功能。
（2）扫描禁止模式：停止点数据刷新功能。
（3）报警禁止模式：禁止视觉和声音报警。
可对所获取的数据进行抑制。抑制点在操作员工作站上能清楚地被标识。

3. 数据内部运算功能

运算功能完成对采集数据的二次加工，用于实现监控系统数据处理方面的应用功能。运算功能包括：控制运算和统计运算。运算启动条件包括：定时（周期或某个特定时间）和事件驱动（如操作员命令或产生了某个内部事件）等。要求如下：
（1）提供多种编程语言，包括脚本、功能块图等等。
（2）运算的结果可以直接输出，也可以作为中间变量或产生报表。
（3）运算的算法应可以按照用户要求修改并提供编辑生成工具。
支持在线修改算法，没有发生算法修改的设备的运行不受影响。

4. 统计和报表

ISCS 具有强大的报表管理、生成和打印功能，常用报表有报警报表、事件报表、数据统计报表、各种日志报表等，同时授权用户可以定制所需的报表及定制报表格式。
（1）对定时报表，可定义打印报告的时间间隔。
（2）手工输出时，操作员可以通过操作站查看报表。
（3）具有在线自定义报表的功能，授权用户可以根据需要在线编辑并生成所需的临时报表，同时可以打印输出。
（4）报表可导出存为 Excel 格式。
在 HMI 上提供标准的格式化报表，包括但不限于：
① 报警报表；
② 事件报表；
③ 模拟趋势报表；
④ 电力用量报表；
⑤ 历史数据报表；
⑥ 操作员登录/注销报表；
⑦ 允许工作（PTW）报表；
⑧ 脱离扫描一览表；
⑨ 手动超驰一览表；
⑩ 事件序列（SOE）报表。

报告可以定时输出，也可以根据操作员命令输出，或自动输出。操作员可选择要打印的报告类型和打印时间（均可在线定义）。操作员在打印前可先在工作站 HMI 上预览这些报表。

报表具有手工和自动填入区域，手工填入区域内容操作员可以修改，自动填入的内容不可修改。手工输出时，操作员可以通过工作站查看报表。

5. 数据管理方式

1）历史趋势记录

趋势显示主要用于监视模拟量变化趋势，表现形式通常有曲线和数字两种。数字方式直接显示各个时刻监视量的数值。

显示时，操作员可以指定按跟踪方式显示还是按历史方式显示。跟踪方式下，画面总是保持最近的一部分历史数据，并跟踪以后的变化曲线或数据，当画面填满时，已显示的曲线或数据平移后继续跟踪。历史方式是显示指定时间范围内的历史值，通过翻页，可以查询历史数据库保存范围内任意历史时间内的历史曲线。

一个趋势画面窗口可以同时显示不少于 8 个监视量的趋势，以便比较。操作员可选择趋势画面窗口中任意一条曲线，完成放大、缩小、上移、下移等操作，坐标刻度值随之改变。

操作员可以在线定义/修改每个趋势画面窗口显示的监视点。

2）实时趋势记录

模拟量趋势记录图、测量值或者状态可在操作员工作站上实时显示。可以多窗口同时显示趋势记录图。每一个趋势图应使用不同的颜色进行显示或打印。在一个窗口，任意时刻，可以选择多个趋势记录，方便进行比较。每一个趋势图应使用不同的颜色进行显示或打印。操作员应能编程和启动趋势记录，也可以用屏幕调用显示。趋势图记录时间间隔应与模拟量采样周期相等，以"先进先出"为原则，不得少于 30 个数值进行画图。系统能同时记录多个信息点的实时趋势图。

3）数据存储

历史数据存档功能连续记录一段时间的历史数据。保存的数据包括系统参数、开关量状态、模拟量值、脉冲累计量、计算结果，以及报警/事件记录等。数据流图如图 3-4 所示。

中心历史数据存档允许采用统计存档的方式，记录一段时间的最大、最小和平均值。

归档数据可存储在中央级数据库管理系统服务器中或者脱线移至可移动媒体如 DVD 盘以便长期存储。转移到脱线媒体之前而保留在系统的档案数目将只受硬盘容量的限制。车站服务器本地可以保存至少 3 个月的本地历史数据，中心历史库可以保存至少 1 年的数据。如果硬盘将满，应发出报警，提示维护人员进行脱线归档。

综合监控具有历史数据备份及恢复软件的功能，当到达系统历史数据备份的时间或服务器的剩余存储空间很少时，自动弹出提示对话框，提醒系统维护人员进行数据备份。同时，可以将备份的历史数据重新导入系统，进行数据的查询、分析等。

6. 数据库管理功能

中央软件平台自带大容量数据库，设置实时数据库及历史数据库管理系统，用于对在线运行数据及历史数据进行管理。

（1）车站数据库将配置标准版的数据库软件，可保存 3 个月以上的车站历史数据，中心数据库将配置企业版的数据库软件。

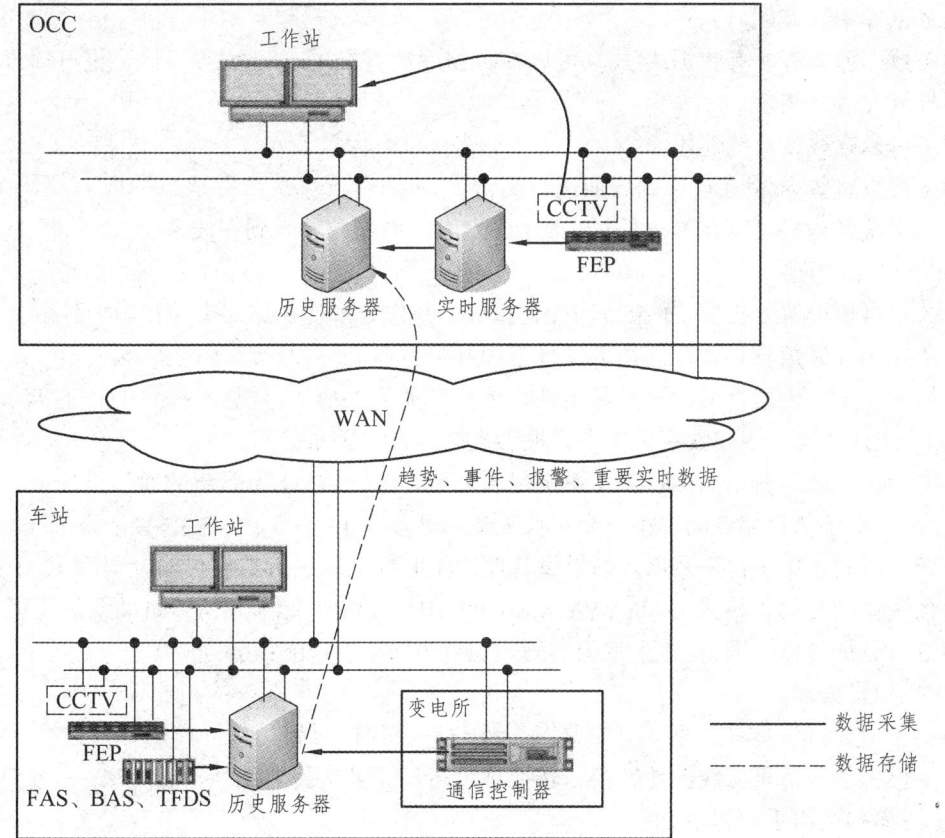

图 3-4　历史数据查询

（2）数据以模拟、数字、脉冲及事件形式等为基础数据，记录所有的模拟、逻辑及脉冲等 I/O 信息及中间量信息，同时能提供数据整理和管理功能。这些数据均可于系统内各监视画面上显示及报告，数据的记录形式有：历史趋势、历史报警、操作日志、事件记录。

（3）历史数据库支持权限管理，可根据使用者的权限分级供其使用；历史数据库支持分布式数据库结构，可任意组建各种规模的企业应用；历史数据库具有高速的数据存储和检索性能，操作人员可以方便地完成数据查询、数据输入、制定报表、打印报表等工作；历史数据库的查询方式可采用条件查询、模糊查询、组合查询等多种查询方式。

支持不同级别用户（通过用户名及相应密码保护来检查），可定义不同的查询范围，数据库的会话通过标准的交互对话过程来实现。

7. 实时数据处理

1）实时数据库

实时数据库各集成和互联系统读取过程信息，并将其保存在一个或多个 SCADA 服务器上的过程数据库中。其能做到：

（1）数据库储存所有数据/格式，可以在数据库中直接更改 I/O 点属性，也可通过 Excel 更改后导入在线系统。

（2）可以在线或离线使用。

（3）可以将数据/格式连接到界面进行测试。

（4）系统管理员可以在 Excel 中更改 I/O 点通信周期并导入到在线系统。

2）开关量处理

开关量可以设置 0 报警、1 报警和变化报警，并作为事件存储在事件日志中且可打印。开关量变化作为报警信息自动存储在事件日志中并可打印。

数据库中可以创建这两种开关量类别，单位开关为 DI/DO 类型，双位开关可以由多态数字量输入 MDI 实现。多态数字量输入，最多支持三位开关量。

SOE 点的变化时标取自 SCADA 系统现场装置，在与 SCADA 系统的通信过程中，每个遥信点占用 13 个字的存储空间，第一个字代表遥信状态（0-分，1-合），接下来的 12 个字代表遥信变位时间，用字符串表示。如果设备使用带时标的帧进行数据传输，则后 12 个字代表实际遥信变位的时间，格式为 "YYYY/MM/DD HH：MM：SS.MMM"如果设备使用不变时标的帧进行数据传输，则后 12 个字固定为 "1970/01/01 00：00：00.000"。

3）模拟量处理

模拟量可以设置低低、低、高、高高、变化率、死区报警。计算模块可以进行工程量换算。每一模拟信号都可被线性地转换，转换标度可调，并支持非线性换算算法。

4）脱离扫描与手动超驰

I/O 点可设置是否可写，可以通过设置扫描状态（启动/停止）禁止采集，可以通过设置扫描方式（自动/手动）设置是否保留状态。

对于 I/O 点的手动超驰即脱离通信程序采集而强制赋值，比如某 DI 点表示 SCADA 系统中的某断路器分/合闸状态，通信地址为 IE104：1（104 协议中遥信号为 1），当前状态为 1（合闸），如果操作员手动超驰该点为 0，则该点脱离 104 通信程序强制为 1（实际上设备还是处于合闸状态）。

5）设备管理

监视设备的所有状态，并统计设备的运行次数和重要数值、预维修报警等，对每个设备状态、报警以及统计数据统一管理。

每个设备具有一个"允许工作"（PTW）标签。在同一时刻，系统仅允许一名用户控制一个设备。任何用户开始控制某个设备，在相关控制完成之前，其他用户无法控制相同设备。

第四目 联动功能

综合监控系统与其他系统有许多种联动模式,以下就分别介绍几种联动模式。

一、隧道列车阻塞模式

1. 联动功能

当列车在隧道内停留超过某一预定时间时,信号系统经数据接口向综合监控系统发出列车阻塞信号,以激活隧道环控系统启动隧道列车阻塞模式来提供隧道通风。

2. 实现逻辑图及相关说明

如图 3-5 所示,联动模式实现分为多个环节:

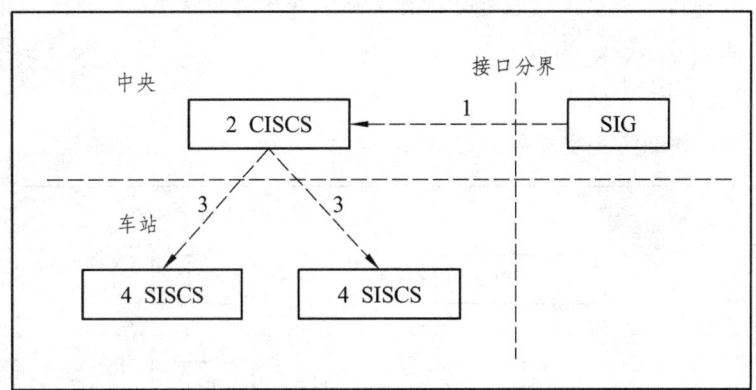

图 3-5 隧道列车阻塞模式逻辑图

(1)环节 1——中央信号系统设备将列车阻塞信息传送到 CISCS(中央实时服务器),实现方式如下。

A. SIG 系统主动将列车阻塞信息传送给 FEP。

B. FEP 将所有互联系统(包括 SIG)的信息转为统一协议后发给中央实时服务器。

C. 中央实时服务器进行数据采集。

a. 解析 SIG 系统传送过来的数据包;

b. 将解析后的信息转为 tag 点的信息。

(2)环节 2——中央实时服务器通过判断,根据列车阻塞发生的位置,判别需要哪些车站的 BAS 执行列车阻塞模式,实现方式如下:

根据阻塞发生位置,调用配置库中相应的联动预案;

根据配置库的联动预案,执行相应操作。

(3)环节 3——中央实时服务器将列车阻塞模式指令发给相应车站的实时服务器,实现方式如下:

在车站实时服务器将列车阻塞模式设置为 tag 点;
中央实时服务器直接改写 tag 点的值。

(4)环节 4——车站实时服务器执行列车阻塞模式:

A. 车站中央实时服务器中的 tag 点值改动后自动触发并执行列车阻塞模式,通过 PLC 动作相关的 BAS 设备。

B. 通过模式操作的 BAS 设备,其设备联动关系通过 iFix 程序和 PLC 程序双重确保。

二、列车进站广播及旅客信息显示

1. 联动功能

根据列车实时的行车信息(轨道电路状态)确定列车进站状况,实现进站列车自动广播、车站信息显示功能。

2. 实现逻辑图及相关说明

如图 3-6 所示,联动模式实现分为多个环节:

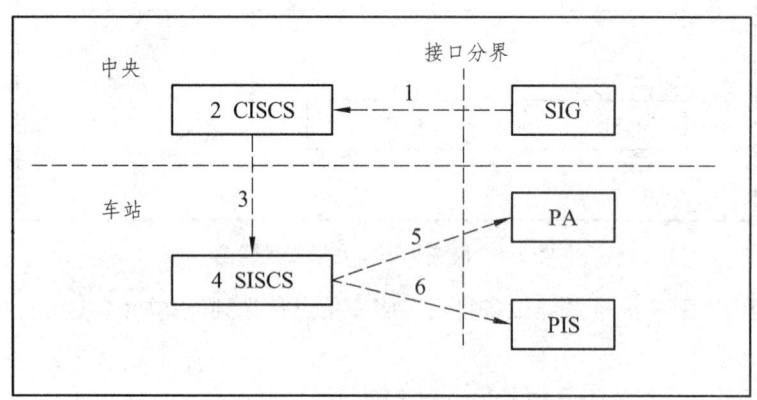

图 3-6 列车进站广播及旅客信息显示逻辑图

(1)环节 1——中央信号系统设备将行车信息传送到 CISCS(中央实时服务器),实现方式如下:

A. SIG 系统主动将行车信息(包括列车停靠站台号、列车目的地、列车出发时间、列车运行状态、非载客列车信息等)传送给 FEP。

B. FEP 将所有互联系统(包括 SIG)的信息转为统一协议后发给中央实时服务器。

C. 中央实时服务器进行数据采集。

a. 解析 SIG 系统传送过来的数据包;

b. 将解析后的信息转为 tag 点的信息。

（2）环节 2——中央实时服务器分析有关列车的进出站资料，判断信息应该发送给哪个车站。

（3）环节 3——中央实时服务器将列车进出站信息发给相应车站的实时服务器。

（4）环节 4——车站实时服务器分析有关列车的进出站资料，编制需发送给车站 PA 及 PIS 主机的信息，实现方式如下：

A. 车站实时服务器分析列车的资料，根据配置库的联动预案，选择相应的"预录制信息广播（一次）"指令（包括广播信息编号及广播区号）。

B. 车站实时服务器分析列车的资料，根据配置库的联动预案，选择相应的终端显示屏，并将列车资料转换为终端显示屏的显示信息（包括下一列列车到达时间、终点站等）。

（5）环节 5——车站实时服务器将列车进出站信息传送到 PA 主机，实现方式如下：

A. 车站实时服务器主动将"预录制信息广播（一次）"指令（包括广播信息编号及广播区号）传送给 FEP。

B. FEP 进行协议转换后发给 PA。

（6）环节 6——车站实时服务器将列车进出站信息传送到 PIS 主机，实现方式如下：

A. 车站实时服务器主动将终端显示屏编号及显示内容（包括下一列列车到达时间、终点站等）传送给 FEP。

B. FEP 进行协议转换后发给 PIS。

三、自动售检票闸机与导向标识联动

1. 联动功能

根据自动售检票闸机的出入运行状态控制相应导向标识的显示。

2. 实现逻辑图及相关说明

如图 3-7 所示，联动模式实现分为多个环节：

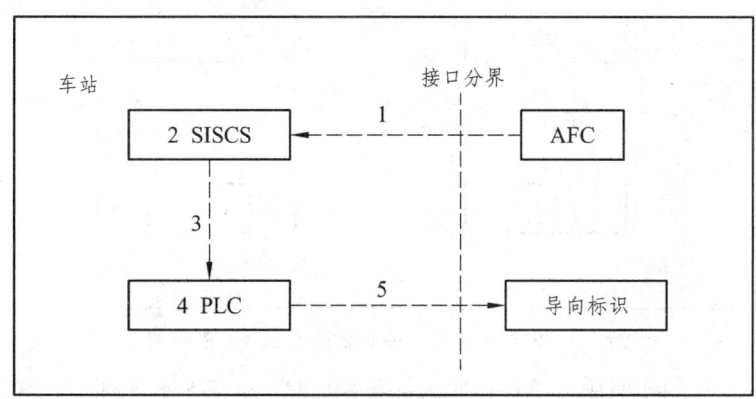

图 3-7 自动售检票闸机与导向标识联动逻辑图

（1）环节 1——AFC 将设备状态信息及故障报警信息传送到 SISCS（车站实时服务器），实现方式如下：

A. AFC 系统主动将 AFC 设备状态信息及故障报警信息传送给 FEP。

B. FEP 将所有互联系统（包括 AFC）的信息转为统一协议后发给车站实时服务器。

C. 车站实时服务器进行数据采集。

a. 解析 AFC 系统传送过来的数据包；

b. 将解析后的信息转为 tag 点的信息。

（2）环节 2——车站实时服务器通过判断，编制相应导向标识指令，实现方式如下：

A. 根据配置库的联动预案，选择需更改信息的导向标志。

B. 更改导向标识 tag 值，并通过环节 3 将此值下发 PLC。

（3）环节 3——车站实时服务器将更改导向标识指令发给相应 PLC。

（4）环节 4——PLC 更改相应的导向标识状态。

（5）环节 5——PLC 通过硬线将导向标识状态信息传送给导向标识的控制设备。

四、火灾报警与广播及闭路电视联动

1. 联动功能

综合监控系统在接收火灾报警信息后，应自动切换闭路电视监视火灾报警区域，同时在 HMI 上发出弹出的窗口信息，操作员需作出确认后才将服务广播强制切换成火灾应急广播模式，如不确认或选择取消则继续正常服务广播。

2. 实现逻辑图及相关说明

如图 3-8 所示，联动模式实现分为多个环节：

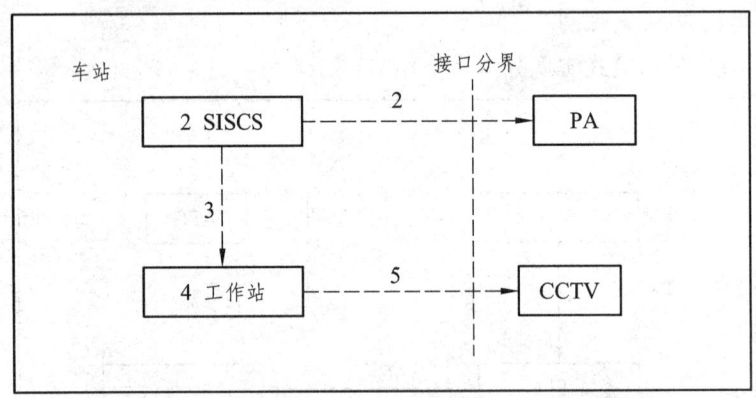

图 3-8　火灾报警与广播及闭路电视联动逻辑图

（1）环节 1——车站实时服务器在接收火灾报警信息，并经操作员通过工作站进行确认后，根据联动预案及火灾区域确认情况，触发相关联动指令，实现方式如下：

A. 工作站 HMI 弹出火灾信息窗口。

B. PA 联动：根据配置库的联动预案，选择"火灾应急广播指令"。

C. CCTV 联动：根据联动预案，调用相应的 CCTV 显示指令。

（2）环节 2——车站实时服务器将指令传送到 PA 主机，实现方式如下：

A. 车站实时服务器将"火灾应急广播指令"指令传送给 FEP。

B. FEP 进行协议转换后发给 PA。

（3）环节 3、4、5——车站实时服务器下发的 CCTV 选择及控制指令，通过车站工作站与 CCTV 服务器的接口，传至 CCTV。

五、车站关闭/疏散模式功能

1. 联动功能

综合监控系统将在工作站人机界面及 IBP 上提供"车站关闭"/"车站疏散"模式功能，此功能将由操作员手工激发启动及停止。

1）车站关闭模式

（1）设置所有 AFC 入闸机为关闭（停止服务）状态，出闸机则维持服务。

（2）设置所有 AFC 售票机为关闭（停止服务）状态。

（3）控制所有入闸机导向标志显示不通行，出闸机导向标志则显示出闸。

（4）控制所有自动扶梯及有关楼梯的导向标志以作出适当显示。

（5）控制所有车站出入口的导向标志显示不能进站。

（6）在广播系统（PA）播出预录的"车站关闭"广播信息。

（7）在导乘信息系统（PIS）的有关显示单元播放预设的"车站关闭"旅客信息。

2）车站疏散模式

（1）设置所有 AFC 入闸机为自由转动状态。

（2）设置所有 AFC 售票机为关闭（停止服务）状态。

（3）设置所有 AFC 增值机为关闭（停止服务）状态。

（4）控制所有入闸机导向标志显示不通行，出闸机导向标志则显示出闸。

（5）控制所有自动扶梯及有关楼梯的导向标志以作出适当显示。

（6）控制所有车站出入口的导向标志显示不能进站。

（7）在广播系统（PA）播出预录的"车站疏散"广播信息。

（8）在导乘信息系统（PIS）的有关显示单元播放预设的"车站疏散"旅客信息。

（9）激发所有站层的应急导向标识。

（10）在电梯内发出"车站疏散"显示。

2. 实现逻辑及相关说明

如图 3-9 所示,联动模式实现分为多个环节:

(1) 环节 1——操作员通过工作站人机界面或 IBP,手工激发"车站关闭"/"车站疏散"模式功能,并将指令传送至车站实时服务器,实现方式如下:

A. 在车站实时服务器设置车站模式 tag 点。

B. 操作员在工作站人机界面或 IBP,通过环节 1 更改车站模式 tag 点的值。

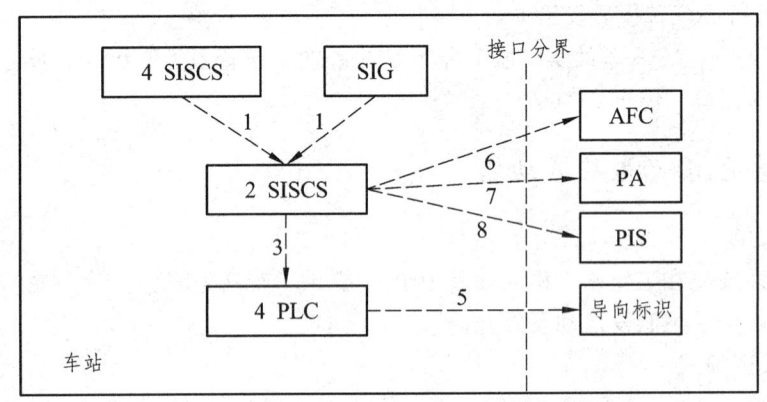

图 3-9 车站关闭/疏散模式逻辑图

(2) 环节 2——车站实时服务器通过判断,选择相应的导向标识、AFC、PA、PIS 联动指令,实现方式如下:

A. 导向标识联动:根据配置库的联动预案,选择需更改信息的导向标志(包括 AFC 闸机导向标识、自动扶梯及有关楼梯的导向标识、出入口的导向标志、应急导向标识),更改导向标识 tag 值,并通过环节 3 将此值下发 PLC。

B. AFC 联动:根据配置库的联动预案,选择相应的"AFC 模式控制的启/停命令"。

C. PA 联动:根据配置库的联动预案,选择相应的"预录制信息广播指令(包括广播信息编号及广播区号)。

D. PIS 联动:根据配置库的联动预案,选择相应的终端显示屏及显示信息("车站关闭"/"车站疏散"等相关旅客信息)。

(3) 环节 3——车站实时服务器将更改导向标识指令发给相应 PLC。

(4) 环节 4——PLC 更改相应的导向标识状态。

(5) 环节 5——PLC 通过硬线将导向标识状态信息传送给相应导向标识的控制设备。

(6) 环节 6——车站实时服务器将模式控制的启/停命令传送到 AFC 主机,实现方式如下:

A. 车站实时服务器将模式控制的启/停命令传送给 FEP。

B. FEP 进行协议转换后发给 AFC。

(7) 环节 7——车站实时服务器将指令传送到 PA 主机,实现方式如下:

A. 车站实时服务器主动将"预录制信息广播"指令（包括广播信息编号及广播区号）传送给 FEP。

B. FEP 进行协议转换后发给 PA。

（8）环节 8——车站实时服务器将车站模式信息传送到 PIS 主机，实现方式如下：

A. 车站实时服务器主动将终端显示屏编号及显示内容（"车站关闭"/"车站疏散"等相关旅客信息）传送给 FEP。

B. FEP 进行协议转换后发给 PIS。

六、早间启运 ISCS 联动功能

1. 联动功能

车站照明、电扶梯、导向系统、AFC、BAS 等系统根据系统运营时刻表进行早间启运联动，根据时刻表的编排有序地进行设备启动并投入运营。

2. 实现逻辑统及相关说明

如图 3-10 所示，联动模式实现分为多个环节：

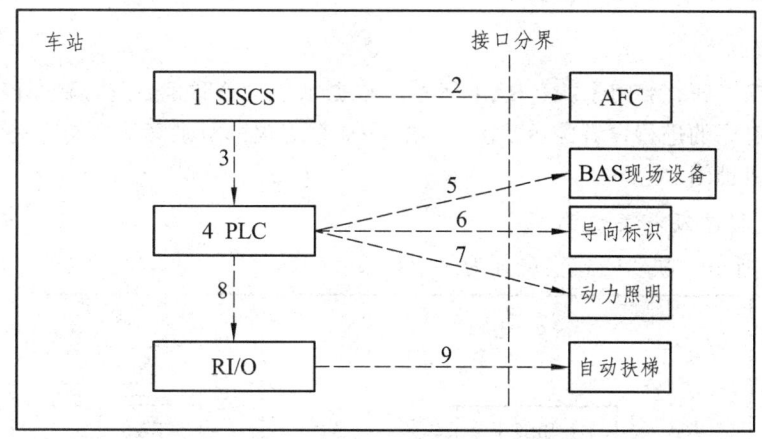

图 3-10　早间启运 ISCS 联动逻辑图

（1）环节 1——车站实时服务器根据系统运营时刻表，定时触发早间启运联动指令，实现方式如下：

A. AFC 联动：根据配置库的联动预案，选择相应的"AFC 模式控制的启/停命令"。

B. BAS 现场设备（包括大系统、小系统、隧道通风系统、空调水系统的监控设备）：根据 BAS 设备的模式表，更改相应设备的 tag 值，并通过环节 3 将此值下发 PLC。

C. 导向标识联动：根据配置库的联动预案，选择需更改信息的导向标志（包括 AFC 闸机导向标识、自动扶梯及有关楼梯的导向标识、出入口的导向标识、应急导向标识），更改导向标识 tag 值，并通过环节 3 将此值下发 PLC。

77

D. 动力照明联动：根据配置库的联动预案，更改相应动力照明的 tag 值，并通过环节 3 将此值下发 PLC。

E. 自动扶梯联动：根据配置库的联动预案，更改相应自动扶梯的 tag 值，并通过环节 3 将此值下发 PLC。

（2）环节 2——车站实时服务器将模式控制的启/停命令传送到 AFC 主机，实现方式如下：

A. 车站实时服务器将模式控制的启/停命令传送给 FEP。

B. FEP 进行协议转换后发给 AFC。

（3）环节 4——PLC 更改相应的 BAS 现场设备、导向标识、动力照明设备、自动扶梯的状态信息。

（4）环节 5——PLC 将 BAS 现场设备的状态信息下发到相应的控制设备。

（5）环节 6——PLC 通过硬线将导向标识状态信息下发到相应导向标识的控制设备。

（6）环节 7——PLC 通过硬线将区间照明状态信息（开/关）下发到动力照明的控制设备。

（7）环节 8、9——PLC 通过 RI/O 将自动扶梯的状态信息下发到相应控制设备。

七、夜间停运 ISCS 联动功能

1. 联动功能

AFC、电扶扶梯、导向系统、BAS 等系统根据系统运营时刻表进行晚间停运联动，根据时刻表的编排有序的进行设备停运状态；PIS、PA 系统提前对乘客给出响应提示，AFC 出闸机开放、进闸机锁闭。

2. 实现逻辑图及相关说明

如图 3-11 所示，联动模式实现分为多个环节：

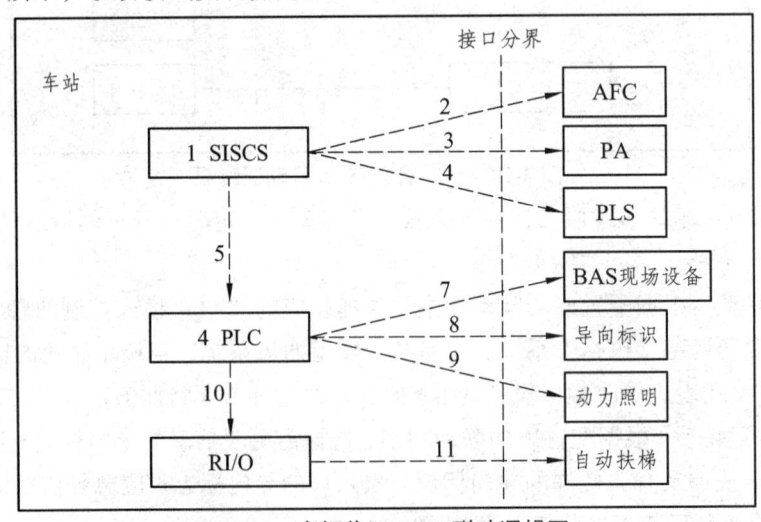

图 3-11 夜间停运 ISCS 联动逻辑图

（1）环节1——车站实时服务器根据系统运营时刻表，手动触发夜间停运联动指令，实现方式如下：

A. AFC联动：根据配置库的联动预案，选择相应的"AFC模式控制的启/停命令"。

B. PA联动：根据配置库的联动预案，选择相应的"预录制信息广播指令（包括广播信息编号及广播区号）。

C. PIS联动：根据配置库的联动预案，选择相应的终端显示屏及显示信息（提示旅客夜间停运信息）。

D. BAS现场设备（包括大系统、小系统、隧道通风系统、空调水系统的监控设备）：根据BAS设备的模式表，更改相应设备的tag值，并通过环节3将此值下发PLC。

E. 导向标识联动：根据配置库的联动预案，选择需更改信息的导向标志（包括AFC闸机导向标识、自动扶梯及有关楼梯的导向标识、出入口的导向标志、应急导向标识），更改导向标识tag值，并通过环节5将此值下发PLC。

F. 动力照明联动：根据配置库的联动预案，更改相应动力照明的tag值，并通过环节5将此值下发PLC。

G. 自动扶梯联动：根据配置库的联动预案，更改相应自动扶梯的tag值，并通过环节5将此值下发PLC。

（2）环节2——车站实时服务器将模式控制的启/停命令传送到AFC主机，实现方式如下：

A. 车站实时服务器将模式控制的启/停命令传送给FEP。

B. FEP进行协议转换后发给AFC。

（3）环节3——车站实时服务器将指令传送到PA主机，实现方式如下：

A. 车站实时服务器主动将"预录制信息广播"指令（包括广播信息编号及广播区号）传送给FEP。

B. FEP进行协议转换后发给PA。

（4）环节4——车站实时服务器将夜间停运信息传送到PIS主机，实现方式如下：

A. 车站实时服务器将终端显示屏及显示内容（提示旅客夜间停运信息）传送给FEP。

B. FEP进行协议转换后发给PIS。

（5）环节6——PLC更改相应的BAS现场设备、导向标识、动力照明设备、自动扶梯的状态信息。

（6）环节7——PLC将BAS现场设备的状态信息下发到相应的控制设备。

（7）环节8——PLC通过硬线将导向标识状态信息下发到相应导向标识的控制设备。

（8）环节9——PLC通过硬线将区间照明状态信息（开/关）下发到动力照明的控制设备。

（9）环节10、11——PLC通过RI/O将自动扶梯的状态信息下发到相应控制设备。

八、列车在站台火灾

1. 联动功能

根据火灾处理联动预案进行车站防排烟。同时，PSD、AFC、PA 联动有序疏散乘客，AFC 进闸机锁闭，出闸机开放。

2. 实现逻辑图及相关说明

如图 3-12 所示，联动模式实现分为多个环节：

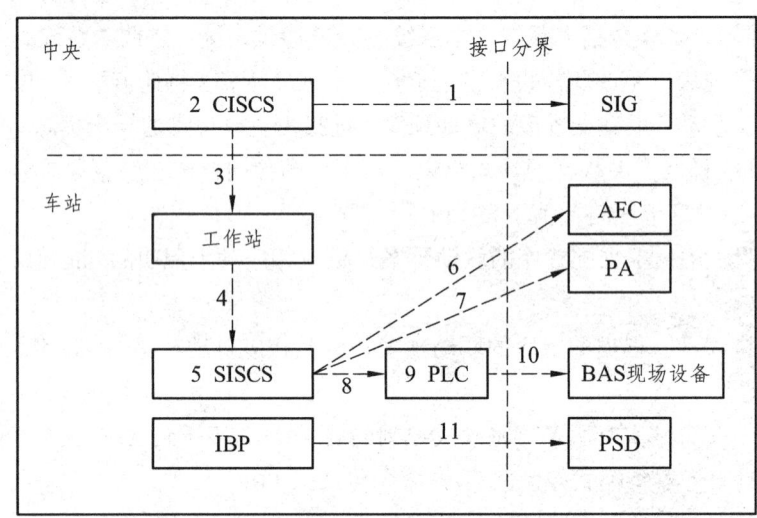

图 3-12 列车在站台火灾联动逻辑图

（1）环节 1——中央信号系统设备将列车火灾信息传送到 CISCS（中央实时服务器），实现方式如下：

A. SIG 系统主动将列车火灾信息传送给 FEP。

B. FEP 将所有互联系统（包括 SIG）的信息转为统一协议后发给中央实时服务器。

C. 中央实时服务器进行数据采集。

a. 解析 SIG 系统传送过来的数据包；

b. 将解析后的信息转为 tag 点的信息。

（2）环节 2——中央实时服务器接收到火灾报警信息后，通过环节 3 将报警信息显示在工作站的 HMI 上，提醒操作人员有火灾报警信息。

（3）环节 4——操作员通过工作站的 HMI 将报警确认信息传送至车站实时服务器。

（4）环节 5——车站实时服务器根据火灾处理预案，触发相关联动指令，实现方式如下：

A. AFC 联动：根据配置库的联动预案，选择 "AFC 火灾联动指令"。

B. PA 联动：根据配置库的联动预案，选择 "火灾应急广播指令"。

C. BAS 现场设备（包括大系统、小系统、隧道通风系统、空调水系统的监控设备）：根据 BAS 设备的模式表，更改相应设备的 tag 值，并通过环节 8 将此值下发 PLC。

（5）环节 6——车站实时服务器将 AFC 火灾联动指令传送到 AFC 主机，实现方式如下：
A. 车站实时服务器将 AFC 火灾联动指令传送给 FEP。
B. FEP 进行协议转换后发给 AFC。

（6）环节 7——车站实时服务器将指令传送到 PA 主机，实现方式如下：
A. 车站实时服务器将"火灾应急广播指令"指令传送给 FEP。
B. FEP 进行协议转换后发给 PA。

（7）环节 9——PLC 更改相应的 BAS 现场设备状态信息。

（8）环节 10——PLC 将 BAS 现场设备的状态信息下发到相应的控制设备。

（9）环节 11——通过 IBP 强制性打开站台门。

九、列车在隧道火灾

1. 联动功能

根据火灾处理联动预案启动区间隧道通风模式。PA、PIS 系统提示疏散相邻车站乘客。

2. 实现逻辑及相关说明

如图 3-13 所示，联动模式实现分为多个环节：

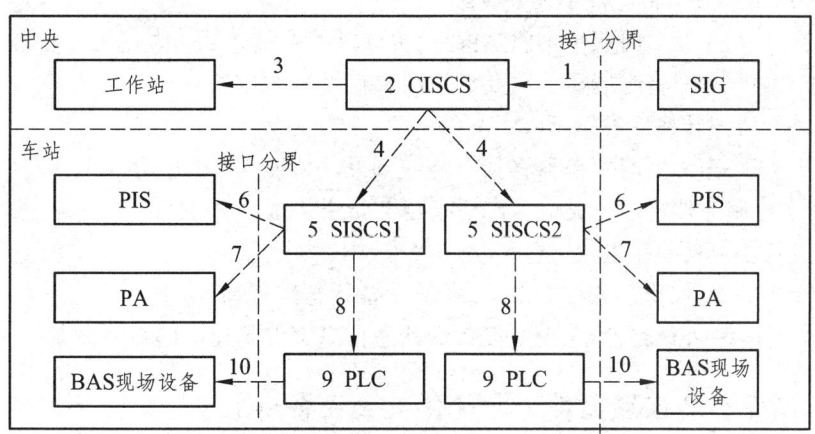

图 3-13 列车在隧道火灾联动逻辑图

（1）环节 1——中央信号系统设备将列车火灾信息传送到 CISCS（中央实时服务器），实现方式如下：
A. SIG 系统主动将列车火灾信息传送给 FEP。
B. FEP 将所有互联系统（包括 SIG）的信息转为统一协议后发给中央实时服务器。

C. 中央实时服务器进行数据采集。
a. 解析 SIG 系统传送过来的数据包；
b. 将解析后的信息转为 tag 点的信息。

（2）环节 2、3——中央实时服务器接收到火灾报警信息后，在操作人员的报警确认后，根据火灾处理预案，触发相关联动指令，实现方式如下：

A. 通过环节 3 将报警信息显示在工作站的 HMI 上，提醒操作人员有火灾报警信息。
B. 操作人员在工作站的 HMI 上进行报警确认，确认信息通过环节 3 反馈给中央实时服务器。
C. 中央实时服务器根据反馈信息以及火灾处理预案，判别需执行列车火灾模式指令的相应车站。

（3）环节 4——中央实时服务器将列车火灾模式指令发给相应车站的实时服务器，实现方式如下：

A. 在车站实时服务器将列车火灾模式设置为 tag 点。
B. 中央实时服务器直接改写 tag 点的值。

（4）环节 5——车站实时服务器执行列车火灾模式，实现方式如下：

A. PIS 联动：根据配置库的联动预案，选择相应的终端显示屏及显示信息。
B. PA 联动：根据配置库的联动预案，选择"火灾应急广播指令"。
C. BAS 现场设备（隧道通风系统的监控设备）：根据 BAS 设备的模式表，更改相应设备的 tag 值，并通过环节 8 将此值下发 PLC。

（5）环节 6——车站实时服务器将 AFC 火灾联动指令传送到 PIS 主机，实现方式如下：

A. 车站实时服务器将终端显示屏及显示内容传送给 FEP。
B. FEP 进行协议转换后发给 AFC。

（6）环节 7——车站实时服务器将指令传送到 PA 主机，实现方式如下：

A. 车站实时服务器将"火灾应急广播指令"指令传送给 FEP。
B. FEP 进行协议转换后发给 PA。

（7）环节 9——PLC 更改相应的 BAS 现场设备状态信息。

（8）环节 10——PLC 将 BAS 现场设备的状态信息下发到相应的控制设备。

十、车站非公共区域火灾（非气体灭火设备用房）

1. 联动功能

情况 1——有少量烟雾，未扩散至站厅公共区：开启本地小系统的排风系统，关闭本地小系统送风系统和分体式空调机组；

情况 2——有大量烟雾，已扩散至站厅公共区，同时：关闭站厅公共区送风和站台公共区排风，开启站厅公共区排风和站台公共区送风，启动水喷淋系统、启动消防泵系统并确认相邻车站区间泵运行方式；

同时，PA、PIS 系统提示乘客疏散。

2. 实现逻辑及相关说明

如图 3-14 所示，联动模式实现分为多个环节：

（1）环节 1——操作员根据火灾发生的位置及情况的不同，通过工作站 HMI 选择不同的 BAS 设备联动模式，并联动 PIS、PA，实现方式如下：

A. PIS 联动：根据配置库的联动预案，选择相应的终端显示屏及显示信息。

B. PA 联动：根据配置库的联动预案，选择"火灾应急广播指令"。

C. BAS 现场设备（包括大系统、小系统、隧道通风系统、空调水系统的监控设备）：根据 BAS 设备的模式表，更改相应设备的 tag 值，并通过环节 4 将此值下发 PLC。

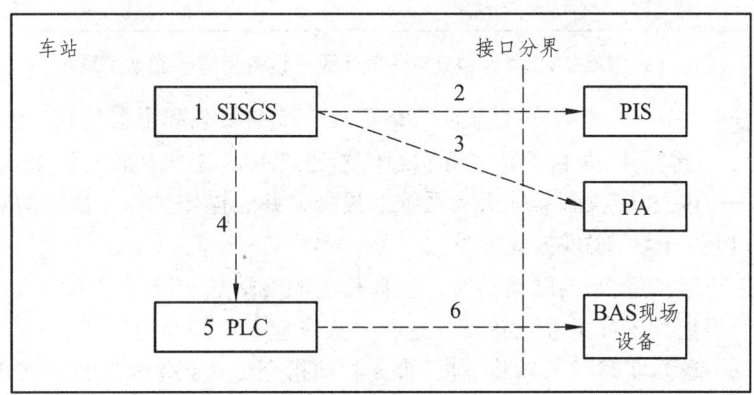

图 3-14　车站非公共区域火灾（非气体灭火设备用房）联动逻辑图

（2）环节 2——车站实时服务器将 AFC 火灾联动指令传送到 PIS 主机，实现方式如下：

A. 车站实时服务器将终端显示屏及显示内容传送给 FEP。

B. FEP 进行协议转换后发给 AFC。

（3）环节 3——车站实时服务器将指令传送到 PA 主机，实现方式如下：

A. 车站实时服务器将"火灾应急广播指令"指令传送给 FEP。

B. FEP 进行协议转换后发给 PA。

（4）环节 5——PLC 更改相应的 BAS 现场设备状态信息。

（5）环节 6——PLC 将 BAS 现场设备的状态信息下发到相应的控制设备。

十一、车站非公共区域火灾（气体灭火房间）

1. 联动功能

根据联动预案启动气体灭火系统，PA、PIS 系统提示乘客疏散。

2. 实现逻辑及相关说明

如图 3-15 所示,联动模式实现分为多个环节:

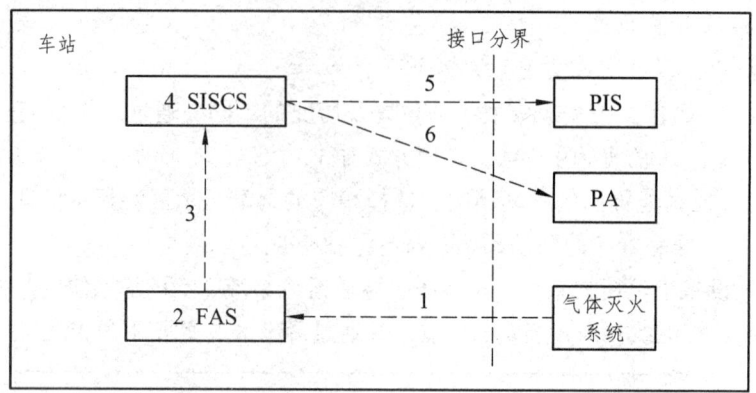

图 3-15 车站非公共区域火灾（气体灭火设备用房）联动逻辑图

（1）环节 1、2、3——气体灭火系统将气体灭火系统的状态和报警信息,包括预警、确认火警、气体释放、故障、手动/自动位置等状态信号通过 FAS 主机,传送给 ISCS。

（2）环节 4——ISCS 接收到其他灭火系统的报警,并经操作员在工作站 HMI 的火灾报警确认后,并联动 PIS、PA,实现方式如下:

A. PIS 联动:根据配置库的联动预案,选择相应的终端显示屏及显示信息。

B. PA 联动:根据配置库的联动预案,选择"火灾应急广播指令"。

（3）环节 5——车站实时服务器将 AFC 火灾联动指令传送到 PIS 主机,实现方式如下:

A. 车站实时服务器将终端显示屏及显示内容传送给 FEP。

B. FEP 进行协议转换后发给 AFC。

（4）环节 6——车站实时服务器将指令传送到 PA 主机,实现方式如下:

A. 车站实时服务器将"火灾应急广播指令"指令传送给 FEP。

B. FEP 进行协议转换后发给 PA。

十二、TFDS 系统与隧道通风系统联动

1. 联动功能

综合监控从 TFDS 系统接收到隧道温度过高信号后,人工确认后触发隧道排烟模式。

2. 实现逻辑及相关说明

如图 3-16 所示,联动模式实现分为多个环节:

（1）环节 1——TFDS 将隧道温度过高信号传送给车站实时服务器。

（2）环节 2——车站实时服务器接受到温度过高信号报警后,通过环节 3 将报警信息显示

在工作站的 HMI 上，提醒操作人员隧道温度过高。

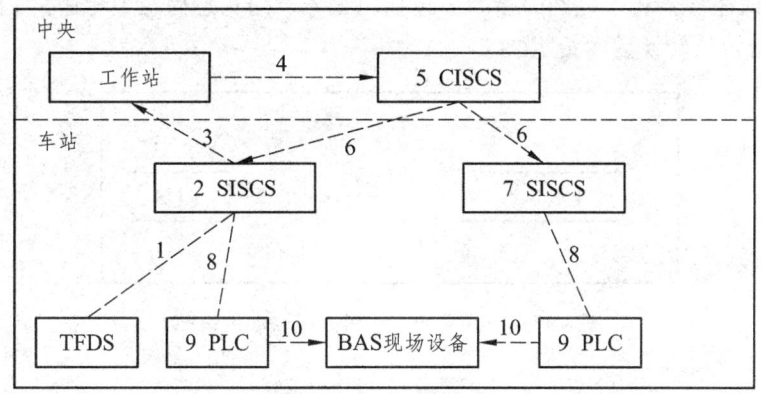

图 3-16　TFDS 系统与隧道通风系统联动逻辑图

（3）环节 4——操作员通过工作站的 HMI 将报警确认信息传送至中央实时服务器。

（4）环节 5——中央实时服务器根据反馈信息以及火灾处理预案，判别需执行隧道排烟模式指令的相应车站。

（5）环节 6——中央实时服务器将隧道排烟模式指令发给相应车站的实时服务器，实现方式如下：

A. 在车站实时服务器将隧道排烟模式设置为 tag 点。

B. 中央实时服务器直接改写 tag 点的值。

（6）环节 5——车站实时服务器执行隧道排烟模式，根据隧道通风系统的监控设备的模式表，更改相应设备的 tag 值，并通过环节 8 将此值下发给 PLC。

（7）环节 9——PLC 更改相应的 BAS 现场设备状态信息。

（8）环节 10——PLC 将 BAS 现场设备的状态信息下发到相应的控制设备。

十三、FAS 系统与门禁系统联动

1. 联动功能

综合监控系统在接收火灾报警信息后，应自动根据火灾区域确认情况启动与门禁系统的相关联动，根据具体情况确定相应门的开闭。

2. 实现逻辑及相关说明

如图 3-17 所示，联动模式实现分为多个环节：

（1）环节 1——车站实时服务器在接收火灾报警信息后，根据联动预案及火灾区域确认情况，调用远程开门指令。

（2）环节 2——车站实时服务器将远程开门指令传送到 PA 主机，实现方式如下：

A. 车站实时服务器将远程开门指令（包括门编号、门状态信息）传送给 FEP。

B. FEP 进行协议转换后发给 ACS。

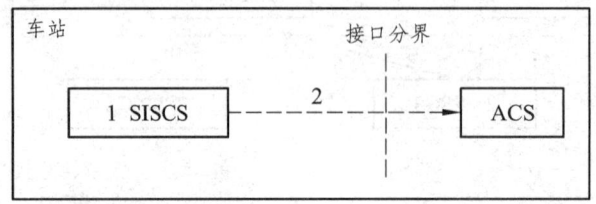

图 3-17　FAS 系统与门禁系统联动逻辑图

第二节　实现的相关机电系统功能

第一目　电力监控（SCADA）系统功能

综合监控系统提供电力监控功能，监控全线供电系统设备，包括主变电所、牵引降压混合变电所、降压或跟随式变电所、DC1500 V 接触网、低压配电室等，包括的主要供电设备如下：

① 110 kV 供电系统设备；

② 35 kV 供电系统设备；

③ DC 1 500 V 牵引供电系统设备；

④ DC 1 500 V 接触网设备；

⑤ 400 V 配电系统设备；

⑥ 应急电源设备。

电力监控（SCADA）系统部分传送给综合监控系统的监控信息包括 110 kV 供电系统、35 kV 供电系统、1 500 V DC 牵引供电系统、1 500 V DC 接触网及 400 V 配电系统。

应急电源设备信息通过环境与设备监控系统（BAS）传送给综合监控系统完成监控。

中央级综合监控系统电调工作站负责监控全线供电系统，车站级综合监控系统暂不考虑电力监控系统功能。

牵引供电设备与区间照明的联动功能由综合监控系统实现。

一、中央级功能

电力调度管理人员实时监视供电系统设备的运行情况，及时掌握和处理供电系统的各种事故、报警事件，准确实施调度指挥、事故抢修和故障处理，保证供电的可靠性、安全性。

1. 遥控功能

电力调度系统的遥控功能应满足供电系统改变运行方式、维护检修、故障处理等倒闸作业。控制对象包括供电系统中可以远方控制的断路器、电动隔离开关、自动装置以及保护复归等。操作中应有必要的口令检验、安全检查、提示、返校确认、撤销及防止同时操作等功能，并需将操作人员姓名、操作对象、操作时间、结果记录存档，可供查阅、打印。程序对操作的符合性进行自动校验。

为了控制输出的安全性，系统应对输出继电器接点黏结、输出/输入接点抖动和多重选择情况进行监测，并有画面提示和警告。

遥控分为单控、程控、紧急状态控制、定时控制、自动控制、遥控试验。

1）单控

单控即对单个对象的控制。程序自动对调度人员选择的遥控对象和将要进行的操作进行条件校核，确认无误后，控制命令方可发出。

2）程控

程控是若干单控的组合形式。在程控执行前应进行条件、状态检测，当条件满足要求时，系统给出允许执行提示信息；当条件或状态不满足要求时，系统给出不允许执行提示信息。在程控过程中，当任何条件不满足时，程控命令自动返回；调度员也可根据情况人为中止命令的执行进程。

3）紧急状态控制

当现场发生紧急情况时，通过执行紧急状态控制命令断电，达到避险或减少损失的目的。应设置自动或手动两种启动方式。

4）定时控制

针对地铁定点运行的特点，在规定的停、送电时间，自动启动定时控制功能，经电力调度员确认后执行。

5）自动控制

自动控制是由特定信息启动的程控。

例如：当系统发生某些故障时，自动对该故障设备或区段进行切除操作。

6）遥控试验

2. 遥信功能

1）正常运行状态

变电所综合自动化系统将各种设备的运行状态信息实时传递到控制中心电力调度终端，通过LCD装置和大屏幕显示实现电力调度系统对各被控站供电设备运行状态的监视。

2）报警信息处理

当发生事故和预告报警时，电力调度系统应发出音响报警，且两者音响具有不同频率，此外还应有灯光显示和打印记录。报警程度分为若干级，各级含义和颜色在数据库中定义。

3. 遥测功能

实时采集供电系统设备的主要电流、电压、功率、电度等电气量，并在监视器上通过窗口、曲线、棒图等动态显示。对变压器的过负荷情况和出现时间、各种模拟量的极值和出现时间进行统计，并有越限报警、复限提示和记录功能。

4. 遥调功能

可完成对主变电所有载调压开关的调整，对变电所内保护装置的故障录波数据和整定数据可进行远程调阅，并能实现对变电所保护装置整定数据组的远程切换。

5. 数据处理功能

接收变电所综合自动化系统的数据信息，经过各种算术和逻辑处理后，应能通过 LCD 显示和打印机打印，并能将数据存储到系统的实时数据库和历史数据库中。数据处理的主要内容如下：

（1）各种开关操作记录（包括站名、对象、性质、发生时间等，打印颜色为黑色）。

（2）各种故障记录（包括站名、对象、性质、发生时间等，打印颜色为红色）。

（3）统计报表记录、检索。

（4）电流、电压曲线（包括站名、时间）。

（5）遥测量越限监视：当电流、电压量超过极限值时，发出超限报警（不发出音响信号，在显示画面上改变显示颜色并闪烁），并进行打印（需要时）和存储，打印颜色为红色。复限时进行提示和记录，打印颜色为蓝色。

（6）过负荷发生时间、持续时间的统计。

（7）当日最大负荷，最高/最低电压、电流出现时间的统计。

（8）电流、电压、电能量等曲线的显示可以根据不同的时间要求进行时间分隔显示，以便观察电流、电压、电能量在不同时间段的变化情况。

（9）开关动作次数统计（区分操作与事故情况）。

（10）可信度检验，能过滤掉不在合理性范围内的数据。

（11）变化率检验，并提供对突变数据的过滤功能。

6. 模拟操作功能

（1）开关模拟对位操作。

（2）闭锁、解锁操作。

（3）挂地线操作。

7. 调度事务管理功能

电力调度终端根据从变电所采集的设备运行信息、保护开关等动作信息和设备异常信息，分析设备的动作次数、累计运行时间、异常或故障发生情况，为维修调度决策提供依据，及时通知运营维护部门进行检修及事故状态下的抢修，并可根据运营维护部门的要求，制订合理的停送电计划。

8. 供电系统运行情况的数据归档和统计报表功能

分类保存操作信息、事故和报警信息的历史记录，以便进行查询和故障分析；编制测量数据及开关跳闸次数等的日报、月报、年报等统计报表。

9. 信息查询功能

用户可设定时间和项目在系统中查询各种实时、历史信息。被查询的信息可以是一定时间内的变化过程，被查询的过程应可以被重新演示。

10. 用户主要画面显示功能

应配置动态显示的供电系统图、监控系统图、变电所主接线、记录、报警、接触网供电分段示意图、程控等用户画面。

具体的用户画面种类和要求如下：

（1）工程线路示意图（包括与其他线路的换乘关系）。

（2）供电系统示意图：实时显示供电环网及各开关柜运行状态。

（3）供电设施分布示意图：显示全线各种变电所的位置分布。

（4）SCADA系统构成示意图：包括控制中心电力调度终端设备、子站设备、传输通道等在内的整个SCADA系统配置情况及运行状态等信息。

（5）变电所综合自动化系统构成示意图：包括综合监控管理单元、通信节点机、间隔层设备单元、所内通信网络等的配置情况及各设备运行状态等信息。

（6）各变电所主接线和接触网线路图：实时显示各变电所主接线、接触网线路和设备的运行状态。变电所主接线图上应包含电流、电压、功率等显示内容。

（7）程控显示画面。

（8）遥测曲线画面：显示各遥测量（包括电流、电压、有功功率、无功功率）的趋势曲线，时间分辨率可调。

（9）电能量直方图：显示有功电能量和无功电能量。

（10）日报报表：以表格的形式显示一天内的有功电能量和无功电能量及依此计算出的功率因数，各模拟量当日出现的最大、最小值及出现的时间以及过负荷情况。报表应能进行手动修改，修改处应予以标记符号标明经修改。

（11）月报报表：以表格的形式显示一月内的有功电能量和无功电能量及依此计算出的功率因数，各模拟量当月出现的最大、最小值及出现的时间以及过负荷情况。报表应能进行手动修改，修改处应予以标记符号标明经修改。

（12）年报报表：用表格的形式显示一年内的有功电能度量和无功电能量及依此计算出的功率因数，各模拟量当年出现的最大、最小值及出现的时间及过负荷情况。报表应能进行手动修改，修改处应予以标记符号标明经修改。

（13）越/复限统计报表：以表格形式显示各模拟量当天越/复限出现的起始时间、结束时间和峰值、谷值。

（14）操作记录报表：以表格形式显示操作员进行操作的时间、结果，所有操作记录均采用黑色显示与打印。

（15）报警细目画面：用于事件发生后，操作员对事件进行处理。事件发生后画面显示事件发生的时间、地点、事件内容和事件性质（紧急或非紧急）。

报警细目画面应包括各被控站内的报警细目和全系统报警细目，并可分别按时间、对象、性质进行检索。应具有随时打印、定时打印、自动以电子文件保存等功能。

报警接收时，显示"红色"，当操作员确认后，变为其他颜色。

11. 数据打印及画面拷贝功能

所有操作、报警、报表信息均可根据需要直接打印，并应同时自动保存在硬盘的指定目录内，各调度画面均可实现随机拷贝。

12. 大屏幕投影显示功能

可将变电所开关位置及接触网带电状态反映到控制中心的大屏幕上，实现供电系统整体运行状况的显示，并具有紧急事件优先的功能。

13. 历史数据库功能

历史数据库按照预先定义的采样周期从实时数据库中采集遥信、遥测、计算量等信息，以预先定义的模式存储在商用数据库中。

历史数据库应满足整个 SCADA 系统一年数据存储及查询的要求。

14. 屏蔽功能

操作员可对任何一个被控设备或一座变电所的被控设备进行屏蔽，使之不能被遥控操作，在屏蔽被解除后方可恢复遥控功能。屏蔽分为开关屏蔽控制和变电所屏蔽控制。

15. 模拟培训、仿真功能

为培训人员提供模拟供电系统真实运行情况的操作平台，给出正常运行、操作、事故状态下的情况，且对系统的实际运行不产生任何影响。

16. 安全组态功能

安全组态功能应具有对每一位进入系统的人员进行严格的登录管理，清楚地分辨、记录进入系统和进行操作的人员，分不同级别以限制操作者进入系统的深度和授权操作的范围，按从低到高划分为：操作员权限、高级操作员权限、调度员权限、系统管理员权限。

17. 系统的维护、修改、扩展功能

对各种用户画面、数据库、系统参数实现人机交互式在线修改、编辑、定义及扩展，而无须修改软件程序。

18. 系统时钟同步功能

与 SCADA 系统各被控站（变电所综合自动化系统）具有时钟同步功能，实现整个 SCADA 系统的时钟同步。

19. 系统具有容错、自诊断、自恢复功能

系统应具有容错、自诊断、自恢复功能。

系统应能对整个系统的运行状况实施监视，并能以图表直观反映运行状态。

系统应具有对各通信通道进行监视的功能，若有通道故障，能进行故障报警。

系统应能对变电所综合自动化系统的运行状况进行监视，能直接显示任一被控站传送来的信息原码，并对通道误码率进行统计。

20. SOE 功能

21. 事故追忆（PDR）功能

除此之外，中央还具有模拟操作功能、调度事务管理功能、供电系统运行情况的数据归档和统计报表功能、信息查询功能、画面显示功能、数据打印及画面拷贝功能、大屏幕投影显示功能、历史数据库功能、系统时钟同步功能、容错、自诊断、自恢复功能 SOE 功能、事故追忆（PDR）功能等。

二、车站级功能

SCADA 系统对 ISCS 的车站级功能没有要求。

三、供电复示系统功能

该功能用于供电管理人员对全线变电所设备、接触网设备的运行情况进行实时监视。

（1）与控制中心电力调度系统完成维修调度作业计划的发送和接收。

（2）维修调度事务管理功能。

（3）供电系统运行情况的数据归档和统计报表功能。

(4)信息查询功能。

(5)主要画面显示功能。

(6)数据打印及画面拷贝功能。

(7)历史数据库功能。

(8)报警功能。

(9)变电所内保护装置的录波数据和整定数据远程调阅功能。

四、典型人机界面

1. 车站一次图

一次系统图：实现了对变电所 35 kV 的断路器、三工位隔离开关、PT、动力变温控器、整流变温控器、整流器、轨电位等电力设备的实时监视，并可对断路器、隔离开关进行控制，如图 3-18 所示。

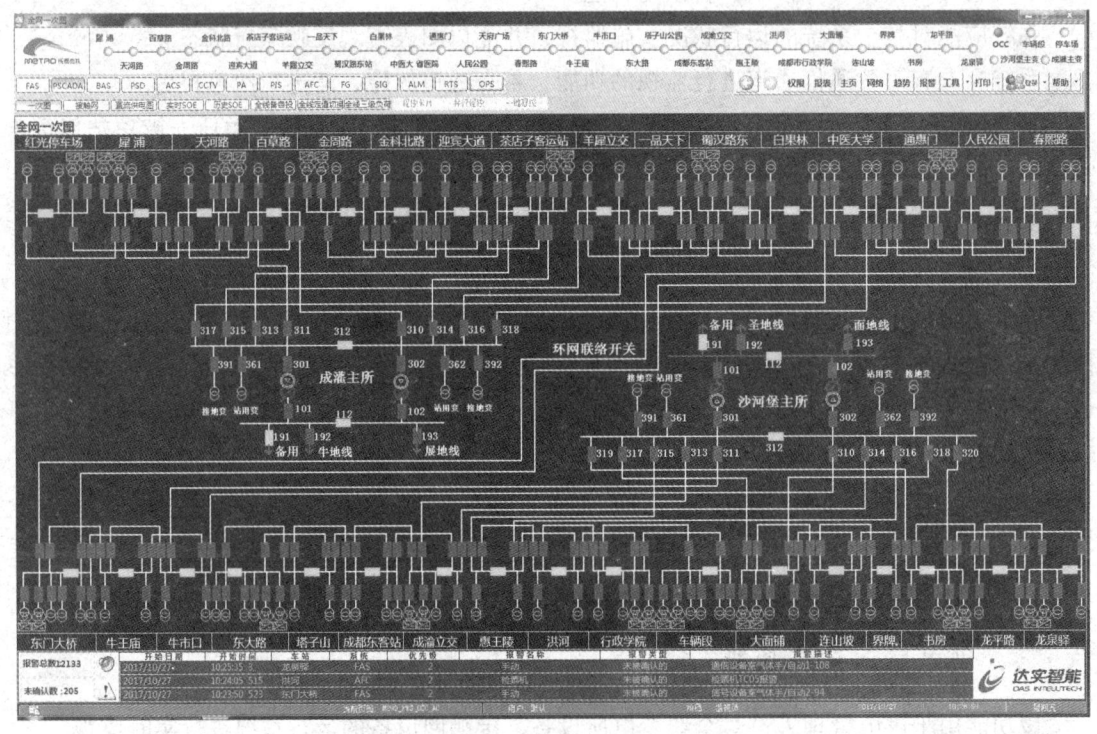

图 3-18　车站一次图

2. 自动化系统图

自动化系统图反映了各电压等级开关柜保护装置的运行状态，如图 3-19 所示。

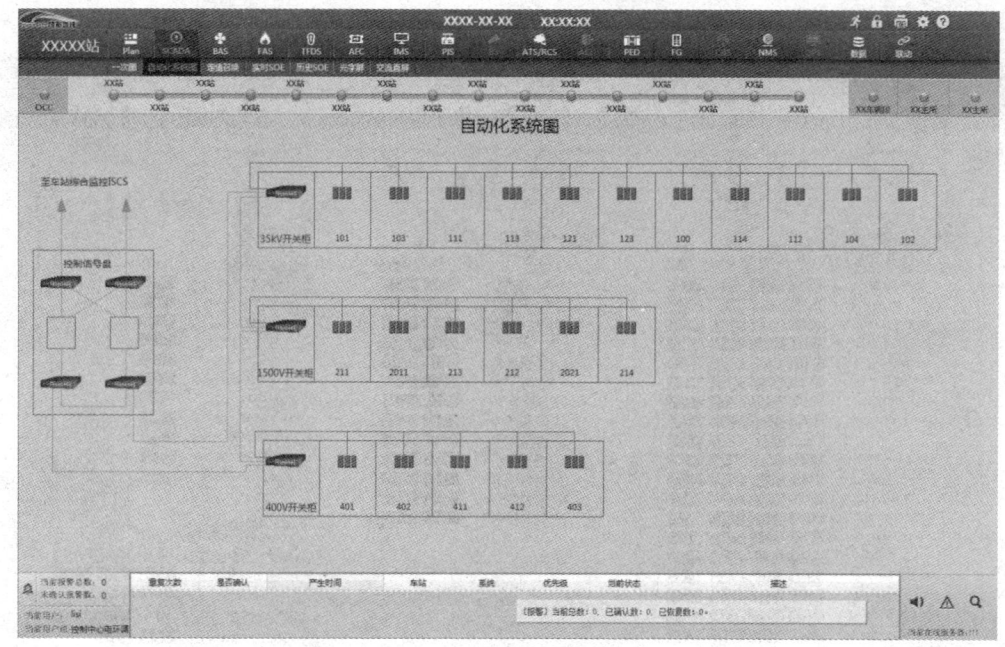

图 3-19 自动化系统图

3. 定值召唤（图 3-20）

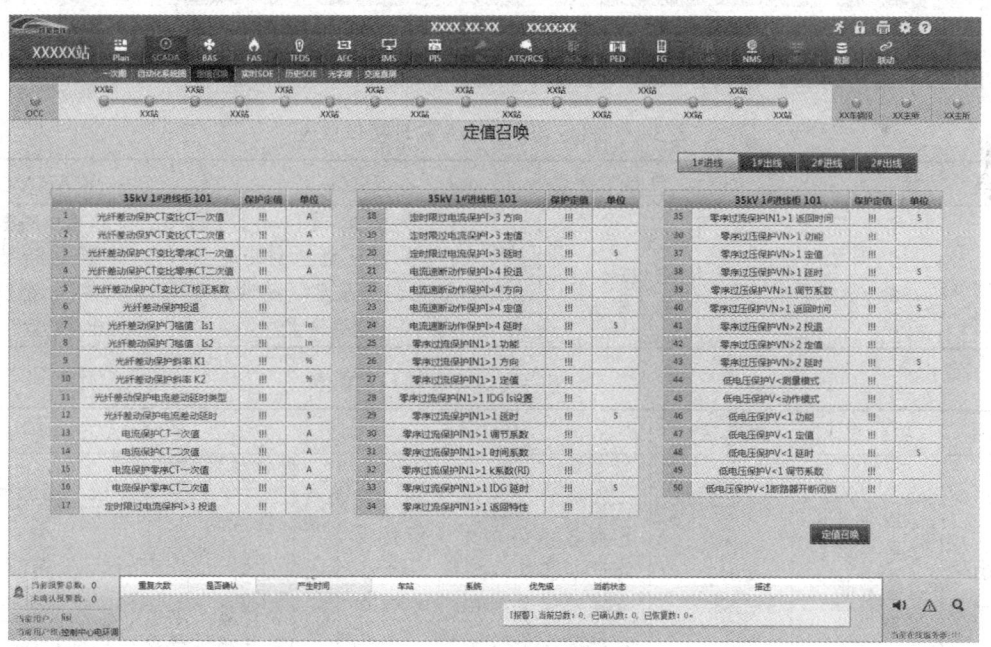

图 3-20 定值召唤图

4. 光字屏（图3-21）

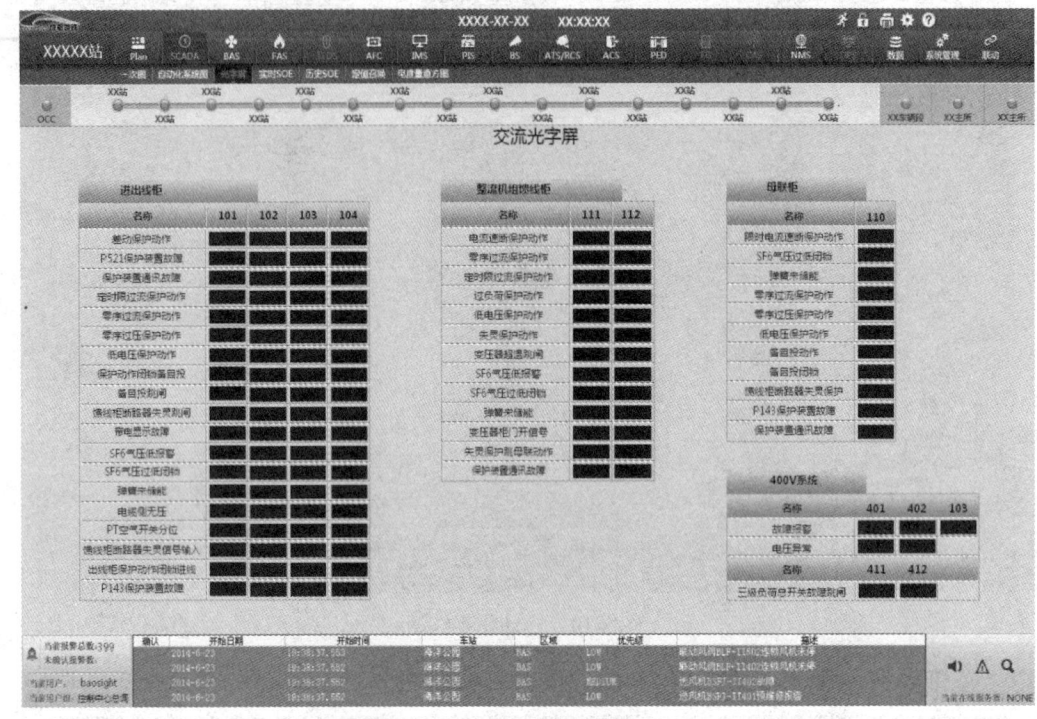

图3-21 光字屏图

ISCS与电力监控系统的接口：见表3-1、表3-2。

表3-1 ISCS与SCADA物理接口点表

编号	接口类型	数量	接口位置	ISCS	SCADA
P01	以太网光纤接口	2	变电所SCADA控制信号盘	提供带标识的通信光纤/网线，从设备室网络柜到变电所SCADA控制信号盘。提供光电转换设备、光缆终端盒	提供RJ45插座，提供光电转换器的安装位置及直流220V电源

表3-2 ISCS与SCADA接口功能表

编号	功能要求	物理接口	ISCS	SCADA
F01	对供电设备进行实时监控及提供报警	P01	在控制中心ISCS的人机界面显示供电系统所提供的设备信息。在控制中心ISCS提供有关供电设备的控制	提供信息应包括： 1）开关柜运行状态、控制反馈信号的状态 2）保护跳闸监视、闭锁及故障报警信号 3）计量、电能、电压、电流等 4）系统运行及控制模式 5）通信规约及接口要求

续表

编号	功能要求	物理接口	ISCS	SCADA
F02	时间标签	P01	接收状态变更信息及所包含的时间标签,在ISCS的人机界面上显示及贮存到数据库	传送给ISCS的状态变更信息应包括时间标签,以显示该变更的时间。事件序列(SOE)点的时间信息应为年、月、日、时、分、秒、毫秒
F03	综合计量方案	P01	对SCADA提供的电量信息进行呈现,并提供适当的人机界面来实施能源管理及高峰值的预测	提供所有计量信息
F04	控制指令的性能要求	P01	人机界面上发出的控制指令需在1.5 s内传送到本接口的SCADA系统侧,对于由SCADA上传的数据,在ISCS侧应在1.5 s内反映在中央级工作站的人机界面上	对于现场设备的数据需在1 s内传送到本接口ISCS侧,对于ISCS下达的控制指令需在1 s内被执行

第二目 环境与设备监控（BAS）系统功能

一、概述

环境与设备监控系统包括楼宇自动化（BS）和环境控制系统（ECS）两部分。环控部分包括车站环控系统和隧道环控系统，由环境与设备监控系统（BAS）进行全面、有效地自动化监控及管理，进行程序自动、实时、定时、现场就地监视设备运行状态，控制设备开/关和启/停，检测环境参数，调控环境舒适度及节能管理。从而提供一个舒适的环境，在紧急情况下，协调车站和隧道环控设备的运行，充分发挥各种环控设备应有的作用，保证乘客及工作人员的安全和设备的正常运行。

BAS包括对车站常规设备如电梯、扶梯、照明等的监视以及导向标识系统等的监视。

二、环控控制系统部分（ECS）的监控

车站环控系统设备（ECS）包括车站大系统、车站小系统、隧道通风系统以及空调水系统。

综合监控系统在工作站的人机界面上监控车站环控系统和隧道环控系统，并实现信号系统与隧道环控系统的联动功能。

在正常情况下，BAS控制器将根据自动控制功能、设备联锁逻辑、工作模式及控制参数，自动控制车站的环控设备，除异常情况外，无须操作员干涉。

操作员控制优先权是以位置决定的,从最高优先权开始:
① 就地控制(最高优先权);
② 环控电控柜(配电柜);
③ 车站控制室内的综合后备控制盘(IBP);
④ 车站 BAS 维护工作站;
⑤ 车站级综合监控系统工作站;
⑥ 中央级综合监控系统工作站(最低优先权)。

车站环控系统的监控管理以车站为主,隧道区间环控系统的管理以控制中心为主。

1. 中央级功能

1)操作员选择及控制优先权

(1)"遥控/自动"和"遥控/手动":

通过自动/手动选择,中央级综合监控系统的操作员应能够选择并操作任何单独的环控设备或一组环控设备。

当在 ISCS 中选择了"自动"模式,环控设备将按照预先编制的程序及时间表进行操作。当在 ISCS 中选择了"手动"模式,操作员能使用以下三种方式中的一种直接控制设备:

① 遥控手动单独控制——某些环控设备可以通过此方式单独地被启动/停止。
② 遥控手动群组控制——操作员以单一指令控制一组相关环控设备。
③ 遥控手动模式控制——操作员控制车站防排烟模式、隧道列车阻塞模式及隧道火灾模式。

环控设备应被划分为不同的种类和控制组。如果某一类别的任何设备被切换到遥控/自动或遥控/手动模式,那该类设备都将被切换到相应模式。

每一设备的"自动"/"手动"状态应显示在综合监控系统 HMI 上。

(2)设备标签(Tag)设置。

操作员应能从综合监控系统 HMI 设定/清除单个车站/隧道环控设备的"允许工作"(PTW)设备标签。已设置 PTW 标签的环控设备的控制将被禁止。所有设备标签设置应被记录和保存。

(3)控制优先权。

对于中央级综合监控系统对车站和隧道环控设备的控制,其优先级被定义为控制层次中的最低。因此,环调工作站上没有控制权限选择功能。

应在综合监控工作站上显示其他控制位置的控制选择的指示,包括车站级综合监控系统工作站、综合后备控制盘(IBP)、BAS 维护工作站和环控电控柜。

2)资料输入

(1)时间表。

综合监控工作站应为操作员提供一个车站和隧道环控系统综合的时间表人机界面,允许对 BAS 控制器内的时间表进行修改。

综合监控系统应能够将综合的时间表分解为车站环控时间表和隧道环控时间表。综合监控系统将会把分解后的时间表发给相应的 BAS 控制器。时间表控制将由 BAS 控制器在就地级别执行。

对于每一个时间表，操作员将定义时间表下载及激活的日期/时间。

对每一个操作时间表，某些设备可以在多于一个的环控（正常）模式下操作，故操作员应可选择起始环控操作模式。

综合监控系统应核对时间表以确认表中的设备操作不违反操作限制。

（2）参数设置。

在 OCC 环调工作站上可以完成多种参数设置，包括但不限于：

① 单双周设置和显示；

② 隧道系统控制方式；

③ 大系统控制方式；

④ 系统运行时间；

⑤ 各种设备控制顺序及超时时间；

⑥ 模式执行超时时间；

⑦ 与环控电控柜的通信超时时间；

⑧ 各种设备报检预报警设定时间；

⑨ 各种设备控制限制设置；

⑩ 空调区域温度设定值和报警阀值（包括温湿度传感器的选择）参数设置应可以选择要下发的车站或者所有车站，并应该记录下载的结果。

3）控制功能

综合监控系统应按照监控点表要求对车站和隧道环控系统实现控制功能，包括：点动控制、模式控制、时间表控制、限制点设置。

（1）点动控制。

点动控制可以使操作员在操作员工作站上进行单点控制。点动控制应在设备的属性框内操作，所有的操作都应经过确认后下发，并记录操作过程，提示操作结果。

（2）模式控制。

模式控制是由子系统和外部系统执行的顺序控制，通过一个模式号对一个系统的多个设备或设备组进行控制，模式控制应反馈模式执行的结果。

模式控制包括正常模式和灾害模式，灾害模式包括阻塞模式和火灾模式。

在 OCC 可以根据通风与空调系统提供的环控工艺要求，对区间隧道通风系统设备进行正常模式控制及事故灾害模式控制（含阻塞模式），并可对隧道通风设备点动控制。

所有模式控制操作应经过确认后下发，并记录操作过程，提示操作结果。

（3）时间表控制。

根据地铁运行环境及车站其他系统的监控要求，根据预先的设置，系统根据时间自动执行某种模式或控制命令。

时间表控制应至少包括：工作日时间表、周末时间表、特殊日时间表（特殊日起至时间）。

时间表应可以在线编辑、在线下载、在线回读。时间表功能基于模式或设备组。

隧道系统和大系统时间表可以编辑一次，同时发送到全线各站，并可以记录各站发送结果（成功、失败）。

（4）设定点设置。

设定点是用于修改模拟量的报警阈值。在允许的权限下，ISCS 允许操作员登录后在线修改模拟量输入点的报警限值。

（5）控制优先级。

4）监视功能

（1）综合监控系统应对车站和隧道环控系统实现监视功能，以下监视状态和报警应在人机界面画面提供：

① 车站和隧道环控模式的操作状态；

② 车站和隧道环控设备的操作及报警状态；

③ 各控制位置的控制选择；

④ BAS 控制器的运行状态。

（2）应提供功能允许操作员通过 HMI 观看（但不限于）以下一览表：

① 报警禁止点；

② 报警触发；

③ 程序控制；

④ 就地控制；

⑤ 手动超驰点；

⑥ 允许工作点；

⑦ 非正常状态点。

5）报表

综合监控系统应提供以下车站和隧道环控系统的报表功能：

（1）记录所有系统状态、传感器，例如：隧道温度、公共区温度和湿度、外部和回风干湿球温度、计算出的空气焓值等。

（2）记录运行数据，例如：冷冻/冷却水供应及返回温度、组合式空调机组供风温度、阀门位置、能耗及总运行时数等。

（3）记录报警，例如：高温、过湿、设备故障、高/低水位、过滤器压差过高、过滤循环终止。

（4）以可调节的预设时间间隔定期记录所有车站的焓值数据。

（5）能耗及操作时数的日报表、周报表、月报表。

6）设备属性框

在 OCC 环调工作站上，可通过鼠标点击打开设备属性框，设备属性框应包括静态信息和动态信息。

静态信息包括：设备名称、设备编号、设备安装位置、设备所属箱柜、设备类型等信息。

动态信息应包括：设备运行状态、设备控制方式、设备所属系统、当前用户是否具有操作权限等提示信息。同时在属性框内可以通过点击鼠标对设备进行控制，所有的控制命令都需要经过应用或确定后才能真正下发，命令下发后应有相应的成功和失败提示。

所有的设备都应具有一个属性框，便于操作人员和维护人员查看设备信息和控制设备。

7）设备列表

在 OCC 环调工作站上应具有设备列表功能。设备列表包括系统设备列表和现场工艺设备列表。设备列表的信息应至少包括：设备编号、设备名称、设备放置位置、设备所属控制柜、设备的实时运行状态、设备故障次数（主要是风机、水泵）、设备累计运行时间（主要是风机、水泵）、设备报检状态（可以在线设定某一类设备的预报检时间）。

系统设备列表应包括所有车站的所有 BAS 系统设备；

工艺设备列表应包括所有车站的所有被控设备。

设备列表应支持模糊查询，支持按状态、系统、类型筛选。查询和筛选的结果可以保存到文本，也可以打印。

8）报警管理

（1）报警级别

全部的报警应能被赋予报警级别。每个报警级别可关联到操作员站扬声器的不同声音，并使用不同颜色加以显示。全部报警必须由操作员确认。ISCS 包括但不限于以下三类报警级别：

① 紧急报警（第 3 级）；

② 普通报警（第 2 级）；

③ 警告信息（第 1 级）。

每一个级别应对应一种原则和处理方法。

（2）报警禁止。

ISCS 应具备报警禁止功能。

报警禁止功能应可通过设置对特定的用户有效。可以通过鼠标的点击操作禁止某一报警。

（3）报警显示。

通常 ISCS 提供的报警显示 3 种形式：报警列表、事件列表、设备故障状态显示。

事件列表用于按时间记录全部设备的报警和操作员的所有操作记录。

报警列表用于按时间记录全部设备的报警。

在设备故障报警时，在系统画面或平面图画面上的设备图标应有殊符号或颜色显示。

（4）报警打印。

事件/报警信息应可在打印机上打印，也应可实时打印事件/报警。

9）大屏幕显示功能

综合监控系统控制的大屏幕支持动态显示各环控系统 HMI 画面。

具有紧急事件优先的功能，在设备发生故障时，大屏幕上与此设备相应的图像将出现变化（例如图像改变颜色或闪烁）以显示故障已发生。

操作员可以在工作站查询有关故障的报警。

2. 车站级功能

当现场设备开启后，控制器应可自动收集到相关监控设备的状态。

当系统初次启动时，控制器可以自动从 OCC、车控室监控工作站或其他控制系统接收或采集信息。

1）操作员选择和控制优先权

操作员应能够从车站级综合监控工作站 HMI 上选择"车站"/"中央"模式。如果 IBP 和环控电控柜的选择都在遥控位置时，车站操作员选择了"车站"模式后就能够执行那些车站操作员权限范围内的控制（如下所述）。ISCS 软件应提供控制地点显示功能，以便操作人员理解"就地控制""车站控制""IBP 盘控制""OCC 控制"等权限功能。

2）控制功能

（1）车站环控模式。

在"车站"控制模式下，操作员应能够选择车站防排烟模式的操作采用自动还是手动方式。当选择自动时，车站防排烟模式将由火灾报警信号自动触发启动。当选择手动时，操作员应能够手动操作车站防排烟模式，并禁止火灾报警信号自动触发功能。

（2）隧道环控模式。

在"车站"控制模式下，操作员应能够执行隧道列车阻塞模式和隧道火灾模式。

其他控制要求与中央相同。

3）监视功能

操作员应能够从车站级综合监控工作站 HMI 上进行车站和隧道环控系统设备的监视：

① 车站和隧道环控模式的操作状态；

② 车站和隧道环控设备的操作及报警状态；
③ 各控制位置的控制选择；
④ BAS 控制器的运行状态；
⑤ 模拟量的测量值（如湿度、温度等）；
⑥ 设定点值；
⑦ 模板级的诊断信息；
⑧ 模式运行信息；
⑨ 监视、记录站厅、站台和管理设备用房的温度、湿度等环境参数。

4）设备属性框、设备列表、报警管理

与中央级相同。

5）其他功能

（1）调节功能。

应对车站大系统空调设备根据热焓计算，进行运行模式的最优化控制，从而达到节能的目的。

车站环境与设备监控子系统应具有 PID 控制、智能控制等先进控制功能。

控制器可对车站大系统设备进行运行模式的转换，并进行最优化的控制。

（2）通信功能。

将车站被控设备运行状态、报警信号及测试点数据及时送至综合监控系统，并接受中央级和车站级综合监控系统下达的各种监控指令。

具有智能通信接口的各个现场设备通过现场总线和控制器相连接，实现数据的通信。

各相关通信接口，主要实现不同通信要求的转换，保证通信数据的实时采集和安全传输。

（3）自诊断功能。

系统自诊断程序可以监视主要模块和控制网络的运行情况，当出现故障时发出报警，并将故障的信息传达至综合监控系统，同时还可以显示网络的负荷情况。

（4）系统联动。

为了提高运营效率，应开发系统联动功能。例如隧道阻塞管理功能，可在隧道阻塞情况下，通过迅速启动 BAS 隧道通风模式进入事故状态。

三、楼宇控制系统部分（BS）的监控

楼宇控制部分与环控部分通用的功能参见环控部分要求。

1. 自动扶梯功能

1）概述

自动扶梯（ESC）在所有车站设置，方便乘客进出车站及站厅与站台。

在综合监控工作站监控自动扶梯的工作状态及故障报警信息，并实现与导向标识系统的联动功能。

2）中央级功能

与车站功能监视相同，不控制。

3）车站级功能

车站综合监控系统对自动扶梯的监视包括（但不限于）以下内容：

① 上行/下行/停止状态/盖板被盗；

② 就地紧急停止状态及故障报警。

自动扶梯的控制包括（但不限于）以下：

① 停止控制：车站控制室内的 IBP 提供与综合监控工作站相同的自动扶梯监控功能。

② 节能控制：根据节能扶梯提供的模式控制要求，提供节能控制功能。

2. 电梯功能

1）概述

电梯（LIF）在所有车站设置，方便乘客进出车站及站厅与站台间。

在综合监控工作站监控电梯的工作状态及故障报警信息。

2）中央级功能

只监视不控制，监视功能与车站级相同。

3）车站级功能

综合监控系统对电梯的监视包括（但不限于）以下内容：

① 运行状态（服务中/停止服务）；

② 故障报警；

③ 紧急按钮报警。

对电梯的控制包括（但不限于）以下：

① 归零控制；

② "车站疏散"显示及广播（通过 HMI 或 IBP 发出"车站疏散"命令）。

3. 给排水系统功能

1）概述

给排水系统对车站的污水、渗漏水和雨水进行处理。

综合监控系统将监控给排水系统设备状态及故障报警信息。

2）中央级功能

监视功能与车站相同，不包括控制功能。

3）车站级功能

综合监控系统对给排水系统的监视包括（但不限于）以下内容：

① 个别泵的运行/停止状态；
② 个别泵的故障报警；
③ 水泵控制屏的手动/自动状态；
④ 水箱高/低水位报警；
⑤ 集水井高水位报警；
⑥ 隧道口雨水泵运行/停止状态；
⑦ 隧道口雨水泵故障报警；
⑧ 隧道口雨水泵控制屏手动/自动状态。
综合监控系统对给排水系统的控制包括（但不限于）以下内容：
① 隧道口雨水泵启动/停止控制；
② 区间水泵启动/停止控制。

4．照明系统功能

1）概述

照明系统在所有车站设置，提供室内及室外照明给乘客及工作人员。
综合监控系统将在工作站监控车站照明设备。

2）中央级功能

监视功能与车站相同，不包括控制功能。

3）车站级功能

操作员应能够使用车站时间表对照明设备的启/停控制进行预先编制。
综合监控系统对照明系统的监视包括（但不限于）以下内容：
① 开/关状态；
② 照度的设定（或相应的场景模式控制）；
③ 控制电路故障；
④ 区间照明开关状态；
⑤ 区间照明就地/遥控状态。
综合监控系统对照明系统的控制包括（但不限于）以下内容：
① 照明开/关控制；
② 设定照度（或相应的场景模式控制）；
③ 区间照明开关控制。

5．导向标识系统功能（SIGNA）

1）概述

导向标识系统（SIGNA）在车站内设置固定或可变显示的导向标识，用以向乘客显示正常及紧急信息。

综合监控系统将以群组形式监控导向标识，并提供与 AFC 闸机及自动扶梯的联动功能。

2）中央级功能

监视功能与车站相同，不包括控制功能。

3）车站级功能

操作员应能够选择对导向标识系统按照时间表定时控制或者手动控制（如果 IBP 的导向标识控制选在"禁止"位置）。

操作员应能够使用车站时间表对导向标识系统的启/停控制进行预先编制。

操作员应能够按照监控点表要求对标识系统实现控制，工作内容包括：

① 每个 AFC 闸机导向标识；

② 每个自动扶梯导向标识；

③ 每站台/每站厅的应急导向标识；

④ 其他每类型导向标识以整个车站为一组；

⑤ 综合监控系统按控制的分组提供导向标识的开/关状态的监视功能；

⑥ 车站控制室内的 IBP 提供应急导向标识的控制功能。

6. 广告屏系统功能（ADV）

1）概述

广告屏系统（ADV）在车站公共区设置，向乘客提供商业广告及宣传资料。

综合监控系统将在工作站上监控车站广告屏系统。

2）中央级功能

监视功能与车站相同，不包括控制功能。

3）车站级功能

操作员应能够使用车站时间表对广告屏设备的启/停控制进行预先编制。

综合监控系统对广告屏系统的监视包括（但不限于）以下内容：

（1）广告屏开、关状态。

综合监控系统对广告屏系统的控制包括（但不限于）以下内容：

（2）广告屏开、关控制。

7. 人防门系统功能（WTP）

1）概述

综合监控系统将在工作站上监视人防门状态及提供报警（人防门未开到位报警）。

2）中央级功能

与车站相同。

3）车站级功能

综合监控系统对人防门系统的监视内容仅限于人防门的开关状态。

四、典型人机界面

1. 大系统

大系统图：实现了对公共区环控系统空调、风机、风阀设备的实时监视，并可对空调、风机、风阀设备进行控制，见图3-22。

2. 小系统

小系统图：实现了对办公用房及设备区域的环控系统空调、风机、风阀设备的实时监视，并可对空调、风机、风阀设备进行控制，见图3-23。

3. 隧道通风系统

隧道通风系统图：实现了对隧道区间的风机、风阀设备的实时监视，并可对空调、风机、风阀设备进行控制，见图3-24。

4. 水系统

水系统图：实现了对空调水系统的电动两通阀、冷水机组、冷冻水泵、冷却水泵、冷却塔、水处理器、压力传感器、流量传感器等设备的实时监视，见图3-25。

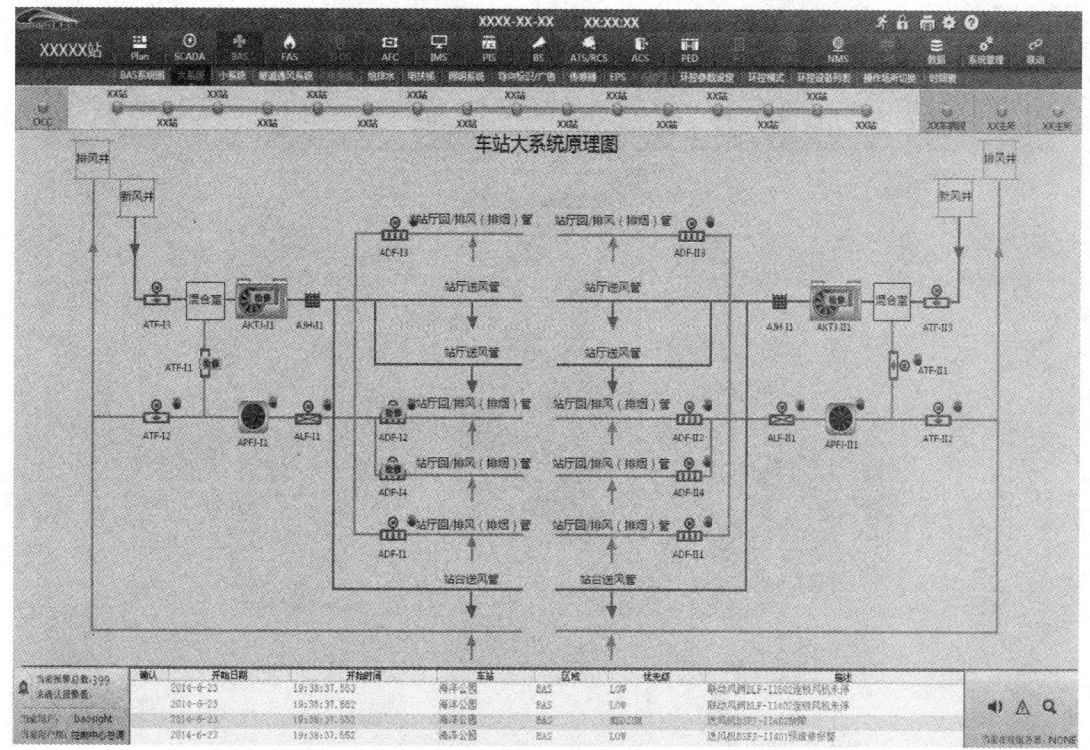

图3-22 大系统图

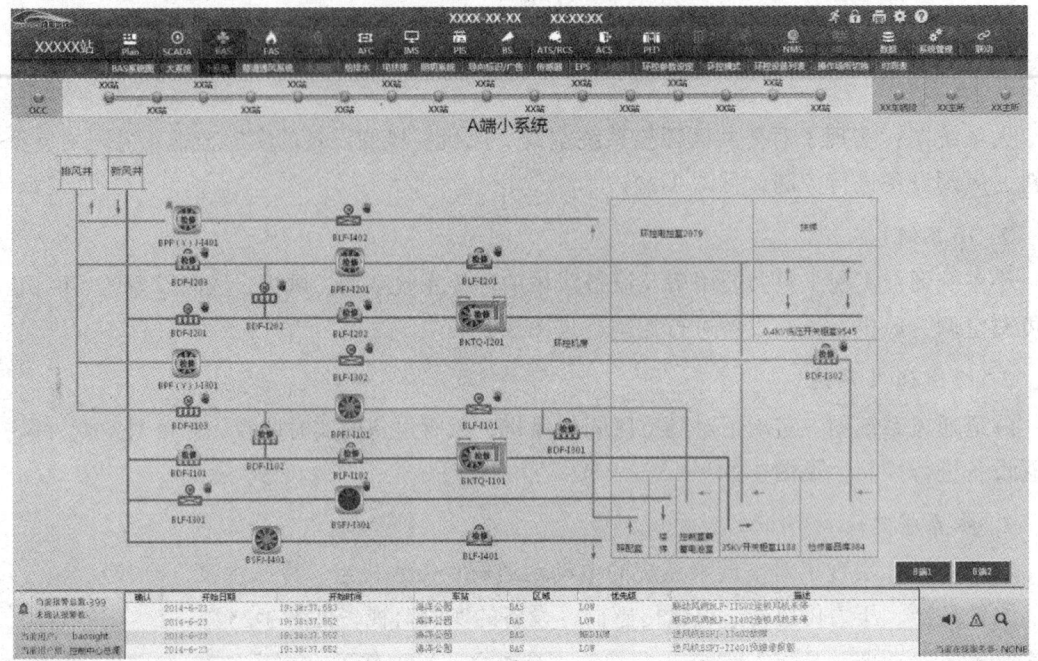

图 3-23 小系统图

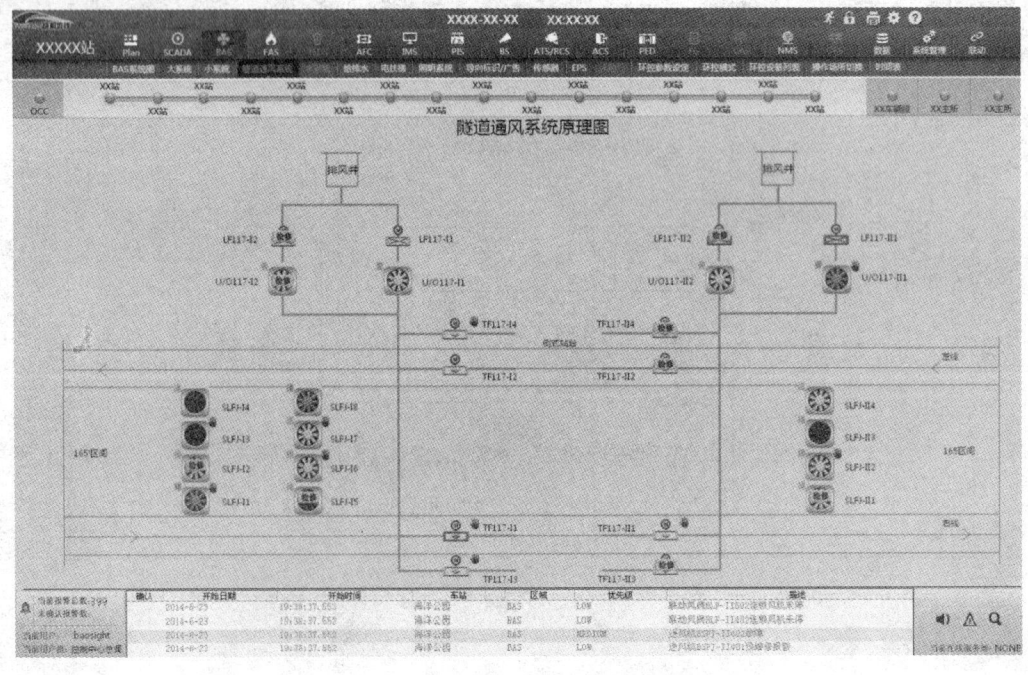

图 3-24 隧道通风系统图

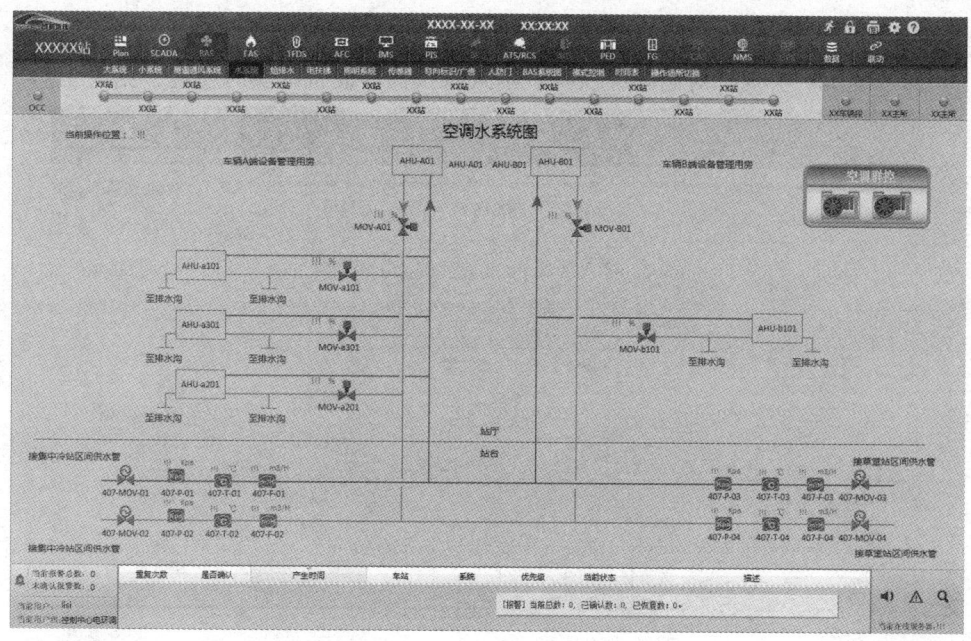

图 3-25 水系统图

5．给排水

给排水系统图：实现了对给排水系统的排水泵、污水泵、废水泵等设备的实时监视，并可对水泵设备进行控制，见图 3-26。

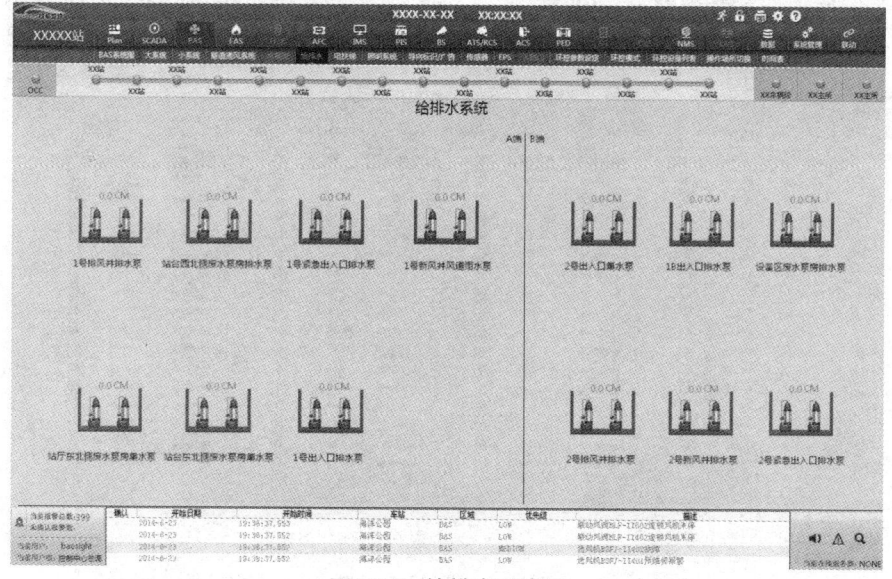

图 3-26 给排水系统图

6. 电扶梯

电扶梯系统图：实现了对电梯、扶梯、出入口扶梯等设备的实时监视，见图3-27。

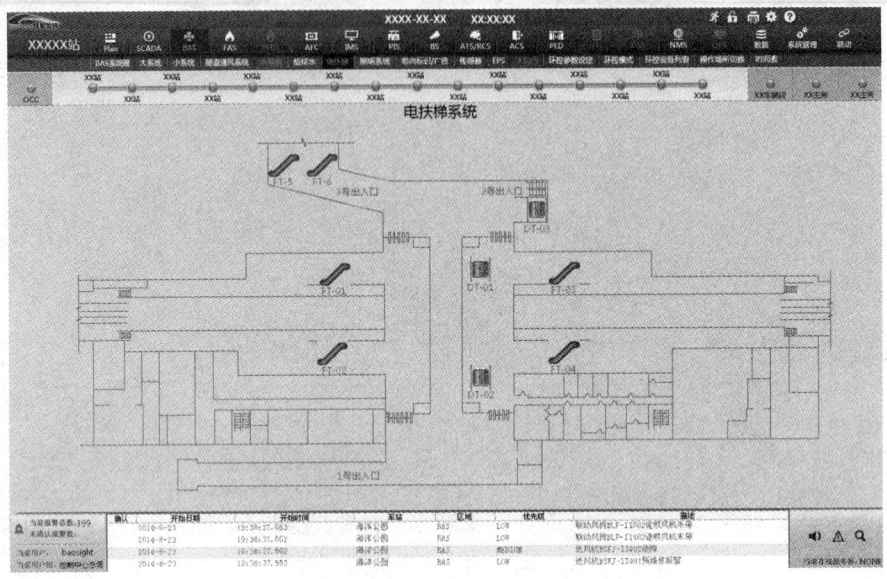

图 3-27　电扶梯系统图

7. 照明系统

照明系统图：实现了对照明回路的实时监视，并通过场景选择智能控制，见图3-28。

图 3-28　照明系统图

8. 传感器

传感器图：实现了对环境温度、湿度、CO_2 浓度的实时监视，见图 3-29。

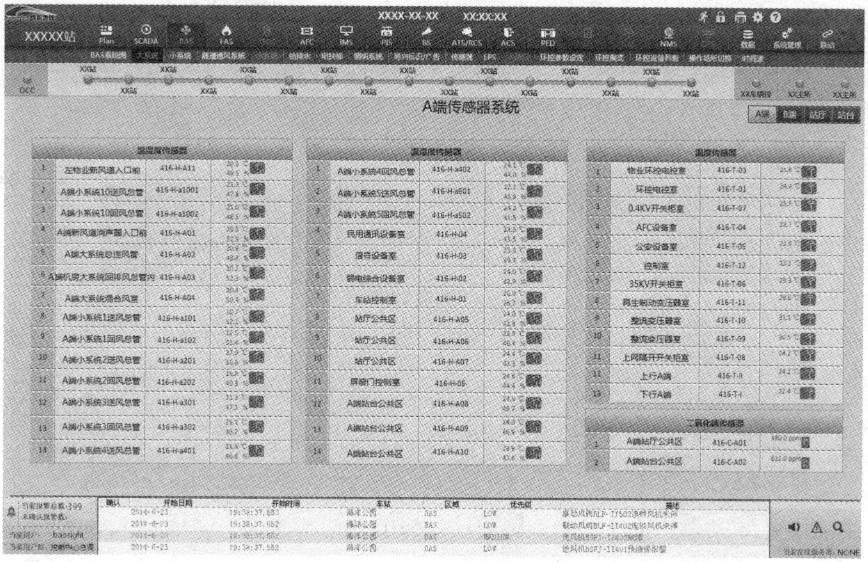

图 3-29　传感器图

9. 导向标识/广告

导向标识/广告：实现了对导向、扶梯导向、广告照明、区间疏散指示设备的实时监视，并可对导向、区间疏散指示设备进行控制，见图 3-30。

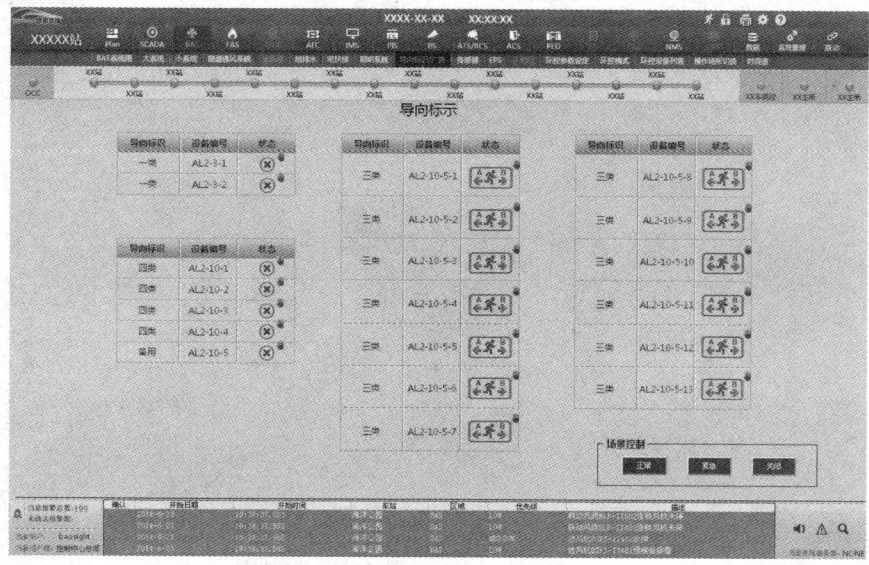

图 3-30　导向标识/广告图

109

10. 人防门

人防门：实现了对人防门设备的实时监视，见图 3-31。

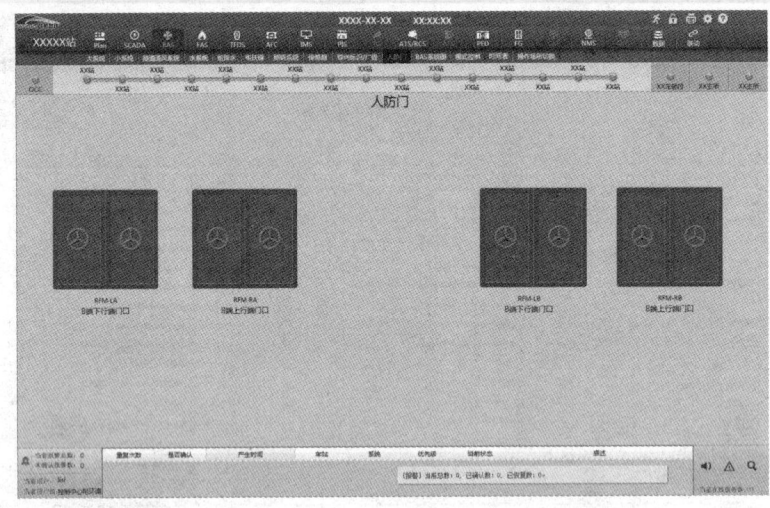

图 3-31　人防门图

11. BAS 系统图

BAS 系统图：实现了对 PLC、交换机、通信模块、远程 I/O 模块设备的实时监视，见图 3-32。

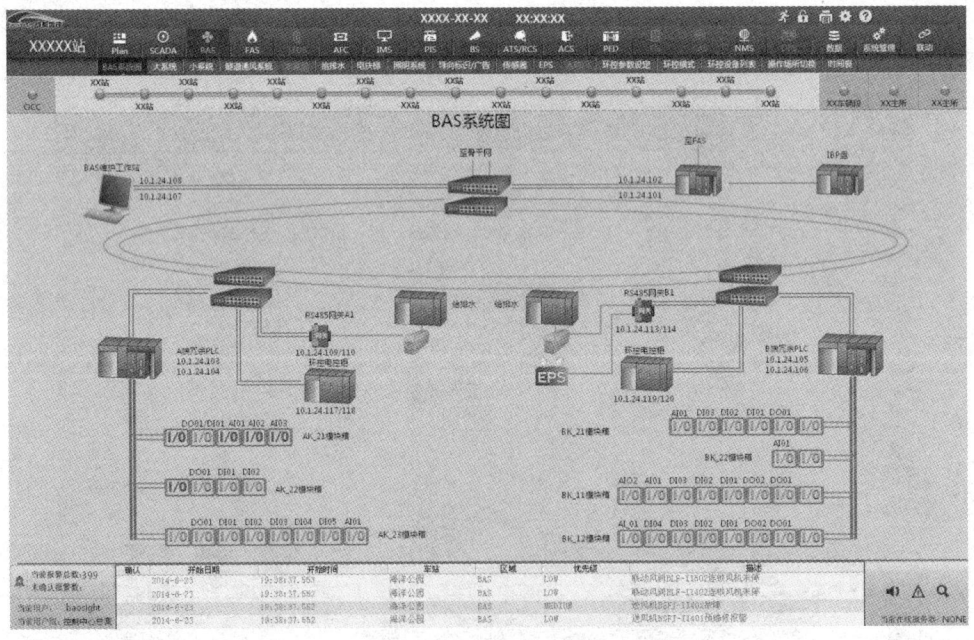

图 3-32　BAS 系统图

12. 模式控制

模式总览图（见图 3-33）：模式总览图画面列出了本车站大系统、隧道通风系统、小系统 A 端、小系统 B 端当前正在执行的模式号及模式说明，通过"查看模式对照表"按钮可以切换到某个系统的模式画面。例如：点击大系统一栏中的"查看模式对照表"按钮可以切换到大系统模式操作控制表，如图 3-34 所示。

13. 时间表

时间表作为 BAS 控制设备在正常情况下运行的控制输出，它以系统的模式为单位，确定在某段时间内模式的运行。ISCS 时间表的控制优先级低于灾害模式控制和手动控制。ISCS 时间表的控制优先级由 BAS PLC 自行判断。

不同时间表可通过当前时间表（当天时间表）方式进行设置并下发给环控的相应 PLC，从而使相应设备按照时间表设定工作。

通过画面操作按钮可以新增、修改、删除、手动执行、激活、禁止时间表。通过时间表筛选功能可以根据条件筛选出所有满足条件的时间表条目并列在画面中的表格中，见图 3-35。

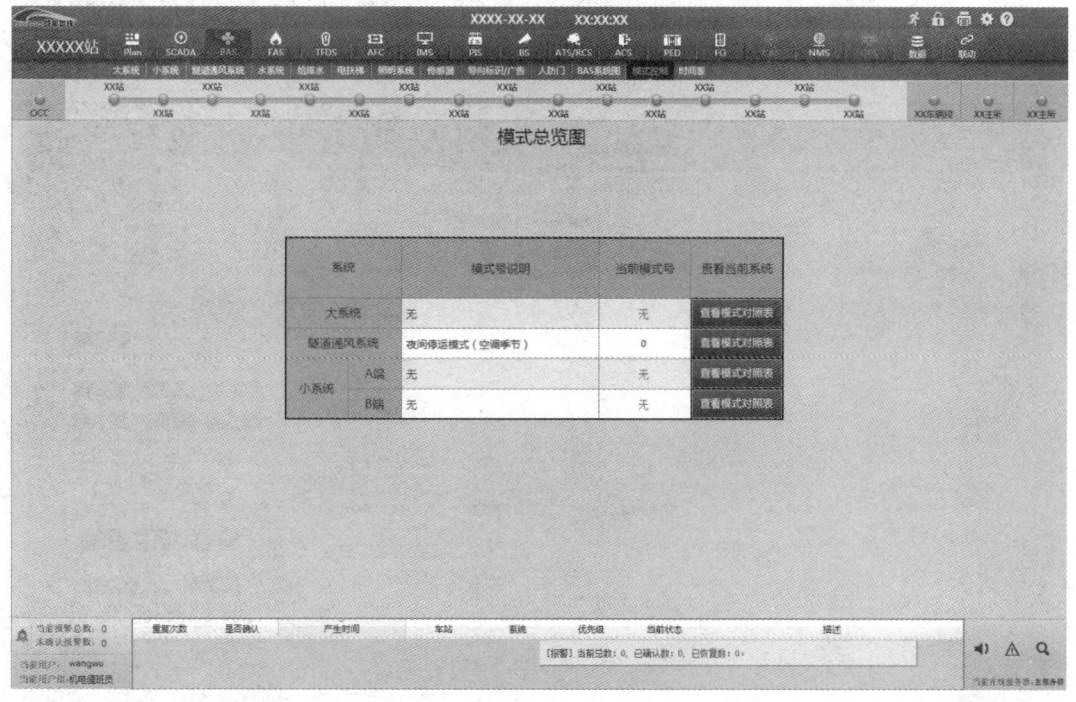

图 3-33　模式总览图

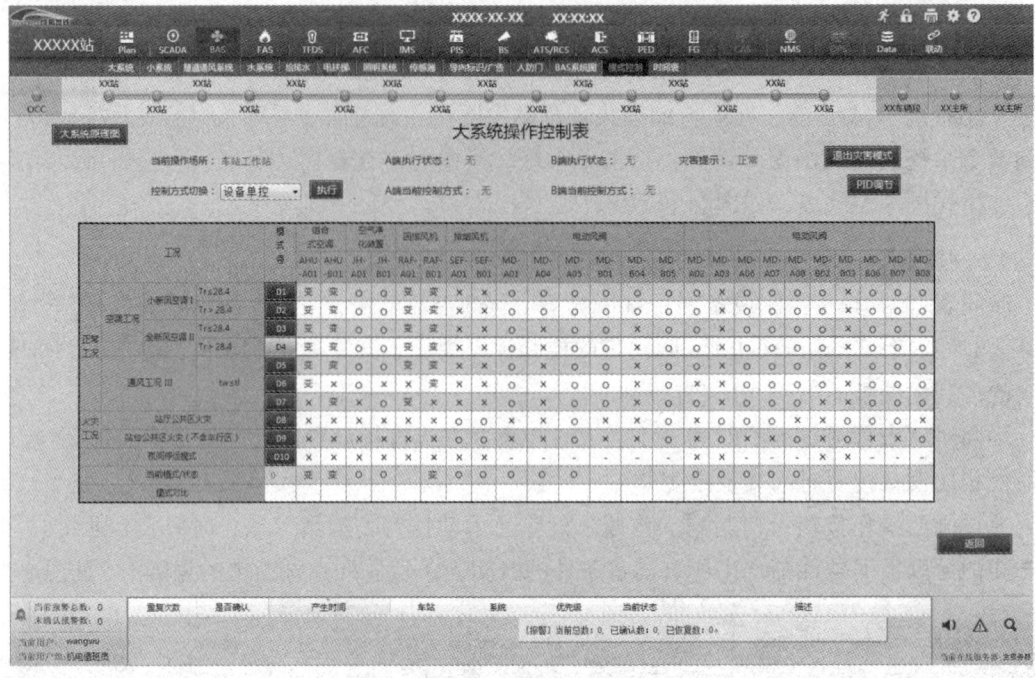

图 3-34 大系统操作控制表图

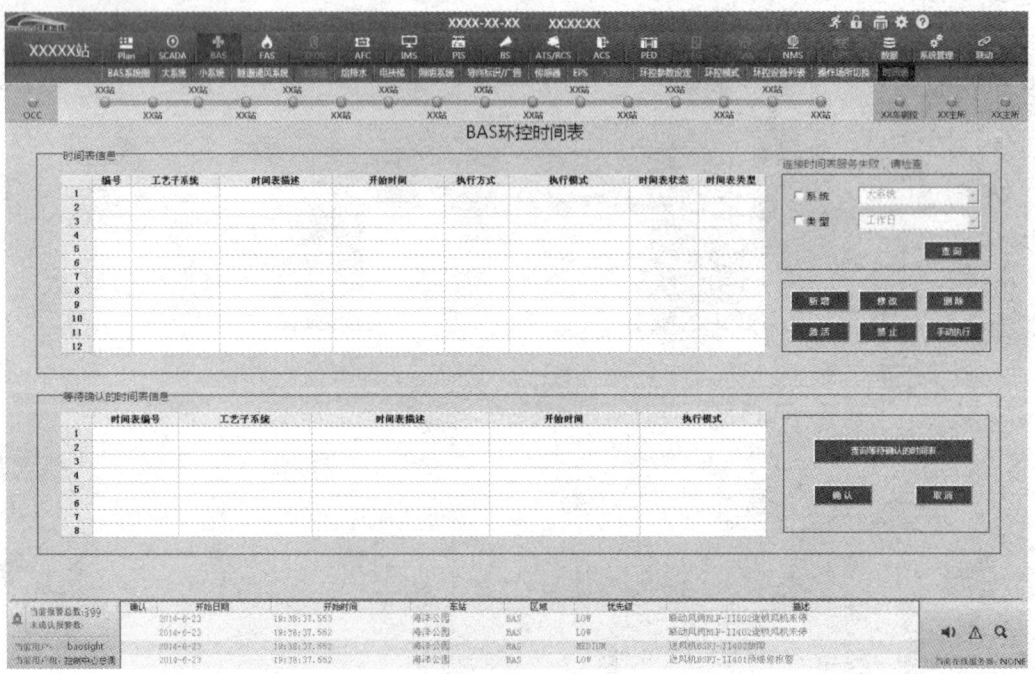

图 3-35 时间表图

112

ISCS 与 BAS 的接口见表 3-3 和表 3-4。

表 3-3 ISCS 与 BAS 物理接口表

编号	接口类型	数量	接口位置	ISCS	BAS
P01	RJ45	2	BAS 交换机	提供带标识的网线从 ISCS 网络配线架到 BAS 网络配线架	提供配线架
P02	硬线	按需提供	IBP 盘接线端子	提供端子排及 IBP 柜内成套	提供带标识的电缆从 IBP 配线端子排到 BAS 及电路原理图

表 3-4 ISCS 与 BAS 物理接口表

编号	功能要求	物理接口	ISCS	BAS
F01	ISCS 显示 BAS 设备状态和故障	P01	在车站的人机界面显示 BAS 设备状态和故障	提供 BAS 信息给 ISCS
F02	ISCS 远程控制 BAS 设备和模式等	P01	根据 BAS 要求，在 ISCS 发出控制命令，远程控制 BAS 设备和模式等	提供需要远程控制设备和模式的相关资料，并接收从 ISCS 远程控制的命令
F03	车站控制室 IBP 指示 BAS 模式信息	P02	提供车站控制室 IBP 的报警指示灯及操作按钮等，最终在 IBP 显示 BAS 模式信息	提供 BAS 模式信息给 ISCS
F04	车站控制室 IBP 控制 BAS 模式	P02	下发模式指令	接收指令并执行 BAS 模式

第三目 火灾自动报警（FAS）系统功能

一、概述

火灾自动报警系统（FAS）负责车站、车辆段、区间隧道以及主变电所的火警探测报警及联动相关的消防设备等工作。

中央级综合监控系统监视全线 FAS 系统，而车站级综合监控系统负责监视本站 FAS 系统，主变电所 FAS 接入就近车站，由车站综合监控系统监视。

车站级综合监控系统在车站控制室工作站上显示火灾报警系统报警和状态信息并提供联动功能。火灾报警信息同时上传给 OCC 中央级综合监控系统。

火灾自动报警系统包括火警探测系统和自动灭火系统。火警探测系统包括烟、火和热量探测器等，自动灭火系统包括灭火设备，例如水及气体喷洒、消防泵、防火阀等。自动灭火系统由给排水系统提供，FAS 通过输入模块实现对自动灭火系统的状态监视。

综合监控系统实时检测与 FAS 系统的通信状态，并向 FAS 下发时钟信号，时间精确误差为 1 s。

二、中央级功能

中央级综合监控系统监视全线车站和车辆段（包括主变电所）的火灾自动报警系统信息，包括但不限于以下内容：

① 火灾报警探测器的状态、报警以及报警位置；

② 手动报警按钮报警信息；

③ 非消防电源切除反馈信息；

④ 消防泵、排烟风机、防火阀状态；

⑤ 水箱状态；

⑥ 压力开关动作；

⑦ 水流指示器动作；

⑧ 阀门状态；

⑨ 喷淋泵状态；

⑩ 气体自动灭火系统的运行状态；

⑪ 消防栓按钮；

⑫ 防火卷帘；

⑬ 感温电缆；

⑭ 控制盘和电源的运行状态等；

⑮ 具有管理全线报警记录及数据备份功能。

操作员应可以通过工作站 HMI 的车站平面图判断车站内发生火灾的位置。

系统将火灾报警及相关故障日志，保存到历史数据服务器，存储时间为 1 年，并应能通过事件记录查询所需记录，并能将数据分类读取及打印。应能通过对事件存储文件的分析判断火灾报警的信息。

三、车站级功能

综合监控系统将在工作站人机界面上监视有关 FAS 的设备及报警状态，并提供与广播及电视监视系统的联动功能。

综合监控系统接收并储存 FAS 系统主要设备（探头、模块、控制盘和电源等）的主要运行状态；接收车站（包括主变电所）、控制中心和车辆段的火灾报警并显示具体报警位置，火灾报警时，车站值班员应能通过菜单方式了解报警区域及设备更详细的资料，并输入正确的密码，确认报警情况，关闭声光报警。消防值班员应能通过综合监控工作站来实现系统的复位。

主要功能包括：

① 能够监视火灾报警系统每个元件的工作状态；

② 能查询用户操作记录和报警记录；

③ 能控制火灾报警控制器复位、消音；

④ 具有界面锁定及授权退出功能。

另外，车站火灾模式下，FAS 系统应完成相关消防联动工作，包括：

1. FAS 直接联动

① 联动防火卷帘下降到规定位置；

② 相关电梯归零控制；

③ 联动相关消防专用设备，并切断三级负荷等。

2. 通过 ISCS 联动

① AFC 及门禁系统的联动控制；

② 消防广播联动。

另外，FAS 还将相关模式控制信息传送给 BAS，由 BAS 动作相关环控设备救灾。综合监控系统接收到 FAS 的报警信息后，应联动相关辅助系统设备，如 CCTV、PIS 等，辅助救灾。

车站控制室内的 IBP 可监控本站内的消防水箱和消防水泵。

四、典型人机界面

1. 设备分区图

设备分区图：以车站的实际建筑布局为背景，当某设备分区内任一设备报警或者动作，该设备分区会有红色或黄色的填充色提示操作人员该分区有异常情况发生，点击某设备分区可以切换到该设备分区的火灾报警平面图详细查看是哪个设备发生了异常，见图 3-36。

2. 火灾报警平面图

火灾报警平面图：可对设备分区内的烟感、温感、手报、警铃、气灭、信号蝶阀、压力开关、故障阀、感温电缆、应急照明、防火卷帘、消防泵等设备进行实时监视，见图 3-37。

3. FAS 气灭系统图。

FAS 气灭系统图：以列表的形式列举出了所有气灭设备，并列出了每一个气灭设备的信号点，方便运营人员查看，见图 3-38。

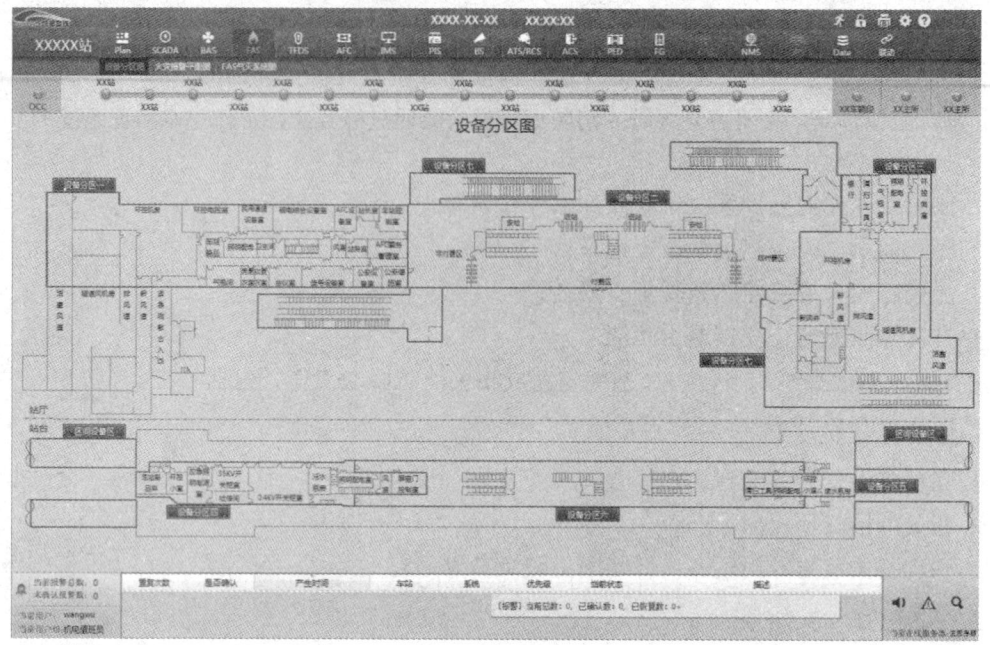

图 3-36 设备分区图

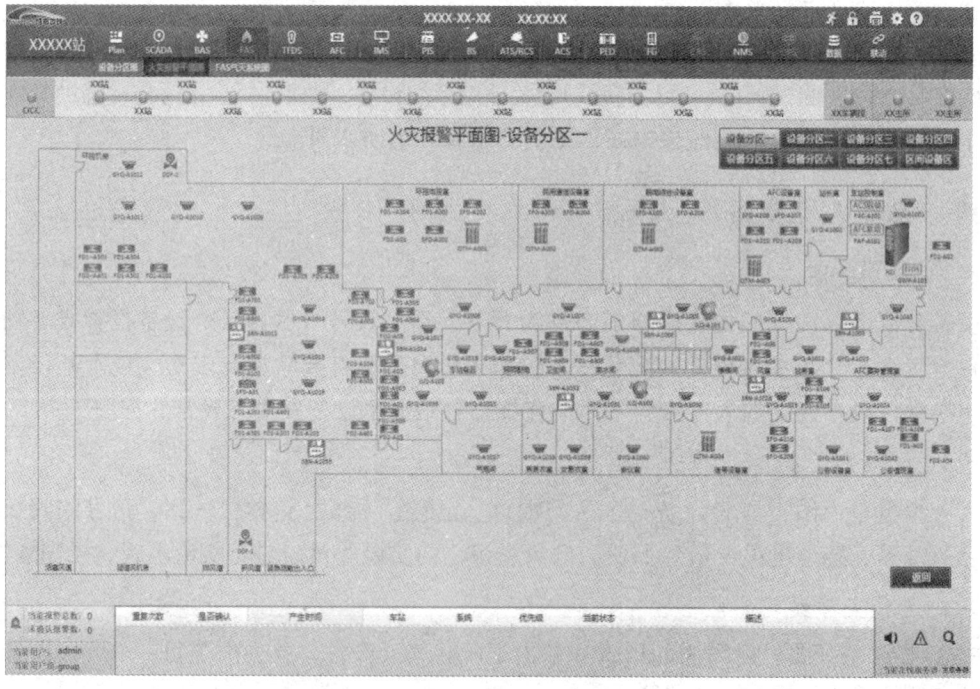

图 3-37 火灾报警平面图

图 3-38　FAS 气灭系统图

ISCS 与 FAS 的接口见表 3-5、表 3-6。

表 3-5　ISCS 与 FAS 物理接口表

编号	接口类型	数量	接口位置	ISCS	FAS
P01	RJ45	2	FAS 主机配线架	提供带标识的网线从 FEP 到 FAS 主机	提供网线的接线端口

表 3-6　ISCS 与 FAS 接口功能表

编号	功能要求	物理接口	ISCS	FAS
F01	在 ISCS 监视 FAS 设备运行状态	P01	接收 FAS 状态及报警信号，并在 ISCS 中进行状态显示和报警	向 ISCS 提供 FAS 监视的设备状态信息
F02	在 ISCS 监视防 FAS 设备的火灾报警信号	P01	根据 FAS 要求，在 ISCS 显示 FAS 火灾报警信息并做相应声音报警提示	向 ISCS 提供 FAS 设备报警信息

第四目　隧道火灾探测（TFDS）系统功能

一、概述

地下车站和区间隧道设置火灾探测系统，实现对车站及区间隧道温度的联系、实时测量。隧道火灾探测系统采用光纤感温探测系统。

二、中央级功能

基本控制功能与车站级功能相同。

三、车站级功能

综合监控系统将在车站（部分车站）与光纤感温探测系统相连，通过与测温主机的数据接口，接收隧道不同分区的温度及设备信息。

综合监控车站级应实现如下功能：

（1）实时测量隧道分区温度，以图文方式反映在综合监控系统车站工作站上，并可通过数据接口将相关温度信息传送给环控电控柜控制设备。在超限的情况下提示环控调度启动区间通风模式。

（2）可按用户要求划分显示分区，分区大小应小于 10 m。各个控制分区可以设定不同的响应灵敏度及报警值，系统具有定温及温升速率报警功能。

（3）提供各分区的温度、在线温升变化等图文资料。

（4）设备具备自检功能，能够对测温主机故障、感温光纤断路故障进行报警。

提供完整的历史档案记录，可按分区、距离、时间等因素查看温度历史趋势图。

四、典型人机界面

（1）感温光纤状态监视图。

感温光纤状态监视图：实现监视所有感温光纤的实时温度计及感温光纤主机设备状态的功能，见图 3-39。

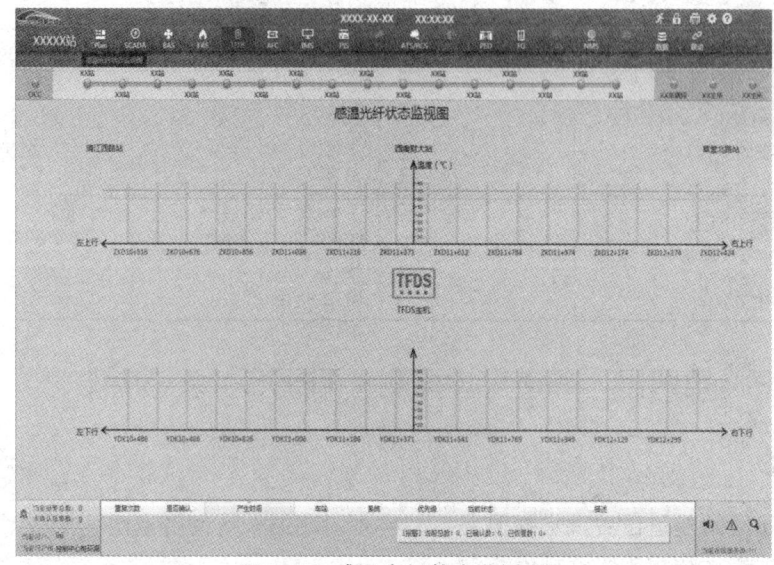

图 3-39　感温光纤状态监视图

（2）物理接口表及接口功能表见表 3-7、表 3-8。

表 3-7 物理接口表

物理接口编号	接口功能说明	接口类型	数量	接口位置
ISCS.TFDS.P01	接收 TFDS 传输的隧道环境温度及报警信号直观显示在 HMI 上	以太网，RJ45，ModBus TCP	2	TFDS 主机网络接口处

表 3-8 接口功能表

功能要求编号	功能要求	有关物理接口
ISCS.TFDS.F01	在 ISCS 监视隧道内环境温度的变化、预警、报警功能	ISCS.TFDS.P01
ISCS.TFDS.F02	监视 TFDS 主机设备运行情况	ISCS.TFDS.P01

第五目 站台门（PSD）系统功能

一、概述

站台门（PSD）在所有地下站的站台设置，将站台与路轨隔离，车辆进入及离开站台时，PSD 系统与信号系统协调控制站台门的开启和关闭。

综合监控系统将在工作站上监视站台门系统的设备工作状态及故障报警信息。

二、中央级功能

与车站相同。

三、车站级功能

按要求在车站级综合监控系统提供站台门监视功能。

主要监视信息包括（但不限于）以下内容：

（1）站台门综合监控机 PSC 故障信息；

（2）每站台驱动电源故障报警信息；

（3）每站台站台门/应急门报警信息；

（4）单个站台门开/关状态和报警信息。

车站级综合监控工作站对站台门系统暂只考虑监视功能，不提供控制功能。车站控制室内的 IBP 提供本站站台门重要状态信息，并可控制站台门的开启和关闭。

应自动统计站台门单元的动作情况，自动生成相关的维修报表。

四、典型人机界面

（1）PSD系统图。

ISCS对PSD系统的监视信息包括：应急门、滑动门、端门的开关状态以及PED系统的报警信息，见图3-40。

（2）ISCS与PSD的接口见表3-9、表3-10。

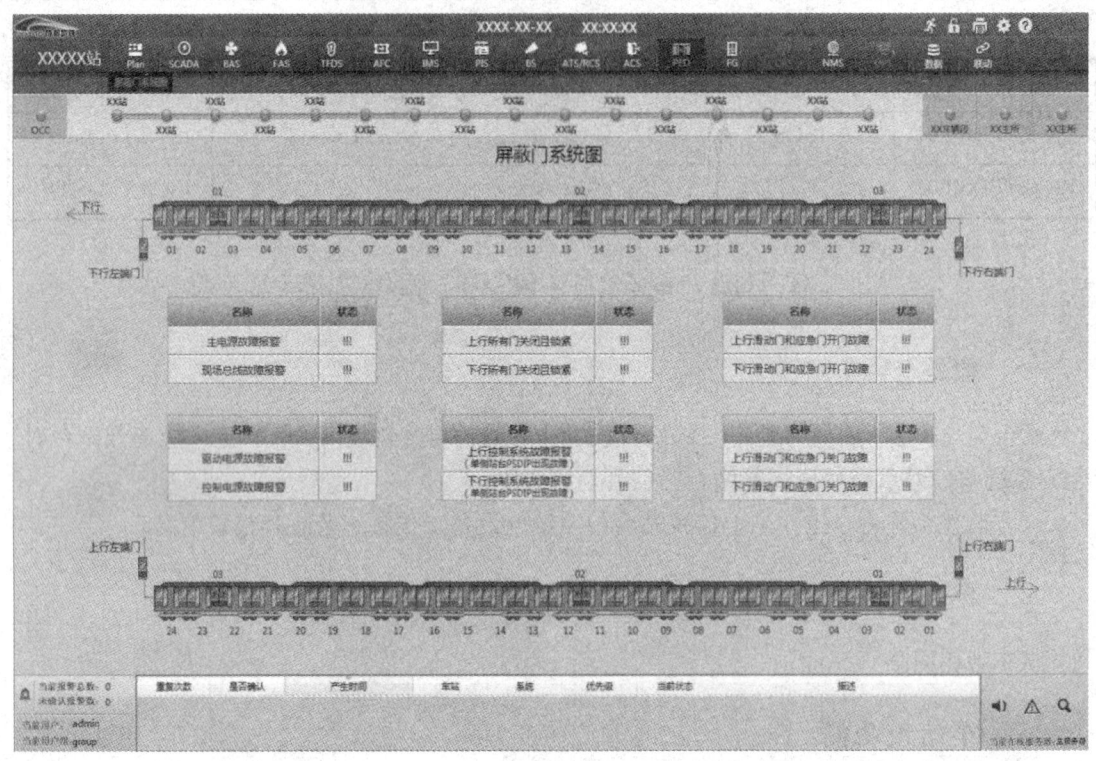

图3-40 PSD系统图

表3-9 ISCS与PSD物理接口表

编号	接口类型	数量	接口位置	ISCS	PSD
P01	RJ45/以太网光纤	2	PED控制室光电转换器接口	提供FEP到站台门设备室的光缆和光缆终端盒、光电转换器、光缆终端盒到光电转换器的尾纤及熔接	负责光电转换设备到PED设备的连接；提供光缆终端盒、光电转换器的安装位置；提供AC220 V光电转换器用电

续表

编号	接口类型	数量	接口位置	ISCS	PSD
P02	硬线	按需提供	车站控制室IBP盘接线端子	提供端子排、按钮及IBP内部成套	提供带标识的硬线电缆、从PED设备室到车控室IBP接线端子，提供盘面布局图、接线图原理图

表3-10 ISCS与PSD接口功能表

编号	功能要求	物理接口	ISCS	PSD
F01	在ISCS工作站显示站台门状态和故障	P01	在ISCS的人机界面显示站台门状态和故障	按监控点表提供站台门信息给ISCS
F02	车站控制室IBP指示站台门状态	P02	提供车站控制室IBP的报警指示灯、按钮、开关（ISCS负责IBP的工艺设计及报警设备安装），在IBP显示站台门状态	提供PED专业对IBP的控制和显示要求及线路图给ISCS专业
F03	车站控制室IBP控制站台门开关	P02	提供车站控制室IBP的开关控制按钮（带永久性的中文标识，且带钥匙）	接收指令后执行站台门开/关控制
F04	对时	P01	向PED传输时间信息	根据ISCS提供的时间进行对时

第六目 防淹门（FG）系统功能

一、概述

综合监控系统将在工作站上监视防淹门系统的设备工作状态及故障报警信息。

二、中央级功能

与车站相同。

三、车站级功能

车站级综合监控系统完成对防淹门的远方监视和隧道水位监测,可监视防淹门的状态/报警信号并生成报告。

车站控制室内的 IBP 提供本站防淹门重要状态信息,并可控制防淹门的开启和关闭。

四、典型人机界面

(1) FG 状态监视图(图 3-41)。

(2) ISCS 与 FG 的接口见表 3-11、表 3-12。

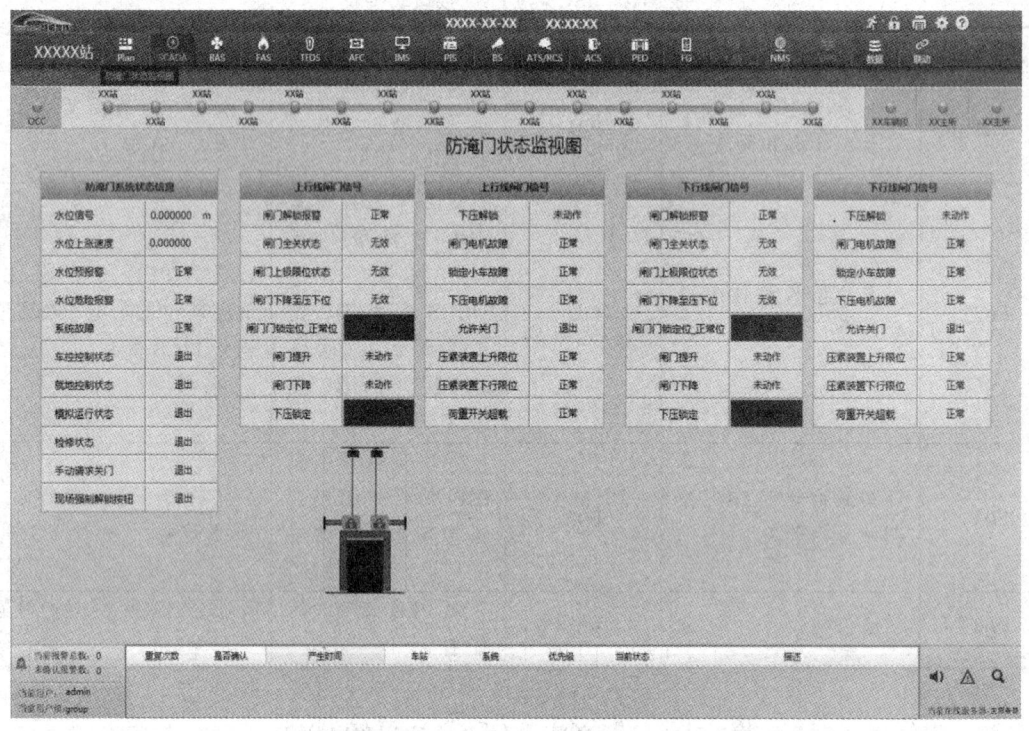

图 3-41　FG 状态监视图

表 3-11　ISCS 与 FG 物理接口表

编号	接口类型	数量	接口位置	ISCS	FG
P01	RJ45/以太网光纤	2	FG 控制室光电转换器接口	提供 FEP 到站台门设备室的光缆和光缆终端盒、光电转换器、光缆终端盒到光电转换器的尾纤及熔接	负责光电转换设备到 FG 设备的连接;提供光缆终端盒、光电转换器的安装位置;提供 AC220 V 光电转换器用电

续表

编号	接口类型	数量	接口位置	ISCS	FG
P02	硬线	按需提供	车站控制室 IBP 盘接线端子	提供端子排、按钮及 IBP 内部成套	提供带标识的硬线电缆、从 FG 设备室到车控室 IBP 接线端子，提供盘面布局图、接线图原理图

表 3-12　ISCS 与 FG 接口功能表

编号	功能要求	物理接口	ISCS	FG
F01	在 ISCS 显示防淹门状态和故障	P01	在人机界面显示防淹门状态信息	提供 FG 信息给 ISCS
F02	车站控制室 IBP 指示防淹门状态和故障信息	P02	在 IBP 显示防淹门状态信息	提供 FG 信息给 IBP
F03	车站控制室 IBP 控制防淹门开关	P02	IBP 下发控制命令	接收 IBP 命令并执行

第七目　信号（SIG）系统功能

一、概述

信号系统主要由列车自动控制系统（ATC）构成，包括列车自动运行系统（ATO）、列车自动防护系统（ATP）、列车自动监控系统（ATS）及计算机联锁系统（CBI）等几部分。

综合监控系统将在 OCC 与信号系统接口，在工作站人机界面监视有关的设备及报警状态，并提供与广播及乘客信息系统以及与 AFC 系统的联动功能。

二、中央级功能

综合监控系统监视全线信号系统资料，包括（但不限于）以下内容：
① 车辆运行位置；
② 车辆编号；
③ 路线：状态（空闲/设定）；
④ 信号设备及列车状态信息。

综合监控系统还应与信号系统交换 ATS 信息、客流信息、供电分区信息等内容。

中央级综合监控系统对信号系统只提供监视功能，不提供控制功能。

三、大屏幕显示功能

综合监控系统提供的大屏幕支持动态显示信号系统的全线轨道电路示意图及有关信息，

显示信息由信号系统传送给综合监控系统的大屏幕控制器。

四、车站级功能

车站级综合监控系统应能将信号系统的列车实时时刻表的相关信息传送给乘客信息系统（PIS）和广播系统（PA），完成列车到站信息显示和自动广播。

车站控制室内的 IBP 可实现列车运行的"紧急停车/取消紧停""扣车/终止扣车"等控制。

五、典型人机界面

（1）全线车辆运行监视图（图 3-42）。

（2）ISCS 与 SIG 的接口见表 3-13、表 3-14。

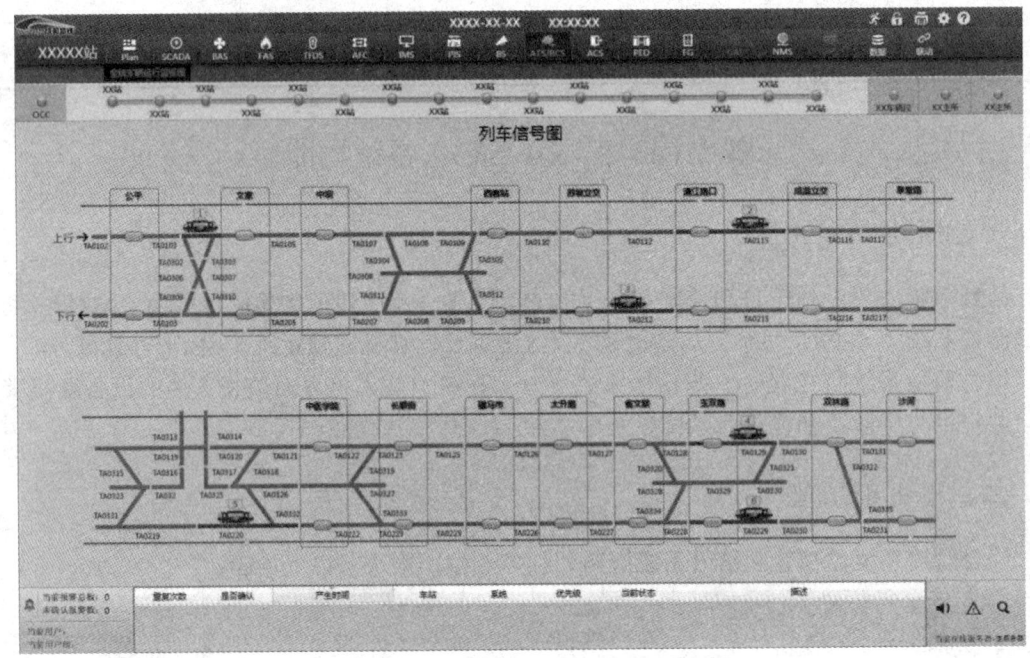

图 3-42　全线车辆运行监视图

表 3-13　ISCS 与 SIG 物理接口表

编号	接口类型	数量	接口位置	ISCS	SIG
P01	硬线	按需提供	车站控制室 IBP 盘端子处	在 IBP 上进行整体工艺布置，在信号专业的配合下完成 IBP 内有关信号设备的安装和配线	提供带标识的硬线电缆，到车站控制室内的 IBP。提供紧急停车开关、报警器（含声音和显示灯）等 IBP 盘上信号用所有设备

续表

编号	接口类型	数量	接口位置	ISCS	SIG
P02	RJ45	2	OCC信号设备室配线架	提供带标识的电缆，从ISCS前端数据处理机到ATS接线端子	提供数据配线端子
P03	以太网	1	调度大厅大屏幕图形控制器接口端子处	提供接口端子	提供带标识的电缆，从ATS设备到大屏幕系统接线端子

表3-14 ISCS与SIG接口功能表

编号	功能要求	物理接口	ISCS	SIG
F01	车站控制室IBP紧急停车开关（ESS）控制及指示	P01	定期提供各车站客流量突发性急增报警信息	定期接收各车站客流量突发性急增报警信息
F02	在ISCS显示信号设备的状态	P02	在ISCS的人机界面显示信号设备状态。按ATS的室外设备布置示意图，提供ISCS的人机界面	提供信号设备信息给ISCS
F03	在ISCS显示列车的状态	P02	ISCS操作员可以通过界面选择本站控制范围内任何一辆列车，通过ISCS工作站获取列车信息	提供列车信息给ISCS
F04	启动列车阻塞防救灾模式	P02	接收到列车阻塞信息后，命令BAS启动列车阻塞防救灾模式	传送列车阻塞信息到ISCS
F05	状态变更显示的性能要求	P02	由与ATS接口分界位置接收到状态变更至显示在ISCS的人机界面须在1s内完成	状态变更须在1s内传送到与ISCS的接口分界位置
F06	提供ATS关于供电分区状态信息	P02	状态变更须在1s内传送到与ATS的接口分界位置	显示相关信息须在1s内完成
F07	在大屏幕上实现ATS显示	P03	在大屏幕上实现ATS相关内容的显示	传送信号显示内容到ISCS的大屏幕控制器

第八目　自动售检票（AFC）系统功能

一、概述

自动售检票系统（AFC）提供以下功能：自动售票及找零、检查及收集车票、收集及计算车票收益、收费区与非收费区之间的客流控制、售票处的现金流通和收集。实现车票的售票、检票、计费、收费、统计等全过程的自动化管理。

AFC 主要设备为：自动售票机、自动检票机、售票亭设备、入闸/出闸闸机、充值机以及车站计算机系统和票务室计算机系统等。

综合监控系统将在车站与自动售检票系统接口，在工作站人机界面监视有关的设备及报警状态，并提供与导向标识系统以及与信号系统的联动功能。

二、中央级功能

中央级综合监控系统将监视所有车站的 AFC 系统，但不提供控制功能。

（1）监视功能。

在综合监控工作站提供所有车站及个别乘客统计（入闸/出闸）的显示。

（2）报表。

提供统计报表，数据包括（但不限于）：

① 所有车站周/月/年及个别每日总累计乘客量；

② 在同一天内用户指定的时间段内，2 号线所有车站及个别车站的乘客总数。

③ 用户可以规定时间间隔指定每次查询的起始和终止时间。

三、车站级功能

1. 数据采集

每隔一定时间，综合监控系统从 AFC 系统采集下列数据：

（1）客流统计数据（以车站为单位）。

（2）另外，综合监控系统应实时采集以下设备状态信息：

① 设备信息（每台闸机、售票机的运行、非运行二种状态）；

② 以车站为单位的设备紧急状态信息。

2. 控制功能

综合监控系统应对 AFC 系统实现如下控制功能（具体执行由 AFC 系统完成控制）：

① 车站关闭模式；

② 车站疏散模式。

3. 监视功能

综合监控系统应对 AFC 系统实现如下设备的状态监视：

① 设备操作模式（例如，服务中/停止服务）；

② 设备预警；

③ 设备故障；

④ 故障状态/报警；

⑤ 乘客统计（入闸/出闸）。

4. 报表

提供统计报表，数据包括（但不限于）：

① 本车站的每日/周/月/年总累计乘客量；

② 在同一天内用户指定的时间段内，本车站的乘客总数；

③ 用户可指定每次查询的起始和终止时间。

四、典型人机界面

（1）自动售检票系统监视图。

自动售检票系统监视图：实现了对自动售票机、半自动售票机、验票机和闸机的运行状态的实时监视，见图 3-43。

（2）ISCS 与 AFC 的接口见表 3-15、表 3-16。

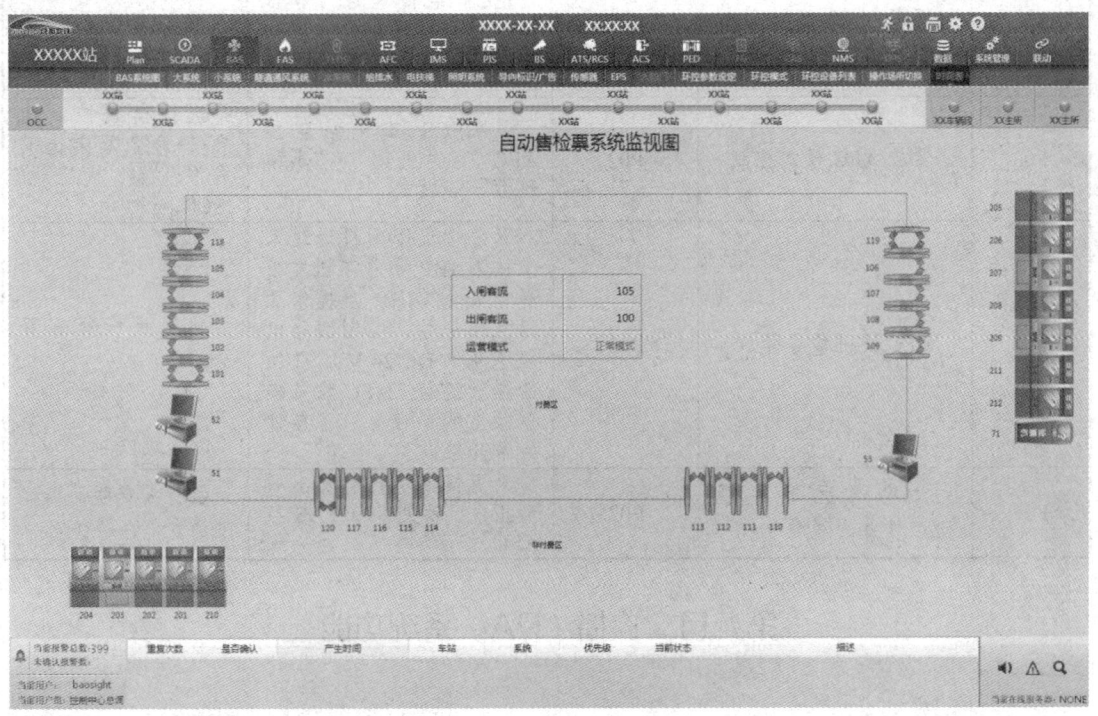

图 3-43　自动售检票系统监视图

表 3-15 ISCS 与 AFC 物理接口表

编号	接口类型	数量	接口位置	ISCS	AFC
P01	RJ45	2	中央 AFC 设备室配线架	提供带标识的网线从 FEP 到 AFC 配线架	提供数据配线架及从数据配线架到 AFC 中央服务器的网线
P02	RJ45	2	车站 AFC 设备室配线架	提供带标识的网线从 FEP 到 AFC 配线架	提供数据配线架及从配线架到车站服务器的网线
P03	硬线	按需提供	车站控制室 IBP	提供端子排、连接到 IBP 按钮的电缆及成套	提供带标识的电缆到 IBP 盘接线端子排及接线原理图

表 3-16 ISCS 与 AFC 接口功能表

编号	功能要求	物理接口	ISCS	AFC
F01	监视 AFC 全线客流信息	P01	显示全线客流信息	提供全线客流信息及有关的运营报表信息（以站提供）
F02	ISCS 监视自动售检票设备状态	P02	ISCS 监视车站内各自动售检票设备状态及提供故障报警	按监控点表提供各自动售检票设备状态及故障报警信息给综合监控
F03	监控 AFC 模式控制	P02	从 ISCS 工作站监控 AFC "站厅关闭"/"车站疏散"等模式	执行模式控制的启/停命令及传送模式的执行状态给 ISCS
F04	AFC 闸机紧急释放	P02	紧急情况下闸机通过人工按下 IBP 紧急按钮发出释放命令（IBP 盘提供无源常闭信号，控制回路电压不高于 DC 24 V），并反馈释放状态（AFC 设备提供独立的不带电、不接地的常开触点）	闸机执行紧急释放功能
F05	火灾情况下实现 AFC 设备的联动	P02	火灾情况下自动发出联动指令，参见"9.6 FAS 与 AFC"	执行火灾联动情况下的闸机自动释放

第九目 广播（PA）系统功能

一、概述

广播系统（PA）对乘客进行自动或公告信息广播，发生灾害时兼做防灾广播，引导乘客进行安全疏散，并能为运营管理及维护人员播发有关信息等。

综合监控系统将在车站及 OCC 与广播系统接口，在综合监控工作站提供有关广播功能，并实现与信号系统以及与 FAS 系统的联动功能。

二、中央级功能

中央级综合监控系统操作员工作站提供中心调度员广播监控功能。在 OCC 控制室，环调、行调及总调操作员工作站配有广播控制功能。广播系统在为上述各操作员工作站提供一个音频话筒（含监听扬声器），供各中心调度员播音使用。音频话筒为一嵌入桌面的盒式装置。

中央级综合监控系统工作站可实现以下几种广播工作模式：

1. 编组广播模式（组选模式）

向已设定的固定组合广播区域进行广播。任意车站的组合和任意广播区的组合，均可通过编程灵活设定。选站、选区主要包括以下内容：

① 对所有车站；

② 对一组车站；

③ 对一个车站的全部或部分播音区；

④ 对所有车站的站台；

⑤ 对所有车站站厅。

2. 单选广播模式（站选模式）

向全线任意一个车站内的任一区域、多个区域、全部区域进行广播。

3. 话筒/语音合成广播模式（音源选择）

话筒为单路，语音合成分为 0 至 9 共 10 段不同内容（可扩充），总的存储时间不短于 600 s。所有预先录制的语音合成信息都可以由操作员人工选择或自动播音。

预录信息应包括车站或区间火灾时所需要的广播信息。

4. 人工编程模式

具有适当口令权限的操作员可以修改 PA 系统中人工对车站广播的编组设定、语音合成信息键码与内容设定等，录制新的语音信息并加入到预制语音信息列表中，或从列表中删除语音信息。对预制信息提供回放特性。

5. 监听选择模式

可选择任意区域的语音合成广播内容进行监听。

6. 显示模式

工作站上的显示屏具备显示以下内容：

（1）全线各站的工作、空闲、故障状态（以站内各区为单位，分为工作、空闲；以站为单位，分为正常、不正常状态）。

（2）单个车站的广播占用状态（以站内各区为单位，分为占用、不占用两种状态）。

（3）控制中心对各站广播时的车站反馈状态（以站内各区为单位，分为工作、不工作两种状态）。

综合监控系统与广播系统是主从关系，只有当综合监控系统访问广播系统时，广播系统才将上述显示内容送到综合监控系统。

每当系统启动或录制信息修改时，录制信息的列表（文字描述和例行/紧急属性）在综合监控系统和广播系统之间交换一次，以保证主从系统的同步。

7. 中央级综合监控系统工作站广播功能故障时的后备功能

OCC后备广播操作台的使用优先级高于综合监控系统的广播控制功能。OCC后备广播操作台根据运营管理的实际需要由广播系统提供。

三、车站级功能

在车站控制室，综合监控系统的车站值班员工作站具有控制广播的功能。广播系统在为车站操作员工作站提供一个音频话筒（含监听扬声器），供值班员播音使用。音频话筒为一放在桌面的盒式装置。

车站综合监控系统值班站长工作站可实现以下几种广播工作模式：

1. 单选广播模式（站选模式）

向站内的任意一个区域、多个区域、全部区域进行广播。

2. 话筒/线路（预留）/语音合成广播模式（音源选择）

话筒为单路，线路为可播放线路输入的内容，语音合成为0至9共10段不同内容（可扩充），总存储时间不小于600 s。

预录信息应包括车站或区间火灾时所需要的广播信息。正常广播模式下，综合监控至少支持100段以上的不同广播语音段的播放需求。

3. 编程模式

具有适当口令权限的操作员可以修改PA系统中人工对车站广播的编组设定、语音合成信息键码与内容设定等，录制新的语音信息并加入到预制语音信息列表中，或从列表中删除语音信息。对预制信息提供回放特性。

4. 监听选择模式

可选择车站内任意区域的广播内容进行监听。

5. 显示模式

工作站上的显示屏具备显示以下内容：

（1）中央级综合监控系统对车站广播时的车站设备占用状态（以站内各区为单位，分为占用、不占用两种状态）；

（2）广播系统故障指示（以站为单位，分为正常、不正常状态）；

（3）车站广播区使用指示（以站内各区为单位，分为占用、不占用两种状态）。

综合监控系统与广播系统是主从关系，只有当综合监控系统访问广播系统时，广播系统才将上述显示内容送到综合监控系统。

每当系统启动或录制信息修改时，录制信息的列表（文字描述和例行/紧急属性）在综合监控系统和广播系统之间交换一次，以保证主从系统的同步。

6. 车站综合监控系统工作站广播功能故障的后备功能

后备车站广播操作台的使用优先级高于综合监控系统的广播控制功能。后备广播操作台由广播系统根据运营管理的实际需要配置。

四、典型人机界面

（1）PA 监控图见图 3-44。

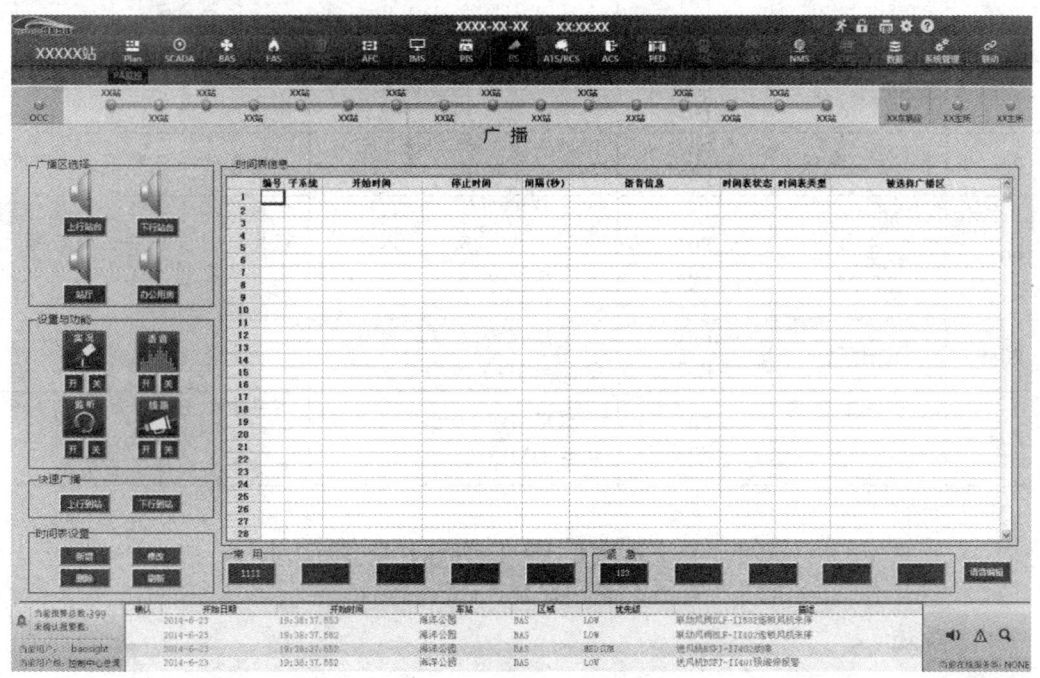

图 3-44　PA 监控图

（2）ISCS 与 PA 的接口见表 3-17、表 3-18。

表 3-17　ISCS 与 PA 物理接口表

编号	接口类型	数量	接口位置	ISCS	PA
P01	RJ45 数据接口	2	通信配线架	提供带标识的网线从控制中心 FEP 到通信配线架	提供带标识的网线从车站广播设备到通信配线架
P02	RJ45 数据接口	2	通信配线架	提供带标识的网线从车站 FEP 到通信配线架	提供带标识的电缆从车站广播设备到通信配线架

表 3-18　ISCS 与 PA 接口功能表

编号	功能要求	物理接口	ISCS	
F01	设备及音区状态监视	P01 P02	接收信息并显示设备及音区状态	发送设备及音区状态信息至 ISCS
F02	实况广播	P01 P02	发送指令（包括音区及优先级 ID）给广播系统	根据指令传送音频信息到选定的音区播放
F03	监听广播	P01 P02	发送指令（包括音区及优先级 ID）给广播系统	根据指令传送正在该区播放的内容到广播盒播放
F04	语音广播	P01 P02	发送指令（包括语音段、音区及优先级 ID）给广播系统	根据指令选择的预录制广播在选定的音区播放一次
P05	线路广播	P01 P02	发送指令（包括音区及优先级 ID）给广播系统	根据指令将选择的线路广播在选定的音区播放
P06	广播优先级	P01 P02	传送给广播系统的指令包括优先级 ID	根据优先级原则处理广播
P07	防灾广播	P01 P02	在发生灾害时，发送防灾广播指令	根据指令将服务广播强制切换成防灾广播，该广播一直播放直到 ISCS 发送取消广播指令
P08	取消广播	P01 P02	发送指令（包括音区及优先级 ID）给广播系统	停止选定音区的广播
P09	获取语音段描述信息	P01 P02	获取 BS 语音词信息显示至 HMI	将本站 BS 语音词 ID 编号及描述发送至 ISCS。中央只发送中央大楼语音信息

第十目　乘客信息（PIS）系统功能

一、概述

乘客信息系统（PIS）是通过设置在车站的各种显示媒介，为地铁乘客提供有关乘车资讯的综合信息显示系统。在正常情况下，提供列车时间信息、政府公告、出行参考、股票信息、广告等实时多媒体资讯方便乘客；在火灾等紧急情况下，提供紧急疏散和救灾信息显示，起到辅助救灾的作用。乘客信息系统能提高地铁服务质量、加快各种信息向车站公共区的发布，运营人员能够进行旅客信息的编辑工作，并向有关显示单元发布。

综合监控系统将在车站及 OCC 与乘客信息系统接口，在综合监控工作站提供有关乘客信息功能，并实现与信号系统的联动功能。

二、中央级功能

OCC 行调、总调工作站提供旅客信息功能，操作员可在图形人机界面上选择、创造及修改旅客信息，在车站显示单元（DBU）播出。OCC 行调、总调工作站可监控全线各站任一回路 PIS 显示单元。

中央级综合监控系统应提供以下旅客信息功能：

1. 正常信息显示

操作员可选择预设信息或者定制输入相关文本，实现正常信息的显示。

2. 应急信息显示

选择显示应急信息。PIS 系统接受综合监控系统的应急显示文本，并切换到预定的信息显示界面。

3. 中央级综合监控系统工作站旅客信息功能故障时的后备功能

PIS 后备工作站由乘客信息系统根据运营管理需要等综合因素考虑设置。PIS 后备工作站的使用优先级高于综合监控系统的 PIS 功能。

三、车站级功能

车站级综合监控系统提供的旅客信息功能与中央级综合监控系统相同，但仅对本车站范围内 PIS 设备进行管理。

乘客信息系统应通过综合监控系统接收信号 ATS 系统提供的车站列车停站信息，并在相应的显示终端上进行显示。

综合监控系统可提供乘客信息系统显示需要的时钟信息。

PIS 后备工作站由乘客信息系统根据运营管理需要等因素综合考虑设置。PIS 车站后备工作站的使用优先级高于综合监控系统的 PIS 功能。

四、典型人机界面

（1）PIS 监控图（图 3-45）。

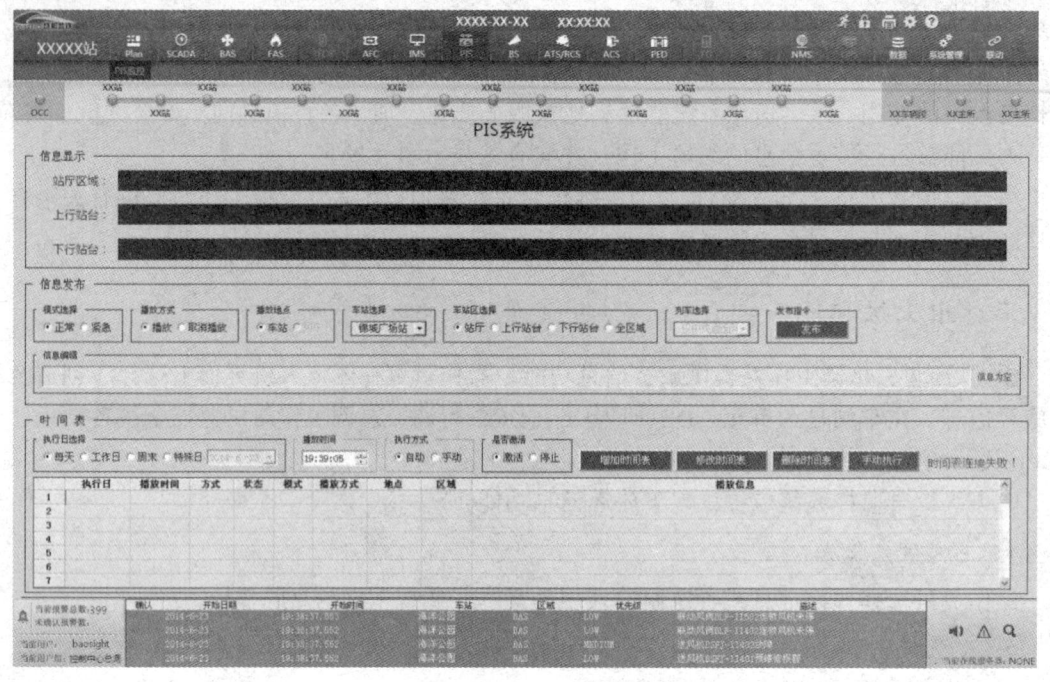

图 3-45 PIS 监控图

（2）ISCS 与 PIS 的接口见表 3-19、表 3-20。

表 3-19 ISCS 与 PIS 物理接口表

编号	接口类型	数量	接口位置	ISCS	PIS
P01	以太网 RJ45	2	OCC 通信设备配线架	提供带标识的网线从 FEP 到通信设备室 PIS 配线架	提供带标识的电缆从通信配线架到接口服务器
P02	以太网 RJ45	2	车站通信设备配线架	提供带标识的电缆从 FEP 到通信设备室 PIS 配线架	提供带标识的电缆从通信配线架到接口服务器。

表 3-20 ISCS 与 PIS 接口功能表

编号	功能要求	物理接口	ISCS	PIS
F01	信息发布（文本）	P01 P02	发布文本信息（包括分区号及优先级 ID），ISCS 将该信息传送给 PIS	根据收到信息，在选定分区显示对应信息
F02	信息反馈（文本）	P01 P02	ISCS 显示 PIS 反馈的信息	将分区显示单元当前显示的信息传送给 ISCS

续表

编号	功能要求	物理接口	ISCS	PIS
F03	信息发布优先级	P01 P02	紧急信息发布优先级高于正常信息发布	根据优先级原则处理信息发布指令
F04	取消信息发布	P01 P02	发送取消指令（包括分区号）到PIS	根据优先级原则处理信息发布指令

第十一目 电视监控（CCTV）系统功能

一、概述

电视监视系统（CCTV）主要用于运营人员实时监视车站客流、列车出入站及乘客上下车情况，加强运营组织管理，提高效率，发生灾害时监察乘客疏散。

综合监控系统将在车站及OCC与电视监视系统接口，在综合监控工作站提供智能视频技术监视功能，并实现与FAS系统的联动功能。

二、中央级功能

中央级综合监控系统调度员工作站，提供调度员电视监视监控功能。中央级综合监控系统为环调、行调、总调工作台配置CCTV监视功能。

在控制中心，这些调度员工作站同时工作时，它们之间的操作应相互独立、互不干扰。

1. 综合监控系统环调工作站

在环调工作站，能控制、选择本控制台上显示器的监视图像。

2. 综合监控系统行调辅助工作站

在行调辅助工作站，操作员能控制、选择设置在运营控制中心内的大屏幕上的CCTV监视区域，能控制、选择本控制台上显示器的监视图像。

对运营控制中心内的大屏幕上的CCTV监视区域及本调度员工作站显示器，操作员可以通过编程设置自动循环监视模式（可对已设置的固定组合监视区域进行自动循环监视，循环扫描间隔时间可人工设置），综合监控系统在创建好的模式下以个别摄像机的选择方式传送有关指令到CCTV系统。操作员可在需要的时候启动或停止相应的模式。

系统允许多个不同的模式，每个模式可以有多步，每步都可以配置相关的摄像机和图像停留时间，如自动循环监视按全部车站、全部车站站台、全部车站站厅上传图像，每个图像停留5 s（可设定）。

对设置在运营控制中心本调度员工作站显示器的显示图像进行人工单选监视模式选择（对任意一个车站内的任一上传图像进行人工单选监视）。

通过 CCTV 画面调取在线列车监控图像，可通过在线车次号选取摄像头，也可以直接输入车组号选取图像。

3. 综合监控系统总调工作站

总调操作员工作站能控制、选择本工作站上显示器的图像监视。

综合监控系统总调工作站具有以下功能：

对设置在各自工作站显示器上的显示图像，进行自动循环监视模式选择，功能与行调辅助工作站相同。

对设置在各自工作站显示器上的显示图像，进行人工单选监视模式选择（可对任意一个车站内的任一上传图像进行人工单选监视）。

通过 CCTV 画面调取在线列车监控图像，可通过在线车次号选取摄像头，也可以直接输入车组号选取图像。各操作员工作站能与系统进行简单的人机交互，在屏幕上显示相应的操作错误提示。在系统正常的情况下，任何错误的操作都不会出现黑屏（可仍保留上一幅图像，仅在屏幕上提示操作错误的信息）。

行调、总调工作台上可根据运营管理需要等因素综合考虑后设置一个 OCC 后备视频监控操作台（电视监视系统提供）。OCC 后备视频监控操作台具有键盘锁闭功能，只允许有关调度员在获得授权的情况下，用钥匙开启并使用。OCC 后备视频监控操作台的使用优先级高于综合监控系统的电视监控功能。

三、车站级功能

在车站车控室，综合监控系统的值班员工作站上提供实时电视监控功能。对本车站的监视图像，车控室可以做到：

（1）编程设置自动循环监视模式（可对已设置的固定组合监视区域进行自动循环监视。其中，自动循环监视应最少包括三种状态，即：车站内全部图像、车站站台、车站站厅的图像）。

（2）编程设置人工监视模式（可对设定的监视区域进行人工选择监视）。

（3）通过配置可以使某一摄像机（具有智能视频技术监视功能）与一个或一组事件相关联，当该事件出现时，自动选择该摄像机，例如自动扶梯停止，综合监控系统通知 CCTV 系统将视频信号切换到该扶梯处的摄像机，并在综合监控系统操作员工作站显示。

（4）可实现对设置在车站的一体化球机进行遥控。

（5）车站综合监控系统操作员工作站故障时的后备功能：在车站控制室工作台上可根据实际需要考虑设置 1 个后备车站监视操作台，后备车站监视操作台具有车站综合监控系统操作员工作站相同的电视监控功能，还具有键盘锁闭功能，只允许车站值班员在获得授权的情况下，运用钥匙开启后备车站监视操作台的各项电视监控功能。车站监视操作台的使用优先级高于综合监控系统的 CCTV 功能。

四、典型人机界面

（1）CCTV 监控图（图 3-46）。

图 3-46　CCTV 监控图

（2）ISCS 与 CCTV 的接口见表 3-21、表 3-22。

表 3-21　ISCS 与 CCTV 物理接口表

编号	接口类型	数量	接口位置	ISCS	CCTV
P01	RJ45	按需提供	CCTV 交换机配线架	提供带标识的网线从中央 ISCS 工作站到 CCTV 交换机配线架	提供网口及 IP 地址供 ISCS 使用
P02	同轴电缆	1	大屏接线端子	提供大屏幕控制器及接口	提供带标识的电缆从中央 CCTV 到大屏控制器接口
P03	RJ45	2	CCTV 交换机配线架	提供带标识的网线从车站 ISCS 工作站到 CCTV 交换机配线架	提供网口及 IP 地址供 ISCS 使用

表 3-22　ISCS 与 CCTV 接口功能表

编号	功能要求	物理接口	ISCS	CCTV
F01	在中央提供人机界面，选择及控制车站、车载电视监视图像	P01	提供全线任一车站、车载电视监视摄像机选择的图形人机界面，传送有关指令到 CCTV；提供对全线可控摄像机的控制[水平移动/垂直移动/画面缩放（PTZ），焦距，光圈]；接收视频网络信号并显示	接收及执行中央综合 ISCS 的选择及控制的指令，并于接口 P01 传送有关的电视监视图像
F02	在大屏幕上显示车站、车载电视监视图像	P02	接收视频信号并显示电视监视图像在大屏幕上；通过大屏控制工作站设置大屏系统的图像显示方式	传送由接口 P02 所选择的车站、车载电视监视图像到大屏幕
F03	提供人机界面，选择及控制车站电视监视图像	P03	提供本车站任一电视监视摄像机选择的图形人机界面，传送有关指令到 CCTV；提供对本车站可控摄像机的控制[水平移动/垂直移动/画面缩放（PTZ），焦距，光圈]	接收及执行车站 ISCS 的选择及控制的指令，并于接口 P03 传送有关的电视监视图像
F04	控制优先权	P01 P03	当摄像机在使用状态时，拒绝其他比使用者优先权较低的控制指令	采取优先权准则，当摄像机在使用状态时，拒绝其他优先权较低的控制指令。如 ISCS 的控制指令因此被拒绝，电视监视系统通知 ISCS
F05	画面分割 1x1、2X2、3X3（同一工作站显示多个电视监视图像）	P01 P03	在图形人机界面提供此功能的选择，传送有关指令到 CCTV，该指令包括所选择摄像机的设备标签	接收及执行指令，进行画面分割以显示所选择的多个电视监视图像，并传送到 ISCS
F06	摄像机预设位置	P01 P03	当操作员选定当前摄像机位置为预设位置后，传送该指令到 CCTV。当操作员选择恢复摄像机预设位置后，传送该指令到 CCTV	当接收指令后，储存摄像机位置资料(如摄像机标签、PTZ 设定等)。当接收指令后，根据储存的设定资料恢复摄像机到预设位置

续表

编号	功能要求	物理接口	ISCS	CCTV
F07	自动循环监察模式	P01 P03	提供自动循环监察模式功能，并在图形人机界面上提供此功能的程序设置和清除的选择。 1. 自由选择模式 　当选择执行后，按程序设置的时间及所选定的摄像机，以个别摄像机的选择方式传送有关指令到CCTV。 2. 预定模式 　当选择执行CCTV所预定设置的自动循环监察模式后，传送执行该模式编号的指令到CCTV	接收及执行ISCS的选择指令，并传送有关的电视监视图像。 1. 自由选择模式 　按个别摄像机的选择方式传送有关的电视监视图像。 2. 预定模式 　根据所选择的CCTV预定模式传送有关的电视监视图像
F08	ISCS控制指令的性能要求	P01 P03	操作员在人机界面上发出控制指令在1s内传送到与CCTV的接口。 接口在收到图像信息后，在1s内显示有关图像	接口在收到控制指令后，指令如摄像机选择、画面分割、顺序控制程序等在1s内完成，指令如PTZ、焦距、光圈控制等在1s内完成
F09	CCTV设备状态变更信息的性能要求	P01 P03	接口在收到信息后，1s内显示在人机界面上	设备状态变更信息在1s内传送到与ISCS的接口

第十二目　时钟（CLK）系统功能

一、概述

时钟系统为各有关系统、地铁工作人员及乘客提供统一的标准时间信息。

综合监控系统将在OCC与时钟系统接口，在综合监控系统内提供时钟同步及时间信息显示功能。

综合监控系统根据主时钟系统提供的时钟信号，统一综合监控系统的网络内各设备的时钟，综合监控系统通过NTP服务器能向本系统及相关接口系统授时，从而保证授时精度。

将时钟信号经与各个系统的接口传送给各子系统。

二、中央级功能

在中央级综合监控系统接收时钟系统提供的时钟信号，使中央级设备的时钟同步，同时下传时钟信号给车站级综合监控系统。

在中央级综合监控系统工作站的人机界面上显示时钟信息。

三、车站级功能

车站级综合监控系统接收中央级综合监控系统提供的时钟信号，使车站级设备的时钟同步。
在车站级综合监控系统工作站的人机界面及 IBP 上显示时钟信息。
ISCS 与 CLK 的接口见表 3-23、表 3-24。

表 3-23 ISCS 与 CLK 物理接口表

编号	接口类型	数量	接口位置	ISCS	CLK
P01	以太网 RJ45	1	OCC 通信设备室 CS 配线架	提供带标识的网线从中央 NTP 时间服务器到通信数据配线架	提供数据配线架及带标识的电缆到中央一级母钟

表 3-24 ISCS 与 CLK 接口点表

编号	功能要求	物理接口	ISCS	CLK
F01	提供准确的 GPS 时钟信息	P01	接收 CS 时间，修改 NTP 服务器时间与 CS 时间一致	给 ISCS 发送 GPS 时间，误差需少于 100 ms，每整秒发送一次，最大时间间隔不大于 5 s

第十三目 门禁（ACS）系统功能

一、概述

全线车站等建筑物，有选择性地设置门禁设备，负责监控相应的设备管理房间及通道安全，提供服务和安全保障。

综合监控系统将在车站级与门禁系统接口，在综合监控工作站监控车站门禁系统设备。

二、中央级功能

中央级综合监控系统可监视车站级门禁系统设备状态。

三、车站级功能

车站级综合监控系统可以对门禁系统相关设备的运行状态、故障以及报警等信息进行监视。
接收门禁系统的非法入侵报警，并能自动联动相应的车站 CCTV 设备。
根据实际情况，综合监控系统应考虑能遥控开启指定的专用门。

四、典型人机界面

（1）门禁总览图（图3-47）。

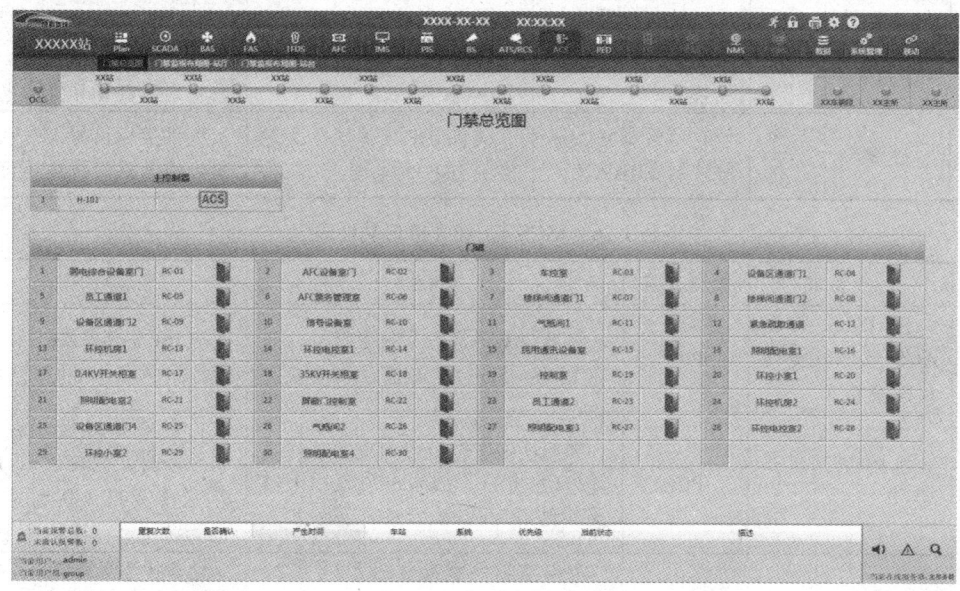

图 3-47　门禁总览图

（2）门禁监视布局图（图3-48）。

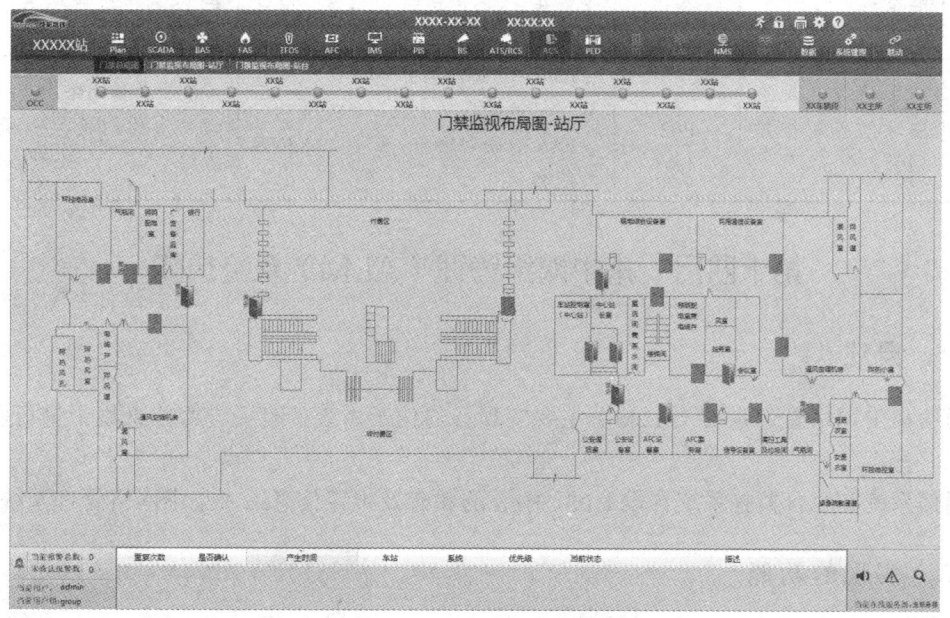

图 3-48　门禁监视布局图

ISCS 与 ACS 的接口见表 3-25、表 3-26。

表 3-25 ISCS 与 ACS 物理接口表

编号	接口类型	数量	接口位置	ISCS	ACS
P01	RJ45	2	ACS 设备室配线架	提供带标识网线从 FEP 到 ACS 配线架	提供配线架及带标识的网线到门禁计算机的电缆
P02	硬线	按需提供	车站控制室、消防控制室 IBP 盘	提供 IBP 配线端子及连接到 IBP 的电缆	提供带标识的电缆从 IBP 配线端子到门禁终端设备

表 3-26 ISCS 与 ACS 接口功能表

编号	功能要求	物理接口	ISCS	ACS
F01	在 ISCS 监视 ACS 状态及提供故障报警	P01	接收 ACS 状态及报警信号，并在 ISCS 中进行状态显示和报警	向 ISCS 提供 ACS 设备的状态及报警信号
F02	在 ISCS 远程开/关门	P01	通过 ISCS 发出控制命令，远程开/关专用门（例如：通道门）以及其他门	提供需要远程开启门的相关资料，并接收从 ISCS 开/关门（例如：通道门）以及其他门的命令
F03	控制指令及状态变更的性能要求	P01	接口在收到状态信息后，需在 2 s 内显示在 ISCS 工作站上；在 ISCS 工作站上发出的控制指令需在 2 s 内传送到与 ACS 的接口位置	设备状态变更信息需在 2 s 内传送到与 ISCS 的接口；在接口收到控制指令后，在 2 s 内传送到 ACS 设备并执行动作
F04	手动控制及消防联动控制相关门锁打开	P02	IBP、消防联动盘的按钮及指示灯（包括试灯功能及工艺布置）；FAS 的联动输出，参见"9.8 FAS 与门禁"	负责具体 IBP、消防联动盘发出的门锁控制指令的执行

第十四目 集中网络管理（ALM）系统功能

一、概述

通信集中网络管理系统（ALM）主要实现各通信子系统的有关告警信息集中进行收集处理功能。

通信系统和综合监控系统合设 UPS，UPS 的状态及报警信息纳入集中网络管理系统处理。

二、实现的功能

集中网络管理系统将通信系统（包括传输、电话、综合 UPS 等）的重要报警信息传给综合监控系统，一方面供维修调度参考，安排维修，另一方面提醒综合监控系统的相关操作人员注意本系统的预期断电信息。

综合监控系统对集中网络管理系统信息的收集，应结合实际使用者的需要，避免过多繁杂信息进入综合监控系统。相关设备故障信息应进行过滤和组合，具体细节将在设计联络阶段确定。

第十五目　无线通信（RTS）系统功能

一、概述

无线通信系统提供与运行中的列车进行传输的通道。综合监控系统将在 OCC 与无线通信系统接口，在综合监控工作站提供与运行列车间的文本信息下传和运行状态监视。

二、中央级功能

在中央级综合监控系统工作站提供直接、可靠及方便用户的 HMI，提供以下列车无线通信系统功能：

接收运行中的列车上传的故障信息，供中央调度员参考。

三、车站级功能

车站级综合监控系统不与无线通信系统接口。

ISCS 与 RTS 的接口见表 3-27、表 3-28。

表 3-27　ISCS 与 RTS 物理接口表

编号	接口类型	数量	接口位置	ISCS	RTS
P01	TCP/IP	2	OCC 通信设备室 RCS 配线架	提供带标识的网线到通信设备室 RCS 配线架	提供配线架及带标识的电缆从配线架到 RCS 设备

表 3-28　ISCS 与 RTS 接口功能表

编号	功能要求	物理接口	ISCS	RTS
F01	监视列车运行状态	P01	接收列车运行状态信息、主要设备故障信息、关键车载设备的报警信息及列车火灾报警信息等	为列车信息系统提供到 ISCS 的无线传输通道

复习思考题

1. 假设车站发生火灾,请简要论述综合监控系统能起到的作用。
2. 综合监控系统成败的关键在于联动,请你结合你的工作实际,谈谈对这句话的理解。
3. 简要列举7种综合监控与互联/接口系统的联动,并简要说明其内容。
4. 简要说明综合监控系统从高到低的各级操作权限。

第四章 典型设备检修标准及维护要点

【本章学习重点】

本章主要介绍了综合监控典型设备的检修标准及维护要点。熟练掌握各典型设备的检修标准及维护要点，是规范检修维护作业、保障系统设备正常运行的前提条件。

第一节 典型设备检修标准

第一目 服务器

综合监控服务器的维修保养周期分为日、双周、季度、年度，各检修周期下服务器的检修标准如表 4-1 所示：

表 4-1 服务器检修标准

序号	周期	标准
1	日	检查服务器各组态软件及进程运行正常
		检查服务器 CPU 及内存使用正常
		检查服务器时钟同步软件运行正常
		检查服务器各子系统无离线状态
		检查服务器各硬盘正常
2	双周	检查服务器面板上各指示灯状态，主备电源、主从硬盘正常，网线指示灯、网络连接正常
		服务器显示屏各画面正常
		服务器显示屏、KVM、鼠标键盘灯硬件设备完好正常
3	季度	服务器各相关进程运行正常
		主备服务器冗余正常，检查服务器工程版本为最新
		KVM 切换正常
		服务器的卫生情况：手摸及目测均无尘土

续表

序号	周期	标准
4	每年	服务器中的杀毒软件运行正常,病毒库使用及查杀记录正常
		扫描服务器全盘无病毒
		服务器卫生情况:手摸及目测均无尘土
		对服务器进行镜像备份
		查询是否与软件更改台账一致,并记录

第二目 IBP盘

综合监控IBP盘的维修保养周期分为双周、季度、年度,各检修周期下IBP的检修标准如表4-2所示:

表4-2 IBP盘检修标准

序号	周期	检修标准
1	双周	IBP盘上按钮应动作灵活、无卡阻,所属系统区的按钮灯都能正常亮灯;非自复按钮处于正常位置
		IBP盘面保持干净,柜内、桌面设备摆放整齐,硬件设备完好
		IBP盘柜体上元器件无破损、安装无松动,柜体表面无刮痕、脱漆等
		IBP盘上各指示灯状态正常
2	季度	检查接线端子、螺丝等无松脱,线缆无松脱、锈化、破皮现象,检查风扇正常
		各柜电源正常
		检查硬件齐全、安装牢固、外观完好整洁,目测、手摸无尘
3	年度	接口测试(环控模式、电扶梯、消防蝶阀、车站疏散及限流模式等)功能正常,均能实现相关功能

第三目 工作站

综合监控工作站的维修保养周期分为双周、季度、年度,各检修周期下工作站的检修标准如表4-3所示:

表4-3 工作站检修标准

序号	周期	标准
1	双周	工作站硬件完好正常,显示器无水波纹,色温正常,视屏线无松动,未造成显示异常

续表

序号	周期	标准
1	双周	综合监控各子系统网络连接正常
		操作系统运行正常，CPU、内存占用率正常，驱动正常，IBP 时间与工作站时间差范围在 1 s 左右
		综合监控工作站无死机以及通信中断现象
		能成功进入综合监控系统平台软件界面并能对其进行正常操作
2	季度	工作站线路、线缆完好无破损
		工作站正常工作，无死机现象，联动进程开启
		一般情况下 CPU 的使用率低于 10%
		工作站卫生情况：手摸及目测均无尘土
3	年度	工作站防病毒软件运行正常
		工作站扫描无病毒
		卫生情况：手摸及目测均无尘土
		对工作站工程等正常备份

第四目 FEP

综合监控 FEP 的维修保养周期分为日、双周、季度、年度，各检修周期下 FEP 的检修标准如表 4-4 所示：

表 4-4 FEP 检修标准

序号	周期	标准
1	日	FEP 的各组态软件及进程运行正常，FEP 操作系统和网络数据收发正常
		FEP 的 CPU 及内存使用正常
		时钟同步软件运行正常
		各互联子系统无离线状态
2	双周	设备齐全
		FEP 的指示灯情况正常，接线无松动
		FEP 温度正常
		保持网络柜及 FEP 清洁无尘
3	季度	螺丝无松动
		FEP 冗余功能正常
		CPU 占用率不超过 10%
		接口紧固不松动，电线无破皮潮湿现象

续表

序号	周期	标准
3	年度	有数据交换和通信正常，以及数据处理情况、冗余及系统功能测试等正常
		清洁、无尘
		车控室综合监控人机界面上网络通信为绿色
		正常备份

第五目　交换机

综合监控交换机的维修保养周期分为日、双周、季度、年度，各检修周期下交换机的检修标准如表 4-5 所示：

表 4-5　交换机检修标准

序号	周期	标准
1	日	交换机各端口和流量正常
2	双周	交换机正常情况下的指示灯应该是常绿状态，并带有不断闪烁现象
		交换机表面温度正常
		目测及触摸无灰尘，清洁交换机时注意避免碰触接线，以免出现设备故障和异常
3	季度	交换机外观完好
		交换机安装牢固
		各种插线无松动现象
		车控室工作站人机界面 NMS 画面通信均为绿色为正常
	年度	交换机路由条目完整，路由协议运行正常
		接线牢固，无松动
		交换机配置正确
		交换机无多余进程开启
		备份配置及系统文件

第六目　大屏系统

综合监控大屏系统的维修保养只针对 OCC 控制中心，大屏系统的维修保养周期分为双周、季度、年度，各检修周期下大屏系统的检修标准如表 4-6 所示：

表 4-6　大屏系统检修标准

序号	周期	标准
1	双周	所有投影单元后部电源板上的绿色 STANDBY 电源指示灯已经点亮，电源供应正常
		各信号指示灯（节点机指示灯、RGB 服务器、控制服务器和视频服务器设备指示灯、桌面服务器、电力、客流、ATS 服务器硬件指示灯、硬件防火墙指示灯）、LED、服务器面板指示灯正常，报警灯无报警
		磁盘指示灯状态正常，磁盘阵列主机运行正常
		大屏灯泡正常，无灯泡损坏
		大屏系统使用环境温度（22.5±5）℃
		时钟服务器面板显示状态正常，查看系统时间准确
		投影机亮度正常、图像清晰
		大屏管理控制工作站软、硬件运行正常
		多屏处理器软硬件运行正常
2	季度	电源接线无松脱、锈化、破皮现象
		大屏系统硬件与信号、综合监控、CCTV 硬线连接牢固，各种线缆无锈蚀、破损情况
		投影单元外部、大屏管理控制工作站、多屏处理器表面目测及触摸无灰尘
		完成多屏处理器系统备份，大屏幕管理软件及配置数据备份
		大屏系统正常关机、开机
3	年度	目测及触摸无尘
		对投影显示单元背投箱、机芯等专用设备和部位进行专业清洁除尘处理，对风扇及其他机械部件进行除尘及润滑
		数据能正常备份，无死机现象；完成大屏系统全面检查，更换故障及大化部件后，各种设备符合产品规定指标
		屏幕机械位置、亮度和颜色符合用户需求

第二节　日常维护要点

第一目　服务器

（1）查看服务器前面板各状态指示灯，当服务器内部硬件故障时，在前面板上对应的指示灯会亮起，据此可判断硬件故障原因。

（2）查看服务器系统运行情况，通过 Windows 任务管理器查看系统 CPU 及内存使用情况，当占用率过高时则可能出现系统运行缓慢等情况，此时需要重启服务器解决。

（3）查看服务器上软件运行状态，查看综合监控系统服务软件是否全部正常开启，检查日志，查看是否有错误信息或报警信息。

（4）服务器的重启条件，当需要对服务器重启时，需要查看另一台服务器是否正常工作，需要通过工作站查看每个子系统是否正常。确认所有的系统正常后，才能对服务器进行重启。

（5）重启服务器系统，重启服务器系统时，原则要求在现场完成对服务器的重启。当不能现场重启服务器时，可以远程对服务器重启。但需要注意的是要通过具有管理权限的远程桌面连接进入服务器，即在命令行输入 mstsc-admin 命令来远程连接服务器。当进入服务器后，查看任务管理器里用户标签，标识为 0 则表示正常启动服务器。

（6）重启服务器后综合监控系统软件的启动，按照正常顺序启动综合监控系统软件，并且需要注意需要启动的服务软件是否全部启动。

（7）服务器的清洁。在做服务器的清洁时，对后面板注意电源线与网线，避免误碰造成服务器掉电或掉线；对前面板注意不要触碰电源按钮，使用清洁毛刷刷拭灰尘，在作业过程中要防止静电。

第二目　IBP 盘

（1）检查指示灯显示是否正常、安装牢固无松动，试灯注意观察指示灯全亮。

（2）IBP 盘面清洁时，注意不要触碰到盘面按钮；清洁柜内时，注意不要触碰接线端子，以免造成端子松动。

（3）确认 IBP 时钟与中央时钟同步。

（4）IBP 盘与区间水泵、站台门、电扶梯、AFC、门禁、FAS、等接口系统联动功能正常，设备实际动作正常。

（5）IBP 盘与防淹门系统不带设备测试，注意观察试灯情况。

第三目　工作站

（1）查看工作站各状态指示灯，尤其注意网卡指示灯，观察指示灯是否是有规律地闪烁。

（2）查看工作站系统运行情况，通过 Windows 任务管理器查看系统 CPU 及内存使用情况，当占用率过高时则可能出现系统运行缓慢等情况，此时需要重启工作站。

（3）针对 Windows 系统的特点，需定期重启工作站。在重启工作站时，首先要确认系统是否正常启动，各项驱动、服务是否正常开启。在系统启动完成后，按照正确的顺序开启综合监控系统软件，并且注意系统时间是否准确，能否正确对时。

（4）工作站的清洁。在做工作站的清洁时，注意电源线与网线，避免误碰造成工作站掉电或掉线；清洁前面板时注意不要触碰电源按钮，使用清洁毛刷刷拭灰尘，在作业过程中要防止静电。

第四目 FEP

（1）查看 FEP 各状态指示灯系统运行情况，观察指示灯是否是有规律地闪烁。

（2）FEP 采用嵌入式的 Windows 系统。通过 Windows 任务管理器查看系统 CPU 及内存使用情况，当占用率过高时则可能出现系统运行缓慢等情况，此时需要重启。

（3）FEP 的重启，应尽量避免直接断电。当直接断电后再开启 FEP 时，由于设备运行时间过长，当前一部分 FEP 主板电池已经缺电，当开启 FEP 后硬盘指示灯没有亮起，需要插入键盘按 F1 才能完成 FEP 的启动。

（4）FEP 的清洁。在做 FEP 的清洁时，注意电源线与网线，避免误碰造成工作站掉电或掉线；清洁前面板时注意不要触碰电源按钮，使用清洁毛刷刷拭灰尘，在作业过程中要防止静电。

第五目 交换机

（1）查看交换机主机状态指示灯。当交换机内部硬件故障时，在前面板上对应的指示灯会亮起，据此可判断硬件故障原因。

（2）查看交换机各交换模块指示灯，观察指示灯是否是有规律地闪烁。

（3）进入中央网管工作站检查交换机运行情况，通过交换机软件查看是否有报警，查看交换机各个端口的流量是否存在异常。

（4）交换机的清洁。使用清洁毛刷刷拭灰尘，注意电源线与网线，避免误碰造成掉电或掉线，在作业过程中要防止静电。

第六目 大屏系统

（1）大屏背投设备、大屏多屏处理器、大屏管理控制工作站、KVM 系统硬件性能良好、软件运行状态正常。

（2）大屏灯泡亮度均匀适中，无明显色差。

（3）大屏信号参数准确，各种信号正常显示正常。

（4）大屏机芯接口及背投箱表面清洁无尘。

（5）多屏处理器表面、内部清洁无污渍。

（6）大屏管理控制工作站表面及内部清洁无污渍。

（7）检查各设备接线、电源线连接无松动、锈蚀、破损情况。

复习思考题

1. 综合监控典型设备有 4 个维护周期的典型设备有哪些？分别是哪几个周期？
2. 综合监控典型设备有 3 个维护周期的典型设备有哪些？分别是哪几个周期？
3. 请简述综合监控服务器的年度检修标准。
4. 请简述综合监控服务器的季度检修标准。
5. 请简述综合监控 IBP 盘的双周检修标准。
6. 请简述综合监控工作站的双周检修标准。
7. 请简述综合监控 FEP 的日常检修标准。
8. 请简述综合监控大屏系统的双周检修标准。

第五章　人机界面标准（人机）

【本章学习重点】

本章主要介绍人机（HMI）设计原则及画面列表、HMI显示标准以及简单相关操作，IBP的所有操作按钮作用及操作注意事项，HMI 功能图元、设备图标、IBP 主要组成部分以及相关概述。

第一节　人机界面概述

第一目　设计原则

（1）ISCS 人机界面遵循以下设计原则：综合监控系统面向的操作员对象为控制中心的行调、电调、环调和总调人员及车站的值班站长、值班人员等，系统将满足这些岗位的功能要求。综合监控系统将在车站和控制中心提供基于人体工程学设计的控制台及具有良好人机画面（HMI）的工作站。

（2）应用软件是开放的，可随意方便地修改数据库和人机画面（HMI）的图像及其背后的逻辑程序。应用软件支持由使用人员独立进行组态、画面编辑、与逻辑无关的程序修改、系统维护等操作。

（3）系统提供一个图形管理软件来完成动态和静态画面、运行情况摘要、大屏幕系统信息的生成、新建与修改。此软件允许在线生成和修改画面。当用户完成对画面的修改时，该修改的画面可下载到运行系统。

（4）综合监控系统的各工作站都需具有一个友好的、方便用户的、有效的和清晰的图形用户界面，采用图像、文字、数字、图表等进行静态及动态显示。

（5）操作员与系统的交互对话通过采用窗口、菜单、图标、按钮、文字输入等，经鼠标/跟踪球、触屏输入以及键盘等完成。

（6）提供以图形方式或文字信息格式的报警，并具有操作员确认功能。

（7）操作员透过人机界面实时监控各车站的机电及通信设备，人机界面亦提供历史数据显示功能。

（8）用户界面汉字化显示，打印机汉字化打印。

（9）综合监控系统的各工作站都采用统一的图形用户界面，用层次化、生动丰富的画面，诸如动态画面、多层次画面、视屏画面插入、渐进画面体系等，将系统和各子系统接线图、总貌图、流程图、图表图、趋势图等显示出来。人机界面需支持综合监控系统的各项功能。

（10）操作员与系统的交互对话通过采用窗口、菜单、图标、按钮、文字输入等，经鼠标/跟踪球以及键盘等完成。

（11）人机界面的启动包含以下内容：启动、注销、退出。主画面包括标题栏、工具条、消息栏、主显示区、画面菜单、报警栏等部分。

（12）本规范的HMI以分辨率1 440×900进行制作，如平台分辨率不一致，在保持图元、布局风格不做改变的情况下自行调整。调整后保持操作方式、操作系统不变（图元本身的像素保持不变）。

第二目　设计内容

ISCS人机界面包括ISCS系统中央、车站、车辆段所有可监控画面。图形画面包括布局图、系统图、图表图等。

第二节　人机界面（HMI）风格设计

第一目　一般原则与标准

在中央控制室、车站控制室及车辆段控制室内，各操作员的工作站上采用一套统一和使用友好的图形用户界面，让各操作员可借此更方便及有效率地操作及监控各系统。

HMI包含各类丰富工程图形的图形库，此图形库还可按用户的具体要求进行增加和优化。人机界面采用统一的图形用户界面，用层次化、生动丰富的界面，诸如动态界面、多层次界面等，将系统和各子系统接线图、总貌图、流程图、趋势图等显示出来。HMI根据人机工程学原理，采用字母、数字、字符、图表进行静态及动态显示，显示是连贯、一致和清晰的。

1. 人机界面色彩显示原则

人机界面的显示颜色保持一致性，如红色代表危险、黄色代表报警、绿色代表正常等等。

在事故或报警发生时人机界面通过色彩的闪烁、声音提醒、联动推图等多种手段把发生的事情迅速通知操作员，并提示相应的可选择性的处理建议和提示。

2. 人机界面文字显示原则

除设备标签等特殊需求外，在操作员工作站上出现的任何文字包括信息、提示、帮助、对象标识等都采用汉字（简体中文）表示，采用统一的国标字体。打印机支持汉字打印功能。

对多步操作的每一步，人机界面都将通过文字信息来提供操作结果的反馈。

3. 人机界面安全性设置

对进入、退出系统以及关键的控制操作，人机界面均进行必要的权限检查和确认提示以确保操作的安全性。操作员暂时离开时，可将工作站暂时锁定，只显示相关界面，不能下发控制，以防止未授权的访问。处于锁定模式的操作员工作站屏幕上有明显的标记。

操作人员不同的权限将对应不同的功能界面，无权访问或无必要访问的功能和数据通过预先定义予以过滤。

第二目 人机交互

操作员与系统的交互对话通过鼠标以及键盘来完成。

控制命令的输入可以用鼠标单独完成。

图形显示的任何对象，都可以通过点选设备调出相应的设备窗口，窗口中的内容包括该设备相关的动态和静态信息，如描述、标识、状态以及保存在数据库中的数据信息。完成一次操作，连续点击控制点图标的次数不超过5次。

1. 输入及输出

输入是通过键盘及鼠标作选项或文字及数据输入。中文输入法采用微软拼音，切换方式为：Alt+Shift。

所有的操作员工作站配置相同，都配置为双屏显示（即每个操作员工作站都配置两台显示器，其中左侧显示器为主显示器）。

操作员站如无特殊说明，所有文字的显示为简体中文。

SCADA系统所有遥测保留小数点后2位。

2. 主要动作

1）指向

操作员使用鼠标指向一个符号。这个操作只可通过鼠标完成。

2）点击

操作员按下鼠标上任何一个按钮然后在原位置松开。这个操作只可通过鼠标完成。

3）按压

操作员保持按着鼠标上任何一个按钮。这个操作只可通过鼠标完成。

4）选中目标

操作员可通过鼠标在屏幕上指向任何一个对象，通过点击此对象完成此动作。这个操作只可通过鼠标完成。

5）输入限制

有效的、可选的区域是唯一的输入区，包括：

① 命令窗口、菜单中的文字或图形对话框；

② 可输入数据的文字栏。

对话框尽量减少使用键盘操作，但一些操控功能可通过键盘快捷键完成。

3. 鼠标按钮分配

操作员通过鼠标按钮的以下动作操作不同的功能，如表 5-1 所示：

表 5-1　可变外观项列表（设备状态信息表）

鼠标按钮	动作	功能
左键	点击	对于鼠标所指向的图像的预设动作，如点击按键、打开设备的监视面板（点击设备符号）、选择报警（于报警条点击报警）等
右键	点击	点击右键可开启快捷菜单，以选择相应动作，例如"确认当前条报警"

4. 按钮显示属性

1）允许

一个允许的按钮的光暗对比值设置为最大，即按钮变亮。

2）禁止

一个禁止的按钮是将光暗对比值设置为最小，即按钮变灰。

3）可选择的

可选择的按钮是指操作员可借助鼠标点击的按钮。操作员不允许同一时间操作几个不同的系统如 SCADA、BAS、FAS 等。当点选了一个按钮时，前一个被点选的按钮会被取消。

5. 键盘

键盘在自由输入数据时使用。如情况许可，将尽量使用选择列以引导操作员。键盘的使用只允许：

① 输入文字或数字。

② 使用"TAB"键切换文字栏。

③ 使用"Enter"键进行"登录"动作。

6. 确认

操作员点选"确认"按钮，将当前对话框所点选的新参数和特性加以运用。相反的动作是"取消"按钮。

7. 取消

操作员点选"取消"按钮，将当前对话框所点选的新参数和特性作出否定。相反的动作是"确认"按钮。

8. 关闭

操作员点选"关闭"按钮,当前对话框会被关闭。

9. 对话框元素

以下选项为辅助工具,提供合适的设计供操作员使用:

(1)复选框:有两种状态——是/否,点选此检查框为"是"。

(2)单选框:成组的单选框实现多选一功能。

(3)列表:列表里向操作员提供一系列选择。

(4)菜单:点选菜单列出其子菜单。

(5)按钮:按钮定义为可按下功能。允许通过按下此钮完成动作。

(6)文本框:一个提供文字符串或数字符串输入的地方。

(7)滚动条:滚动条可能是水平或者垂直的。操作员可通过拖动使界面作上下或左右滚动。

10. 错误提示信息窗口

一个典型的错误提示信息窗口见图 5-1。

图 5-1　典型错误提示窗

错误提示信息窗口包括下列部分:

(1)标题:提醒操作员信息的目的

(2)错误信息区域:显示错误的原因。

(3)确认:确认此信息。

信息的内容取决于上下文条件。提示框的大小取决于上下文条件,提示框中字体为微软雅黑 12px,按钮大小为 86px×28px,按钮中文字为微软雅黑 12px。

11. 确认窗口

一个典型的确认窗口见图 5-2。

当操作员需要作出控制动作时,大部分动作需要执行预检,系统将要求操作员确认他要执行的命令。

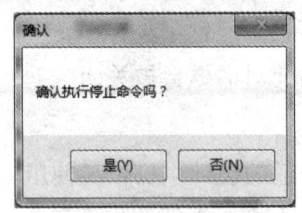

图 5-2 典型确认窗

确认窗口包括：

（1）标题：提醒操作员信息的目的。

（2）确认区域：提醒操作员此动作的细节，例如将要执行的操作、设备名称等。

（3）"是"按钮：执行控制，并关闭窗口。

（4）"否"按钮：取消控制，并关闭窗口。

信息的内容取决于上下文条件。提示框的大小取决于上下文条件，提示框中字体为微软雅黑 12px，按钮大小为 86px×28px，按钮中文字为微软雅黑 12px。

12. 双屏切换

左右双屏不能同时打开相同界面，点击已打开页面时系统需进行友好提醒。切换站点后默认打开上一打开的默认系统（例：当前打开页面为 A 站 BAS 大系统原理图，切换车站为 B 站后，界面默认跳转至 B 站 BAS 大系统原理图）。切换一级按钮后，二级按钮根据一级按钮系统进行切换并打开默认页面（例：当前显示页面为 A 站 BAS 大系统原理图，点击 SCADA 一级按钮后，二级按钮默认打开一次图并打开 A 车站所内一次图）。

第三目　HMI 显示标准

1. 日期及时间格式

日期格式是"yyyy-mm-dd　hh：mm：ss"，如"2012 年 08 月 08 日 08：08：08"。

2. 光标

鼠标光标采用以下的箭头记号"　"，而文字光标采用以下的记号"　"。

3. 静态外观项

静态外观项主要指画面主监控区域所有静态元素及其属性，非主监控区域的静态外观颜色及格式在总体布局中确定。静态元素包括文字、按钮、图标、框、标志、线路、数字、特殊符号等，元素属性包括长度、宽度、颜色、字体等，对这些元素及其属性作出如下规定：

1）长度、宽度

（1）根据监控画面内容的多少，各元素选择适合的长度、宽度，尽量不过于靠近画面边缘。

(2)主监控画面排风管管道宽度：2px。
(3)主监控画面送风管管道宽度（图5-3）：2px。

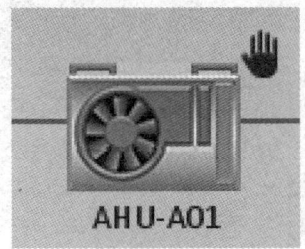

图5-3　风管宽度

2）颜色
(1)标题栏切换画面按钮（未按下）颜色：白色。
(2)标题栏切换画面按钮（按下）颜色：渐变蓝色。见图5-4。

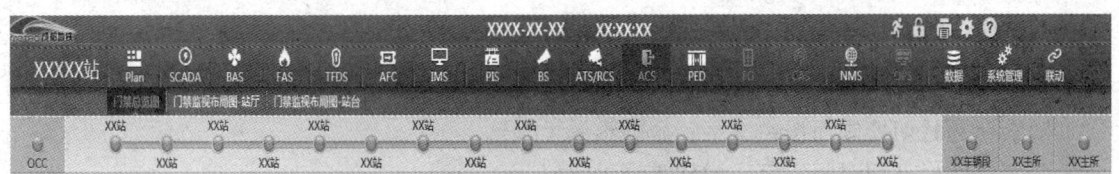

图5-4　标题栏按钮颜色

(3)选站线（中间）背景色为：浅蓝色（RGB：187，232，255）。
(4)选站线（两边）背景色为：浅蓝色（RGB：97，202，255）。
(5)选站线颜色为：浅渐变灰色。
(6)选站线文字颜色为：黑色 RGB（255，255，255）。
(7)选中站点（未按下）颜色为：渐变灰色。
(8)选中站点（按下）颜色为：渐变蓝色。见图5-5。

图5-5　选站线按钮颜色

(9)主监控区域背景色为：淡蓝灰色（RGB：200，208，241）。
(10)主监控区域送风管道颜色为：墨绿色（RGB：0，128，128）。
(11)主监控区域排风管道颜色为：墨黄色（RGB：148，150，0）。见图5-6。
(12)报警栏背景色为：灰色（RGB：57，68，78）。
(13)报警栏按钮背景色为：渐变蓝灰色。见图5-7。

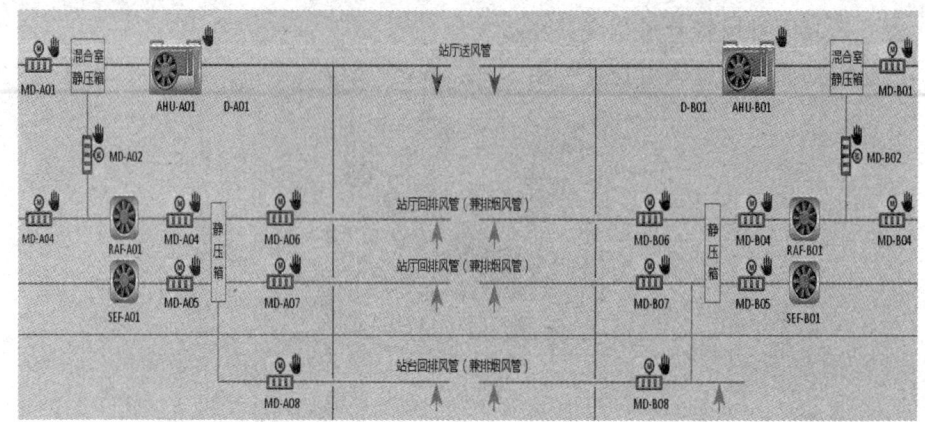

图 5-6 主监控区域背景颜色及风管颜色

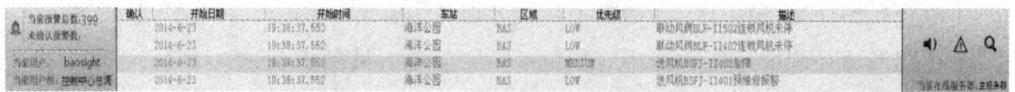

图 5-7 报警栏颜色字体

3）字体

（1）标题栏切换画面按钮文字：微软雅黑 12 号。

（2）标题栏日期时间文字：微软雅黑 18 号。

（3）选站线文字：微软雅黑 12 号。

（4）主监控区域画面标题文字：微软雅黑 18 号，RGB（28，28，28）。

（5）主监控区域设备标签文字：Calibri 11/8 号，RGB（28，28，28）。

（6）主监控区域说明字：微软雅黑 11/8 号，RGB（28，28，28）。

（7）主监控区域线条：灰色 RGB（102，102，102）。

（8）报警栏标题文字：微软雅黑 14 号。

（9）报警栏报警文字：微软雅黑 12 号。

（10）状态栏文字：微软雅黑 12 号。

4. 动态外观项

可变外观项包括设备状态颜色和相关可视动作。

1）设备状态颜色（表 5-2）。

表 5-2 可变外观项列表（设备状态信息表）

子系统	设备	状态	颜色	动作
SCADA	设备状态	合闸	红	
		分闸	绿	

续表

子系统	设备	状态	颜色	动作
SCADA	设备状态	未知状态	灰色	
		通信故障	蓝色	
		母线（1500 V）	带电红色，失电灰色	
FAS	设备状态	火警	红色	
		正常	绿色	
		隔离	灰色	
		故障	黄色	
		预警	橙色	
		通信中断	蓝色	
AFC	设备状态	正常	绿色	
		闸机未开放	灰色	
		故障	黄色	
		异常/通信中断/离线状态	蓝色	
PED	设备状态	门开启	绿色	
		门关闭	灰色	
		故障/报警	黄色	
		通信中断	蓝色	
BAS	设备状态	运行	绿	风机叶片旋转动画
		停止	灰	
		报警、故障	黄色	风机叶片保持对应的旋转动画
		故障	红色	影响设备运行的故障以及设备本身的通信中断
		未知状态、通信故障	蓝	

2）报警颜色

报警在报警栏和报警一览表中显示，用背景颜色来区分不同级别的报警（表格背景色与报警条背景色一致），根据需求可把报警设置为 3 级或者 4 级，见表 5-3、表 5-4。

表 5-3 报警为 3 级信息颜色

报警级别	颜色
1 级（紧急）	红色 RGB（255：0：0） 组合式空调 KT-A 故障
2 级（中）	橙色 RGB（255：150：0） 组合式空调 KT-A 故障
3 级（低）	黄色 RGB（180：180：0） 组合式空调 KT-A 故障
已确认报警	白色 RGB（255：255：255） 组合式空调 KT-A 故障
未确认报警	当前报警色与白色闪烁，颜色 1 秒变化 1 次，闪烁周期为 2s

表 5-4 报警为 4 级信息颜色

报警级别	颜色
1 级（紧急）	红色 RGB（255：68：68） 组合式空调 KT-A 故障
2 级（高）	橙色 RGB（255：147：68） 组合式空调 KT-A 故障
3 级（中）	黄色 RGB（255：234：68） 组合式空调 KT-A 故障
4 级（低）	淡黄色 RGB（235：255：164） 组合式空调 KT-A 故障
已确认报警	当前报警色，但不闪烁
未确认报警	当前报警色本色闪烁

第三节 图元设计

第一目 标题栏功能图元

快捷功能图符见表 5-5。

表 5-5 快捷功能图符

功能类型	图符
锁定	蓝灰色 RGB（14：108：156）

续表

功能类型	图符	
注销		 蓝灰色 RGB（14：108：156）
安全管理		 蓝灰色 RGB（14：108：156）
打印		 蓝灰色 RGB（14：108：156）
帮助		 蓝灰色 RGB（14：108：156）
报警声音控制		 灰色 RGB（178：184：193）

一般功能图符见表 5-6。

表 5-6 一般功能图符

功能类型	图符（静态）		图符（选中/输入后）	
切换一级画面		 深灰色 RGB（73：76：79）		 深灰色 RGB（73：76：79）
切换二级画面		 深灰色 RGB（73：76：79）		 深灰色 RGB（73：76：79）
选站线		 蓝色 RGB（180：230：255）		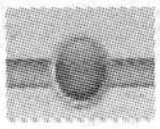 蓝色 RGB（180：230：255）
		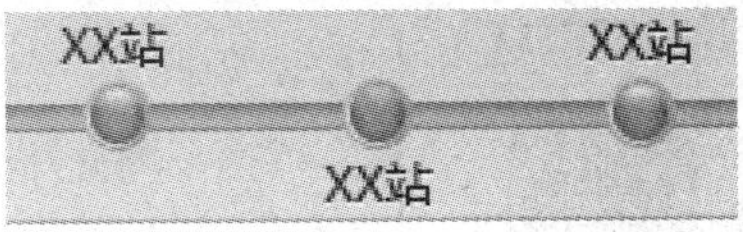 蓝色 RGB（180：230：255）		

第二目 图元显示标准

1. 图例说明

在设备图标右侧上角，用图示（图 5-8、表 5-7）表示设备操作场所（设备手动或者就地时在右上方显示小手标识）：

图 5-8 设备操作场所

表 5-7 图示设备操作场所

状态	颜色	动作
操作场所：就地/远方	绿色 RGB（61：137：13）	显示/隐藏

在设备图标左侧上角，用文字表示设备运行状态（图 5-9、表 5-8）：

图 5-9 设备运行状态

表 5-8 图示设备运行状态

状态	颜色	动作
运行状态：高速/低速	绿色 RGB（61：137：13）	高速/低速
运行状态：变频/工频	绿色 RGB（61：137：13）	变频/工频

旋转动画：风机、空调类设备运行状态有风机叶片有旋转动画。

2. 状态

当使用状态图标表示设备状态时，用颜色来区分不同的状态（表5-9）：

表5-9 设备状态图标颜色

状态	颜色	动作
运行	绿色 RGB（61：137：13） 	风机、空调类设备运行状态有风机叶片旋转动画
停止	灰色 RGB（161：161：161） 	改变颜色
报警、非影响设备运行的故障	黄色 RGB（206：169：0） 	设备带故障运行时，风机叶片保持对应的旋转动画
影响设备运行的故障	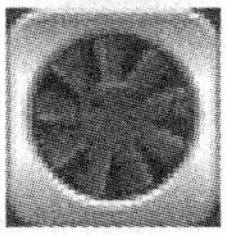	影响设备运行的故障以及设备本身的通信中断
未知状态、通信故障	蓝色 RGB（0：97：204） 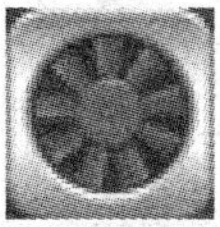	改变颜色

第四节 HMI规划

第一目 画面列表

列举控制中心、典型车站的主要画面，系统画面参考按照表5-10的顺序排列：

表 5-10 系统画面列表

系统名称	画面名称
布局图	设备运行总览图
	站厅布局图
	站台布局图
SCADA	程控卡片（中央）
	光字屏目录（中央）
	全线 35kV 环网图（中央）
	全线变电所导航图（中央）
	全线接触网图（中央）
	全线历史 SOE 信息（中央）
	全线牵引直流供电图（中央）
	全线实时 SOE 信息（中央）
	全线环网供电图（中央）
	顺控配置
	电度量直方图
	变电所一次图
	变电所自动化系统图
	实时 SOE 显示
	历史 SOE 查询
	定值召唤
	光字屏
	控制权移交
BAS	全线隧道通风系统图（中央）
	全线隧道通风模式控制（中央）
	全线隧道区间给排水（中央）
	全线模式总览图（中央）
	设备列表（中央）
BAS	大系统原理图
	小系统原理图
	隧道通风系统图
	空调水系统图
	给排水系统图

续表

系统名称	画面名称
BAS	电/扶梯监控
	动力照明系统图
	传感器
	导向标识/广告
	操作场所切换
	人防门监视
	BAS 系统图
	环控模式
	时间表控制
FAS	设备分区图
	火灾报警平面图
	FAS 气灭系统图
TFDS	感温光纤状态监视图
	全线隧道温度曲线图（OCC）
AFC	自动检售票系统监视图
	全线客流统计（OCC）
CCTV	监控布局图
	CCTV 设备布局图
	全线摄像头监控（OCC）
PIS	PIS 监控
	全线 PIS 监控（OCC）
BS	广播系统监控
	全线广播系统状态监控（OCC）
ATS/RCS	全线车辆运行监视图
ACS	门禁总览图
	门禁监视布局图——站厅
	门禁监视布局图——站台
PED	站台门监视图
FG	防淹门监视图

167

续表

系统名称	画面名称
CAS	集中告警系统监视
NMS	网络状态监视图
	全线通信节点图（OCC）
	全线综合监视网络图（OCC）
大屏	大屏显示
数据处理	报警一览
	事件一览
	历史数据查询
	历史报警查询
	趋势
	历史数据查询
	报表
安全管理	系统登录
	系统锁定
	修改密码
联动	联动监视
	联动执行

第二目 菜单说明

对应画面菜单的选项，本菜单表现了图形用户接口的分层次、渐进式的显示理念。画面菜单按照画面框架图设计，第一层共有 19 个选项，分别是布局图、电力、环控、火灾报警、闭路电视、闸机、乘客信息、广播、信号、门禁、站台门、防淹门等，见图 5-10：

图 5-10 BAS 系统一级按钮菜单

如选择 BAS，便会出现一个相应的二级按钮菜单，列出 BAS 系统下面的不同画面供选择，见图 5-11：

图 5-11 BAS 系统二级按钮菜单

画面导航栏,方便值班员和调度人员快速切换,减少鼠标点击次数。例如在切换车站时,系统将默认跳转到调度人员在前一个车站打开的最后一张画面;在系统间切换时,将以之前一个系统最后打开画面在本系统中的次序确定本系统应跳转的画面,例如,值班员之前打开的画面是车站 1BAS 系统的第三张画面,此时切换到车站 2,将会直接跳转到车站 2 的 BAS 系统的第三张画面,避免每次选择画面,都需要点击车站、系统和画面按钮三次。切换时有对应画面时显示对应画面,没有对应画面时将显示默认画面(车站设备运行图或平面图)。

第五节　典型画面布局

第一目　设备属性窗

以车站大系统为例,在大系统画面单击设备,就会弹出该设备的属性窗(图 5-12):

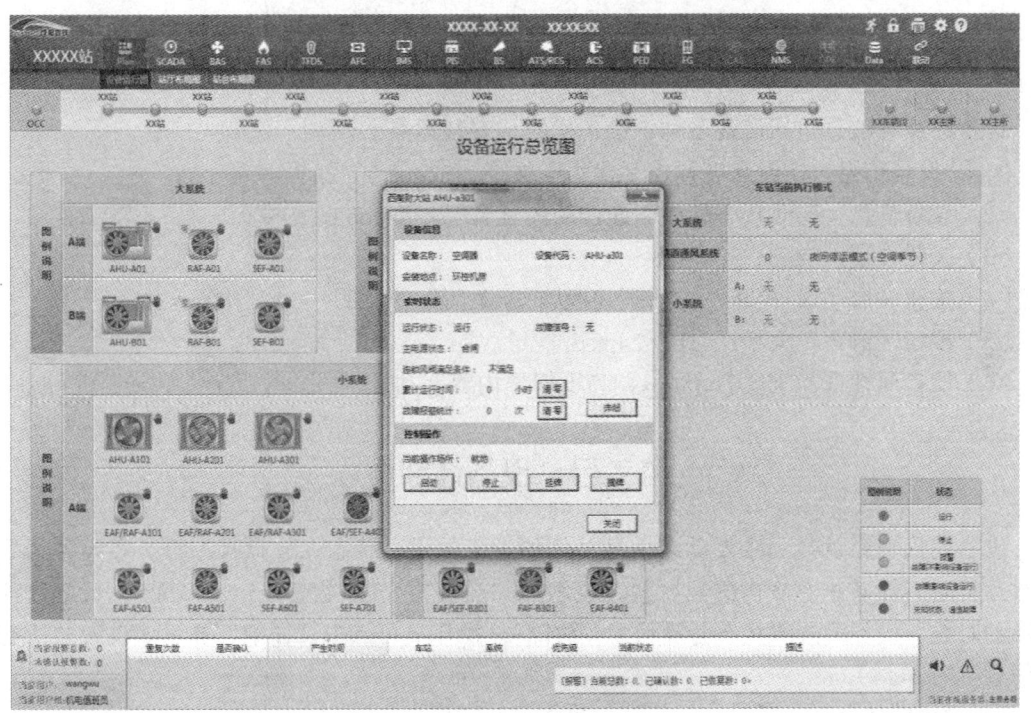

图 5-12　设备属性窗

设备属性窗主显示页包含静态信息、动态信息、控制功能三个部分(图 5-13):

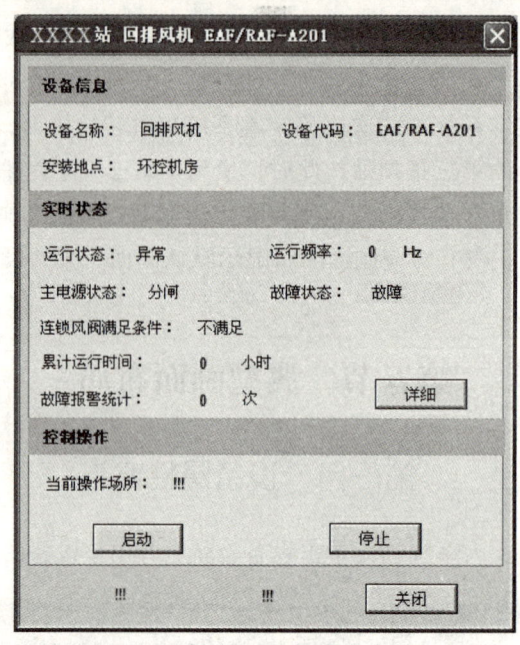

图 5-13　设备属性窗主显示页

设备的静态信息包括设备名称、设备代码、安装地点。

（1）"设备信息、实时状态和控制操作"文字：Segoe UI 加粗 9 号；

（2）设备信息、实时状态和控制操作的内容文字：Segoe UI 9 号；

（3）按钮文字：Segoe UI 9 号；

（4）按钮"启动""停止""挂牌""摘牌""关闭""详细"大小：71px×23px；

（5）按钮"清零"大小：41px×24px；

（6）设备属性框：宽度为 380px，高度根据内容变动。

第二目　设备详细页

设备属性窗默认显示主要动态信息，例如设备的运行状态、故障状态等。在设备无故障正常运行时，设备信息页内的运行状态显示为"运行"，故障状态显示为"无"；反之，存在故障的时候，设备的故障状态会显示为"故障"。操作员可点击"详细"显示该设备的所有动态信息（图 5-14）。

（1）"详细信息"文字：Segoe UI 加粗 9 号；

（2）详细信息的内容文字：Segoe UI9 号；

（3）按钮：文字为 Segoe UI9 号、大小为 71px×23px。

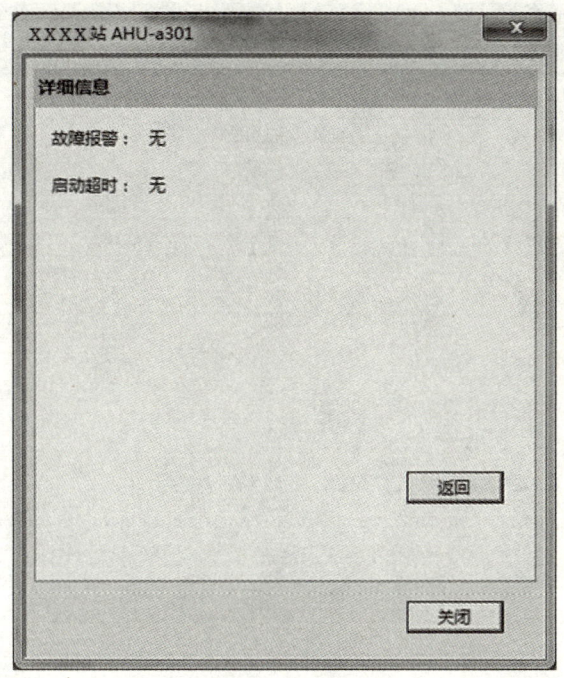

图 5-14　详细信息页

设备控制功能包括对设备操作场所的显示、设备的控制操作以及参数设定，不同的设备有不同的设备信息、工作方式、操作方式等，设备类型与设备属性窗种类一一对应。在进行任何设备操作时，如停止设备运行之前，系统会出现弹出框"确认执行停止命令吗？"（图5-15），提示用户是否确定要进行设备操作，当用户选择"是"时，系统才会对该设备进行操作。

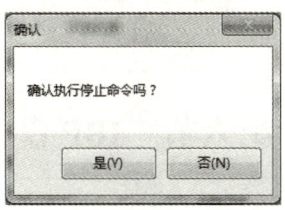

图 5-15　操作确认框

第三目　子系统 HMI 图

登录成都地铁综合监控系统后，系统默认打开布局图系统按钮，左屏显示设备运行图，右屏显示站厅布局图（图 5-16）。

171

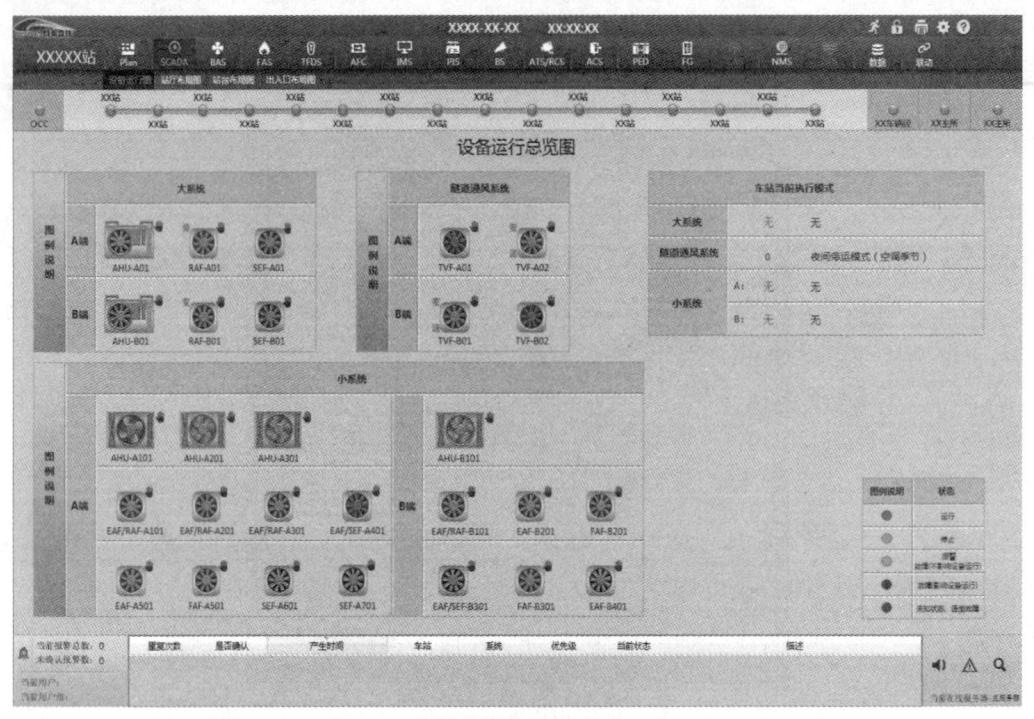

图 5-16 设备运行图

设备运行总览图是以列表的形式列出 BAS 系统大系统、小系统、隧道通风系统的所有风机、空调等重要设备，方便运营人员清楚掌握 BAS 所有重要设备的当前运行状态并对其进行控制。该画面还以表格的形式列出了大系统、小系统、隧道通风系统当前正在执行的模式号及模式说明。在画面右下是图例说明，标明每个颜色所代表的设备状态，帮助运营人员迅速了解和掌握综合监控系统平台。

第六节　IBP 盘

第一目　IBP 盘概述

IBP 综合后备盘（以下简称 IBP 盘）是一种人机接口装置，由屏面、一体化操作台、落地柜体、安装底座等部分组成，放置在地铁车站综合控制室内，满足应急、备份和直接的操作要求。

IBP 盘上（图 5-17、图 5-18）有各个子系统紧急控制的按钮和关键设备的状态显示，作为紧急情况下和在车站监控系统故障造成无法通过监控系统进行监控操作时的后备操作手段。在紧急情况下由车站值班员操作指令按钮，实现对设备和各个子系统的紧急控制。

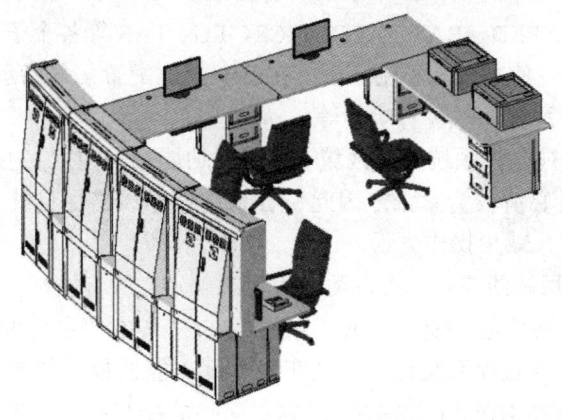

图 5-17 IBP 盘立体图

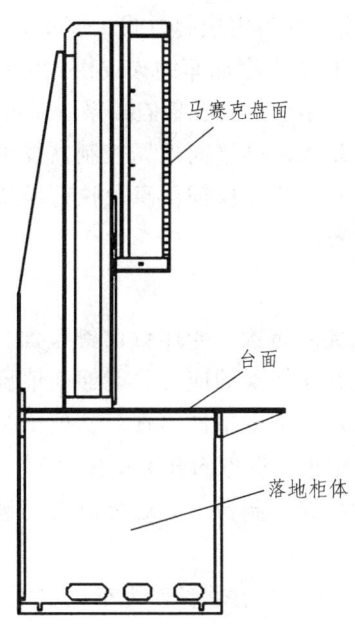

图 5-18 IBP 盘单体结构图

第二目 IBP 设计指导思想及意图

1. 安全可靠性原则

安全可靠性是设计时的首要指导思想。

（1）IBP盘主要用于在应急情况下对关键设备进行相关应急手动操作、视频监视等任务，是车站监控系统的最后一道防线，在车站级设备监控系统中具有最高权限。

（2）IBP盘为SIG、PED、BAS、AFC、ACS、FG、FAS等各个子系统的监控设备提供一个统一的硬件安装平台，使车控室整洁美观。在IBP盘上配置信号指示灯、按钮、开关、LED数码时钟显示器和重要系统的报警音响器等。

（3）盘面按不同的被监控系统划分区域，各区域功能相对独立。IBP盘的操作大多发生在事故状态下，操作人员心情较为紧张。因此，各系统操作风格尽量统一，以便操作人员能够在紧急情况下从容操作，减少操作失误。

（4）IBP盘对外采用硬线连接，接口类型为无源触点，所有控制点采用单独回路。配置设备电器和机柜体外壳两路接地。ISCS、SIG、BAS、AFC、FAS等系统的物理接口位置均在IBP柜体端子排上。即使综合监控系统在中心及车站全部不能监控（如服务器、操作员工作站或主干网通信故障等原因），IBP仍提供硬线或独立完整的控制通道，操作员可直接向关键的子系统发出重要的监控命令，以保证地铁的正常、安全运营。

（5）IBP盘控制是手动控制模式的备用控制方式，通过车站IBP盘进行模式控制，能进行火灾紧急运行模式操作。车站IBP盘上存储车站火灾模式的控制表，车站值班员可按照不同的运行模式在IBP盘通过按钮启动相对应的设备监控系统工况模式，IBP盘通过站内网络接入车站级设备监控系统中，通过车站控制网络向现场控制器发出控制指令，来启动或停止有关设备；IBP盘接受现场控制器的接收指令反馈信息及执行结果信息和设备运行状态的反馈信息，并以灯光、音响方式表现出来。

2. 人机工程学标准原则

人机工程学标准主要体现在屏面布置、操作台设备布置、线缆路径安排、表面加工及颜色、落地机柜等设计中。人机工程学标准的应用，能够使值班员在同一环境长时间连续工作中，增加舒适度，减少疲劳，又能在突发事件出现时，值班员能及时捕捉到突发事件，并在最短时间内做出正确反应（如操作相关设备的开关按钮）。

以人体工程学理论为基础的坐姿控制台、立姿控制台的设计准则，是基于人体工程学而对IBP盘进行设计的理论依据。

车控室是值班人员长期工作的地方，IBP盘作为车控室主要设备，其结构的合理性能给控制室营造一个安全、高效的运营空间。

"以人为本"为设计宗旨，从人机工程学的角度出发，将人机界面设计得更合理、更人性化。

第三目 IBP盘主要组成部分

IBP盘主要由屏面、一体化操作台、落地柜体、安装底座等部分组成。盘体由四列单体拼接而成,总体按弧线布置,各块相交角度为 5°,后面带门,采用后维护方式。

一、IBP 屏面

1. 屏面设计要求

根据人体工程学理论,矢状面内立姿手功能可及范围尺寸(图 5-19)具体如下:

立姿肩关节中心高:1 270 mm;

臂(手)最大功能旋转半径:r_A=610 mm。

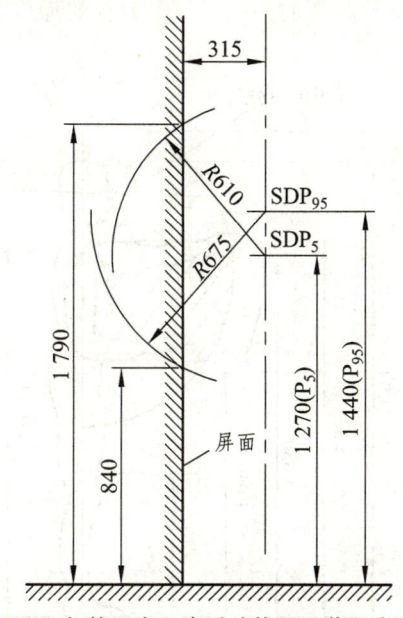

图 5-19 矢状面内立姿手功能可及范围(mm)

当操作者站在立式屏前,鞋尖距屏约 150 mm,双手最大功能可及高度的上限、下限如下:

上限:1 790 mm;

下限:840 mm。

依据人体工程学相关理论,从使用功能出发,在头部静止、眼睛正常活动状态下,根据人眼对视觉信号的觉察效果的优劣,可分为三个视区:

① 良好视区;

② 有效视区;

③ 条件视区。

立姿(矢状面内)操作区的划分需综合考虑人体结构尺寸、人的视野范围、人肢体的有效活动范围、肢体最适宜的用力范围、操作速度和精度要求等。

对于以立式屏、柜为代表的立姿操作而言,立姿手操作区(图 5-20)可分为三个部分:

① 舒适操作区：介于立姿肩高与立姿肘高之间的空间范围。在此范围内，肌肉活动程度和能量代谢率最低。舒适操作区尺寸需加鞋跟高 25 mm，其尺寸范围为 1 050 ~ 1 400 mm。

② 精确操作区：立式屏前作业的最佳显示区。其尺寸需加鞋跟高 25 mm 为基准确定，设定眼与立式屏屏面的距离为 400 mm，综合考虑眼与立式屏的观察距离以及手操作的易行性。精确操作区尺寸上限按水平视线以上 15°确定，下限按水平视线以下 30°确定。其尺寸范围为 1 350 ~ 1 600 mm。

③ 有效操作区：以立式屏前双手最大功能可及高度尺寸的上限，作为有效操作高度的上限尺寸，取 1 790 mm；以人体单腿跪姿肘高尺寸，作为有效操作高度的下限尺寸，取 650 mm。

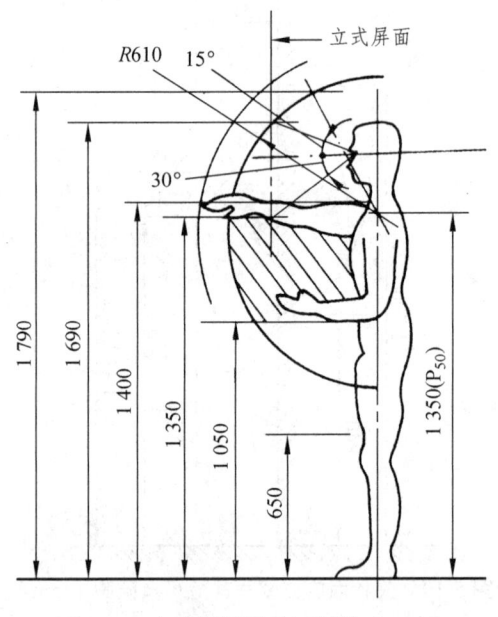

图 5-20　立式屏手操作区划分（mm）

在对上述人体工程学理论进行分析的基础上，可将 IBP 盘的屏面分为以下区域（表 5-11）：

表 5-11　IBP 盘的屏面

辅助备用操作区域	重要监视操作区域	应急操作区域
次次要监视操作区域	次重要监视操作区域	次次要监视操作区域

① 重要监视操作区域：良好视区，在舒适操作区内，布置 SIG、ACS、AFC 等系统指令和显示元件；

② 应急操作区域：有效视区，在舒适操作区内，布置 PED 等系统指令和显示元件；

③ 次重要监视操作区域：良好视区，在精确操作区内，布置 FG、扶梯等系统指令和显示元件；

④ 辅助备用操作区域：有效视区，在舒适操作区内，布置 BAS 等系统指令和显示元件；

⑤ 次次要监视操作区域：有效视区，在有效操作区内，布置时钟显示器等显示元件。

2. 马赛克屏

IBP 盘马赛克屏面尺寸为宽 4 000 mm×高 750 mm，屏面由 25 mm×25 mm 双体可整面脱卸的塑料马赛克模块拼接而成（图 5-21）。

（1）屏上的马赛克模块采用阻燃型环保工程材料，经过 B_1 阻燃认证，离火自熄，能满足现行国家标准，具有阻燃、高强度、耐老化及尺寸稳定性。

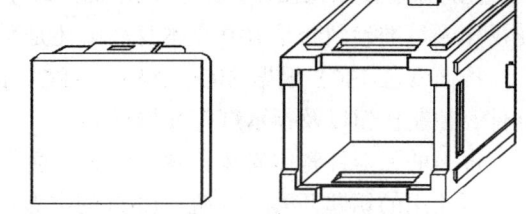

图 5-21 马赛克面板和隔栅

（2）屏面由面板和隔栅两部分组成，面板可以从隔栅上脱卸，隔栅之间通过燕尾槽互相连接以组成屏面，而可脱卸的面板则组成使用面。拼块采用了面板可以脱卸的结构形式，容易通过增加或移除马赛克模块及基本框架结构，即可对 IBP 盘内的图案及监控对象进行调整，而不影响隔栅的结构。

（3）表面采用漫反射技术，单个塑料拼接块的平面度公差值不大于 0.1 mm，相邻模块的平整度公差值不大于 0.2 mm。

（4）单元表面颜色均匀一致，无反光、缩瘪、伤痕及相邻单元之间无漏光现象，防静电及阻燃。

（5）塑料马赛克模块颜色为 RAL7035 浅灰色。

（6）整个塑料拼块屏面的四周可以用边框盖板和周角盖板，其作用是在模拟屏屏面安装后对四周的一种装饰，它可以盖住拼块与屏架的缝隙，安装方法与常规面板相同；马赛克与柜体间全部镶有边框，采用铝合金型材，镶嵌式安装，边框颜色近似白色（比 IBP 盘面马赛克要浅些），使得整个盘面颜色过渡均匀、美观。见图 5-22。

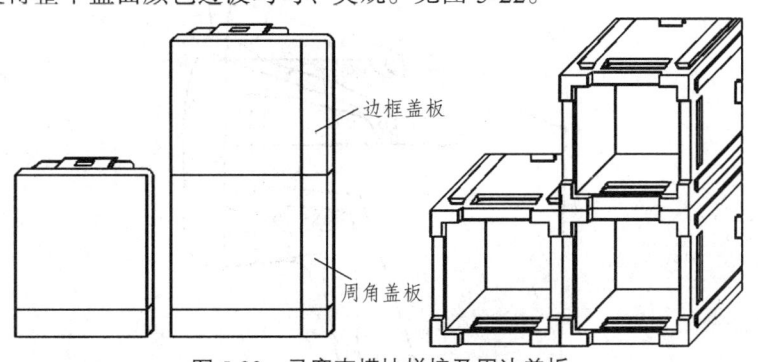

图 5-22 马赛克模块拼接及周边盖板

（7）屏面制作采用直接"印刷"或"雕刻"到马赛克屏面上，100%还原图片效果。各种文字、图符参考有关国家标准印制，色彩鲜艳，分辨率高，附着力强，可清洗，不褪色。

3. 屏面布置

屏面按不同的被监控系统划分区域，各区域功能相对独立。IBP 盘的操作大多发生在事故状态下，操作人员心情较为紧张。因此，各系统操作风格尽量统一，以便操作人员能够在紧急情况下从容操作，减少操作失误。

IBP 盘需设测试按钮，在系统出现故障时，可对整个应急操作盘的所有设备进行测试，方便操作人员准确判断是 IBP 盘本身故障还是系统故障。

屏面安装 ISCS 根据 SIG、BAS、AFC、FAS、PED、ACS 等专业的要求提供的报警音响器件、控制按钮以及指示灯等元器件。

屏面的元器件整体安装美观，整齐，横平竖直，方便识别。

所使用的钥匙开关、按钮、LED 的类型和接口电路等在设计上应保持一致性。

单元上的显示元件均选用质量可靠的发光器件，同种规格发光器件在同一电压、电流下，其亮度均匀一致，目测无明显差别，不同颜色的显示色差明显。

各系统按钮需加防护盖，并且部分专业的电气元件保护罩设置铅封口。

从马赛克盘面元器件（灯、按钮等）到柜内端子之间的连线两端都用线号标识（线号采用机打方式），端子线号字迹清晰、整齐、干净。

二、一体化操作台

1. 操作台设计要求

根据人体工程学理论，在操作台台面上方，手功能可及范围取决于臂长。

当肘关节为 180°，以肩关节中心为旋转中心时，矢状面内坐姿状态手臂上下方向运动侧视图——坐姿手功能可及范围侧视图见图 5-23。

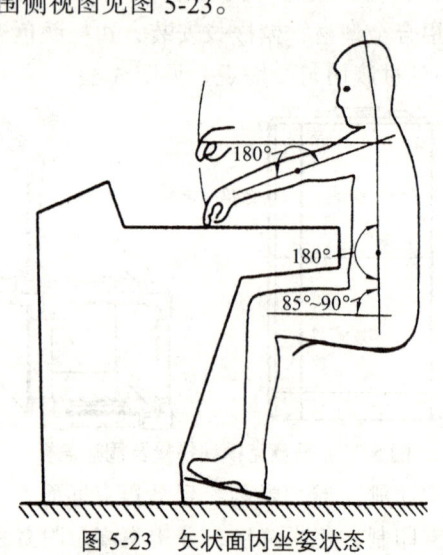

图 5-23　矢状面内坐姿状态

矢状面内坐姿手功能可及范围如图 5-24 所示：

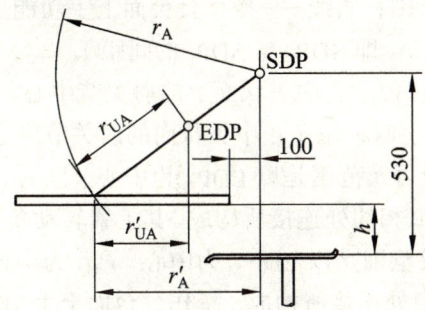

图 5-24　矢状面内坐姿手功能可及范围

① 矢状面内坐姿手功能可及范围尺寸：SDP——肩关节中心，EDP——肘关节中心；
② 坐姿肩关节中心高（相对于座椅面）：530 mm；
③ 躯干线距控制台台面前缘：100 mm；
④ 臂（手）功能最大旋转半径 r_A：610 mm；
⑤ 前臂（手）功能最大旋转半径 r_{UA}：350 mm；
⑥ 当躯体向前弯曲时，肩关节中心前移，相应的手功能可及范围向前延伸 150~200 mm。

水平面内，坐姿手功能可及范围如图 5-25 所示：

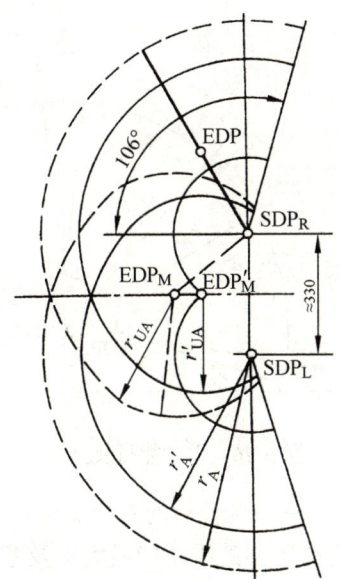

图 5-25　坐姿手功能可及范围

坐姿手功能可及范围俯视图：SDP_R——右肩关节中心；SDP_L——左肩关节中心；虚线——肩关节水平面内，手功能可及范围；实线——操作台台面上手功能可及范围。

肩关节中心间距：325 mm（即 SDP_R 与 SDP_L 的间距）。

EDP_M：肩关节水平面内，位于正中矢状面上的肘关节中心。

EDP'_M：手在操作台台面上时，位于正中矢状面的肘关节中心。

肩关节水平面内，手功能可及范围是以 EDP_M 为中心、以 r_{UA} 为半径的圆弧与以 SDPR 或 SDPL 为中心、r_A 为半径的圆弧相切处连接所构成。其上臂转动角度为臂内侧 36°至外侧 106°。

操作台台面上手功能可及范围是以 EDP'_M 为中心、r'_{UA} 为半径的圆弧与以 SDPR 或 SDPL 为中心、r'_A 为半径的圆弧相切处连接所构成。操作台台面上手功能可及范围的 r'_A 和 r'_{UA}，取决于操作台与椅面的高度差 h，其值可推算得到。若座椅参考面高度为 420 mm，对于操作台台面高度为 770 mm 或 700 mm，则可对 r'_A 与 r'_{UA} 的尺寸进行计算（表 5-12）。

表 5-12　计算方法

椅面高度/mm	台面高度	r'_A	r'_{UA}	椅面与台面的高度差 h
420	770	583	335	350
	680	547	314	260

当人的躯干短时间向前、向左或向右倾斜弯曲时，可使手功能可及范围在一定范围内延伸（图 5-26）。

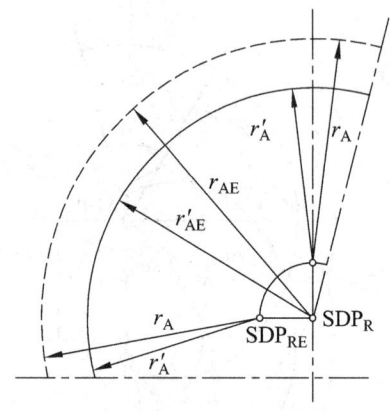

图 5-26　手功能可及范围

延伸的手功能可及范围：SDP_{RE}——延伸后的右肩关节中心；r_{AE}——延伸的最大手功能可及半径；虚线——肩关节水平面内的延伸的手功能最大可及范围；实线——操作台台面上的延伸的手功能最大可及范围。

延伸的手功能可及范围是：SDP_{RE} 以 150～200 mm 为半径，围绕 SDP_R 转动，并在手臂伸直状态下，围绕 SDP_{RE} 所画圆弧的包络线。

① 肩关节水平面内：$r_{AE}=r_A+$（150～200 mm）；

② 操作台台面上：$r'_{AE}=r'_A+$（150～200 mm）。

在水平面内，手的操作区可分为三个部分：舒适操作区（Ⅰ）、有效操作区（Ⅲ）、扩展操作区（Ⅳ）。操作台台面上手操作区划分（椅面与台面高度差为 260 mm）见图 5-27。

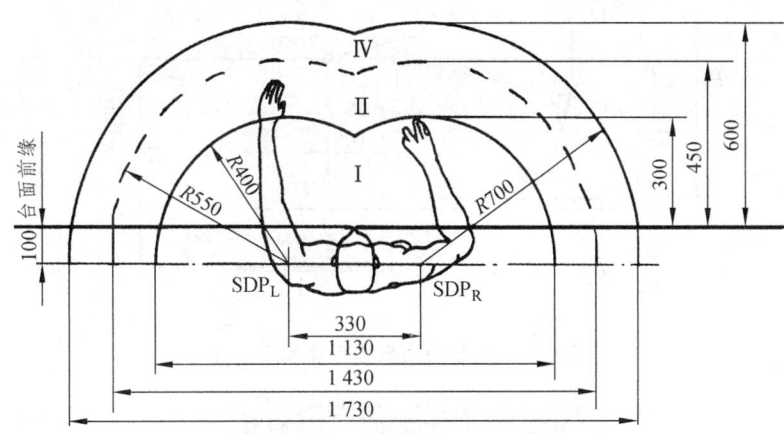

图 5-27　操作台台面上手操作区划分

① 舒适操作区（Ⅰ）：上臂靠近身体、曲肘，前臂平伸作回转运动所包括的范围，亦称正常操作区。

② 有效操作区（Ⅲ）：正直坐姿状态，手臂伸直，手能达到的操作区域，其范围相当于延伸的手功能可及范围。

③ 扩展操作区（Ⅳ）：在坐姿情况下，身体改变姿势，手能达到的操作区域，其范围相当于延伸的手功能可及范围。

矢状面内，坐姿手操作区划分如图 5-28 所示：

① 舒适操作区（Ⅰ）：手功能可及范围内，坐姿肩关节中心的高度与台面之间所包括的空间。

② 精确操作区（Ⅱ）：手功能可及范围内，坐姿眼高与台面之间所包括的空间。

③ 有效操作区（Ⅲ）：在坐姿眼高以上、手功能可及范围内的空间。

④ 扩展操作区（Ⅳ）：在坐姿情况下，人的躯干前倾，肩关节中心前移 150～200 mm，手功能可及范围可向前方扩展。

以上述人体工程学相关理论为基础，在对 IBP 盘操作台进行设计时，可将操作台分为（图 5-29）：

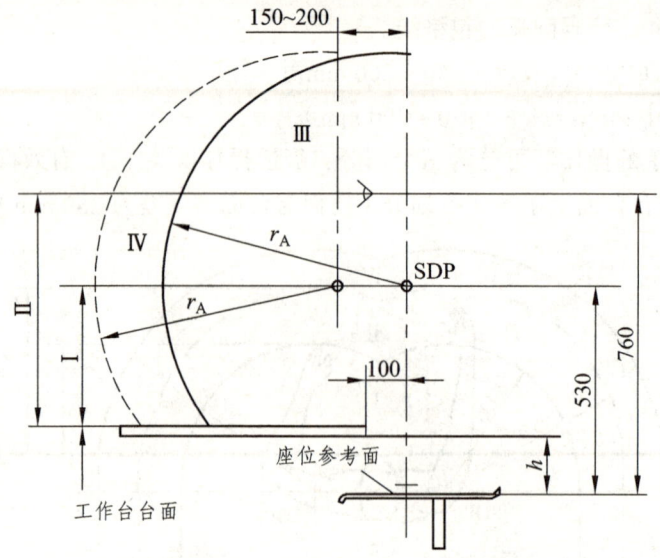

图 5-28 矢状面内坐姿手操作区划分

| 辅助监视操作区域 | 重要监视操作区域 | 应急监视操作区域 |

图 5-29 操作区域划分重要监视操作区域

① 正视区：布置工作站监视器、键盘鼠标、书写区；
② 应急监视操作区域：右视区，布置重要通信电话；
③ 辅助监视操作区域：左视区，布置辅助设备。

2．操作台布置

（1）操作台与 IBP 由深 200 mm、宽 4 000 mm、高 480 mm 的箱体连接，操作台高 750 mm、宽 4 000 mm、深 800 mm。

（2）操作台面与 IBP 盘面之间在垂直方向预留约高 480 mm 的空间，放置 ISCS 系统、ATS、PIS、FAS、ACS、AFC 等专业的显示器、CCTV 监视器以及 BA 和 CCTV 后备操作设备等。

（3）操作台面共设有 $\phi 50$ 的出线孔多个，方便对应的每台显示器或者后备设备的线缆进出柜体，出线孔加装密封圈。

（4）操作台带有多个可伸缩键盘托，可放置工作站键盘。键盘边角设计为圆弧形，避免刮挂衣物，使之更加美观。

3. 操作台表面加工及颜色

（1）IBP盘操作台台面采用环保防火材料。

（2）操作台面周边采用圆弧设计加工，操作台面保证较高的平整度，相邻台板拼缝间隙小，高低平齐，手摸无明显拼缝感觉，以增加操作台舒适度。

三、落地柜体

（1）柜体留有同IBP屏面、操作台面、地面连接的装置。盘体与柜体，及柜体之间通过螺栓连接，与操作台面可采用自攻螺钉连接，与前挡板采用卡扣或螺栓连接，与地面采用膨胀螺栓连接。

（2）每个单元柜体前上部需设$\phi 50$出线孔，便于键盘电缆进出柜体。

（3）落地柜体内设有可拆卸安装架，方便放置各种监控工作站主机或PLC。

（4）外部线缆从落地柜体底部左右两侧引入盘内，配有电缆密封套，保证IBP盘与地沟分开以防虫鼠害；屏面指令和显示元件的线缆通过左右两侧边屏内走线槽进入屏面。内部电缆槽和垂直绑扎支架安装在落地柜体的线缆支架上。

（5）良好的风道设计，避免热量积累，保障设备安全运行。

（6）屏面后背和底部，开足够的进风口。

（7）操作台前部门上有进风孔，并加有防尘网。

（8）控制台体的下侧面悬空离开地板，有孔（钢制）。

（9）每列柜体顶部设置有低噪声轴流风扇，并加装防尘罩。

（10）轴流风扇在机柜后门打开时会自动停止运转，避免造成安全隐患；当机柜后门关闭后轴流风扇会自动开始运转工作。

（11）落地柜体后面带门，并可拆卸，以利于柜内作业和设备更换。在柜体门边上装有黑色橡胶密封条，从而使噪声降到最小，保持安静的工作环境。

（12）柜体顶部设置照明灯管，方便维护时照明使用。当后部机柜门打开后灯会自动亮起，当机柜门关闭后灯会自动熄灭。

（13）机柜门的开启角度大于等于110°，落地柜体所有门均配置有安全锁，防止未授权使用，保证设备和系统运行安全。

（14）前后面板以铰链与主框架连接，并且不用任何工具即可取下。

（15）从马赛克盘面元器件（灯、按钮等）到柜内端子之间的连线两端都用线号标识（线号采用机打方式），端子线号字迹清晰、整齐、干净。

（16）电源插座板采用模块化结构，垂直安装在机柜后两侧，采用多功能单插。

（17）柜体底部的电缆孔下部有电缆的进线空间和底座，地脚支架之间没有冲突，柜体内部走线由线槽侧面进入。

IBP盘使用端子需满足如下特点：

① 接触压力高，连接可靠；
② 螺钉自锁，抗振动，免维护；
③ 导线无须预处理；
④ 防手指触摸；
⑤ 全铜的金属件；
⑥ 最高阻燃等级 V0 的外壳材料。

第四目　IBP 盘操作说明

1. 信号系统

信号系统操作内容主要包含信号专业按钮控制、指示灯反馈功能，见图 5-30 和表 5-13、表 5-14。

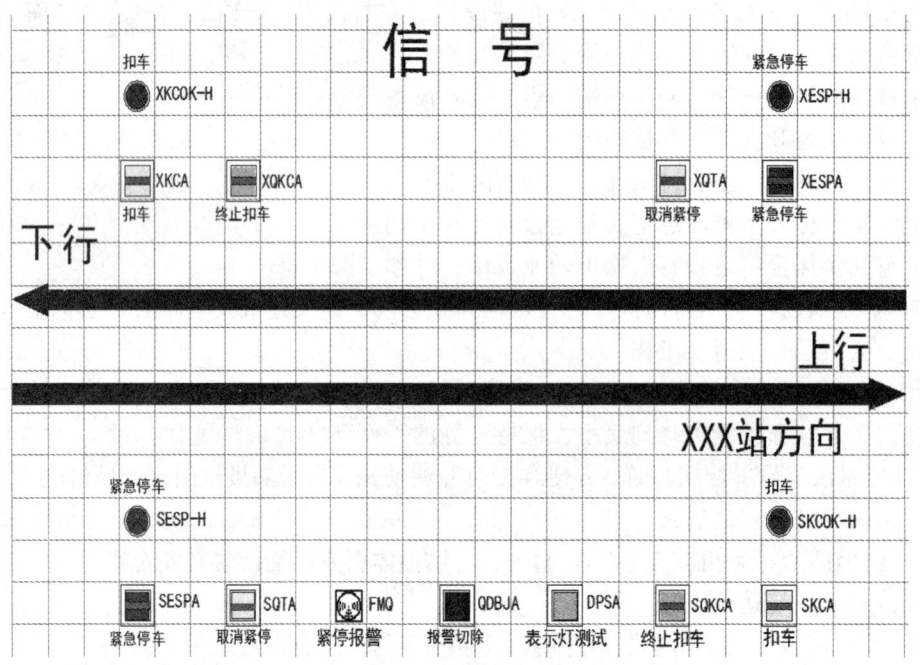

图 5-30　SIG 盘面

表 5-13　信号设备

序号	设备样式	设备型号	备注
1		黄色、不带灯、自复型、带铅封、带保护盖按钮	

续表

序号	设备样式	设备型号	备注
2		绿色、不带灯、自复型、带铅封、带保护盖按钮	"表示灯测试"不带铅封、不带保护盖
3		红色、不带灯、自复型、带铅封、带保护盖按钮	
4		蓝色、不带灯、自锁型、带铅封、带保护盖按钮	
5		白色、带灯、自复型、带铅封、带保护盖按钮	
6		蓝色、声音报警蜂鸣器	
7		红色圆形状态指示灯	

表 5-14 操作

序号	操作步骤	预期结果
1	确认必须在 IBP 盘上进行此项操作,且得到了授权	
2	取下"扣车"按钮铅封,翻开保护盖按下按钮	现场相应扣车功能启动,"扣车指示灯"亮起
3	取下"终止扣车"按钮铅封,翻开保护盖按下按钮	现场相应扣车功能终止,"扣车指示灯"熄灭
4	取下"紧急停车"按钮铅封,翻开保护盖按下按钮	现场相应紧急停车功能启动,相应"紧急停车指示灯"亮起
5	取下"取消紧停"按钮铅封,翻开保护盖按下按钮	现场紧急停车功能终止,相应"紧急停车指示灯"熄灭
6	取下"复位计轴"按钮铅封,翻开保护盖按下按钮	现场相应复位计轴功能触发,"复位计轴按钮灯"亮起
7	当"紧停报警蜂鸣器"发出报警时,取下"紧停报警"按钮铅封,翻开保护盖按下按钮	相应"紧停报警蜂鸣器"停止报警

2. 防淹门

防淹门操作内容主要包含防淹门专业按钮控制、指示灯反馈功能,见图 5-31 和表 5-15、表 5-16。

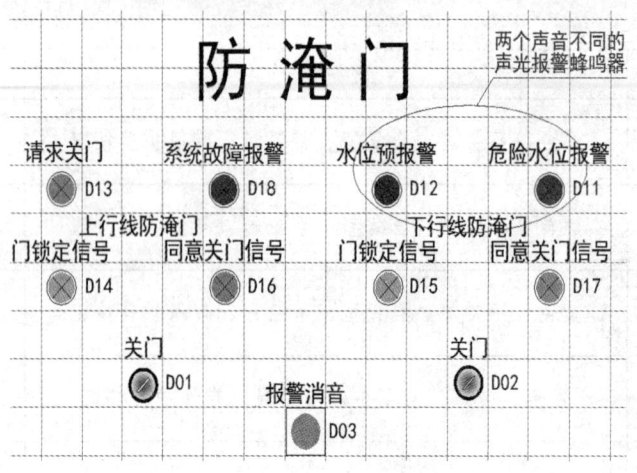

图 5-31 FG 盘面

表 5-15 FG 设备

序号	设备样式	设备型号	备注
1		黄色圆形状态指示灯	
2		红色圆形状态指示灯	
3		绿色圆形状态指示灯	
4		二位钥匙开关	
5		黄色、不带灯、自复型、不带铅封、带保护盖按钮	
6		红色声光报警蜂鸣器	"水位预报警"与"危险水位报警"声音不同

表 5-16 FG 操作

序号	操作步骤	预期结果
1	确认必须在 IBP 盘上进行此项操作,且得到了授权	
2	确认上/下行"同意关门信号"指示灯,将相应"关门"钥匙旋转至关门状态	相应现场防淹门设备锁定,"门锁定信号"指示灯亮起
3	当"系统故障报警""水位预报警""危险水位报警"发出信号时,按下"报警消音"按钮	报警提示终止

3. 站台门

站台门操作内容主要包含站台门专业按钮控制、指示灯反馈功能,见图 5-32 和表 5-17、表 5-18。

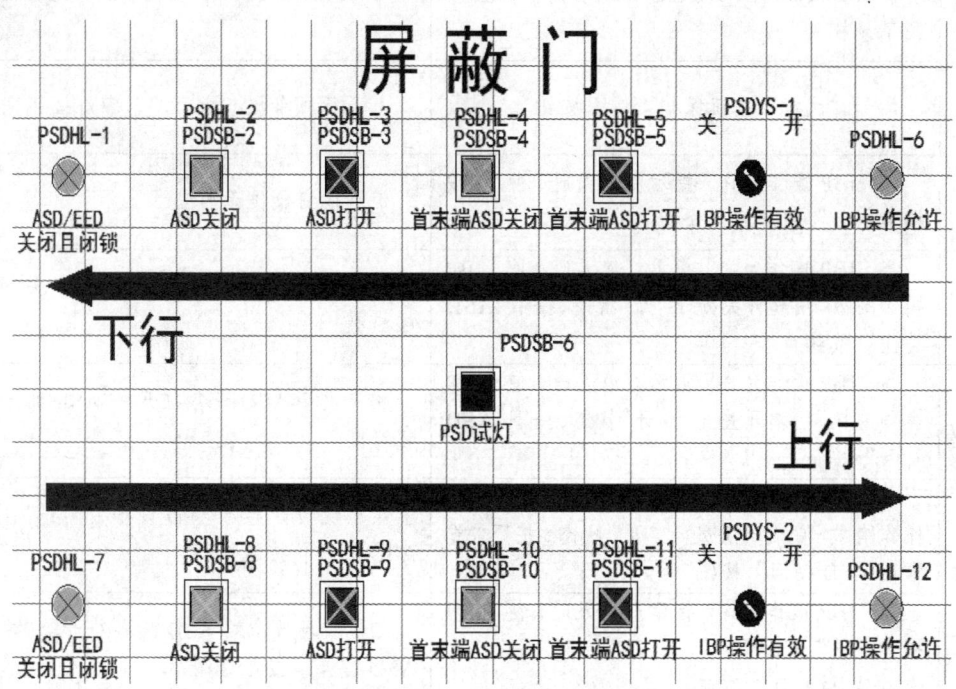

图 5-32 PSD 盘面

表 5-17 PSD 设备

序号	设备样式	设备型号	备注
1		绿色、带灯、自复型、不带铅封、带保护盖按钮	
2		红色、带灯、自复型、不带铅封、带保护盖按钮	
3		白色、不带灯、自复型、不带铅封、带保护盖按钮	
4		绿色圆形状态指示灯	
5		二位钥匙开关	

表 5-18 PSD 操作

序号	操作步骤	预期结果
1	确认必须在 IBP 盘上进行此项操作，且得到了授权	
2	翻开"试灯"按钮保护盖按下按钮	上下行所有状态指示灯、带灯按钮亮起
3	当"IBP 操作允许"指示灯熄灭时，使"IBP 操作有效"钥匙开关处于"关"状态	带灯按钮操作无响应
4	当"IBP 操作允许"指示灯熄灭时，使"IBP 操作有效"钥匙开关处于"开"状态，按下"ASD 关闭"按钮	相应现场 ASD 设备关闭，"ASD 关闭"按钮灯亮
5	当"IBP 操作允许"指示灯熄灭时，使"IBP 操作有效"钥匙开关处于"开"状态，按下"ASD 打开"按钮	相应现场 ASD 设备打开，"ASD 打开"按钮灯亮
6	当"IBP 操作允许"指示灯熄灭时，使"IBP 操作有效"钥匙开关处于"开"状态，按下"首末端 ASD 关闭"按钮	相应现场首末端 ASD 设备关闭，"首末端 ASD 关闭"按钮灯亮
7	当"IBP 操作允许"指示灯熄灭时，使"IBP 操作有效"钥匙开关处于"开"状态，按下"首末端 ASD 打开"按钮	相应现场首末端 ASD 设备打开，"首末端 ASD 打开"按钮灯亮
8	当"IBP 操作有效"钥匙开关处于"关"状态时，"IBP 操作允许"指示灯亮起，按下"ASD 关闭"按钮	相应现场 ASD 设备关闭，"ASD 关闭"按钮灯亮
9	当"IBP 操作有效"钥匙开关处于"关"状态时，"IBP 操作允许"指示灯亮起，按下"ASD 打开"按钮	相应现场 ASD 设备打开，"ASD 打开"按钮灯亮
10	当"IBP 操作有效"钥匙开关处于"关"状态时，"IBP 操作允许"指示灯亮起，按下"首末端 ASD 关闭"按钮	相应现场首末端 ASD 设备关闭，"首末端 ASD 关闭"按钮灯亮
11	当"IBP 操作有效"钥匙开关处于"关"状态时，"IBP 操作允许"指示灯亮起，按下"首末端 ASD 打开"按钮	相应现场首末端 ASD 设备打开，"首末端 ASD 打开"按钮灯亮

4. 消防控制

（1）操作内容主要包含消防专业按钮控制、指示灯反馈功能，见图 5-33 和表 5-19、表 5-20。

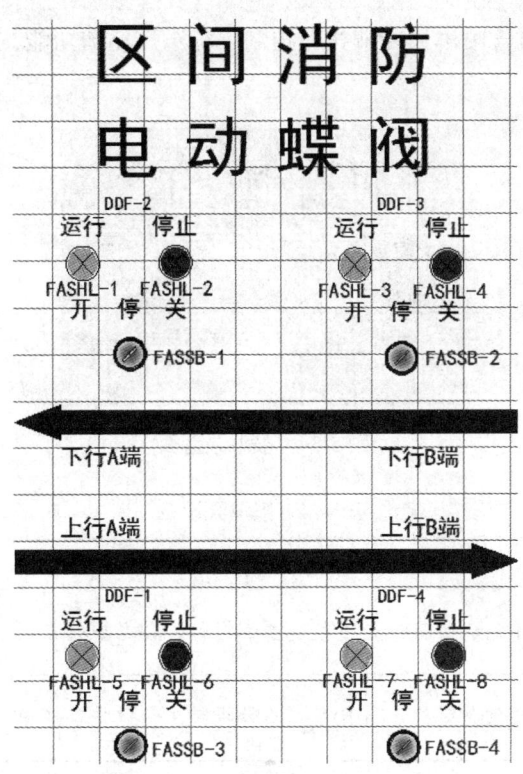

图 5-33 区间消防电动蝶阀盘面

表 5-19 消防控制

序号	设备样式	设备型号	备注
1		红色圆形状态指示灯	
2		绿色圆形状态指示灯	
3		三位钥匙开关	

表 5-20 操作

序号	操作步骤	预期结果
1	确认必须在 IBP 盘上进行此项操作,且得到了授权	
2	将"钥匙开关"旋至"开"状态	相应现场蝶阀设备启动,"运行"指示灯亮起
3	将"钥匙开关"旋至"关"状态	相应现场蝶阀设备停止运行,"停止"指示灯亮起

（2）操作内容主要包含喷淋泵专业按钮控制、指示灯反馈功能，见图 5-34 和表 5-21、表 5-22。

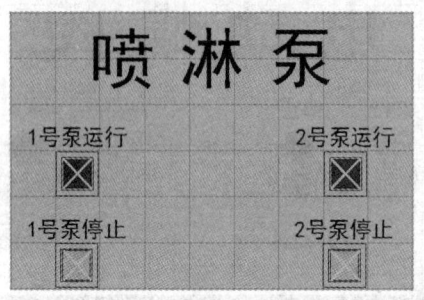

图 5-34　喷淋泵盘面

表 5-21　喷淋泵设备

序号	设备样式	设备型号	备注
1	☐	绿色、带灯、自复型、不带铅封、带保护盖按钮	
2	☒	红色、带灯、自复型、不带铅封、带保护盖按钮	

表 5-22　操作

序号	操作步骤	预期结果
1	确认必须在IBP盘上进行此项操作，且得到了授权	
2	翻开"泵运行"按钮保护盖按下按钮	现场相应喷淋泵设备运行，"泵运行"按钮灯亮起
3	翻开"泵停止"按钮保护盖按下按钮	现场相应喷淋泵设备停止运行，"泵停止"按钮灯亮起

5. 自动扶梯

自动扶梯操作内容主要包含自动扶梯专业按钮控制、指示灯反馈功能，见图 5-35 和表 5-23、表 5-24。

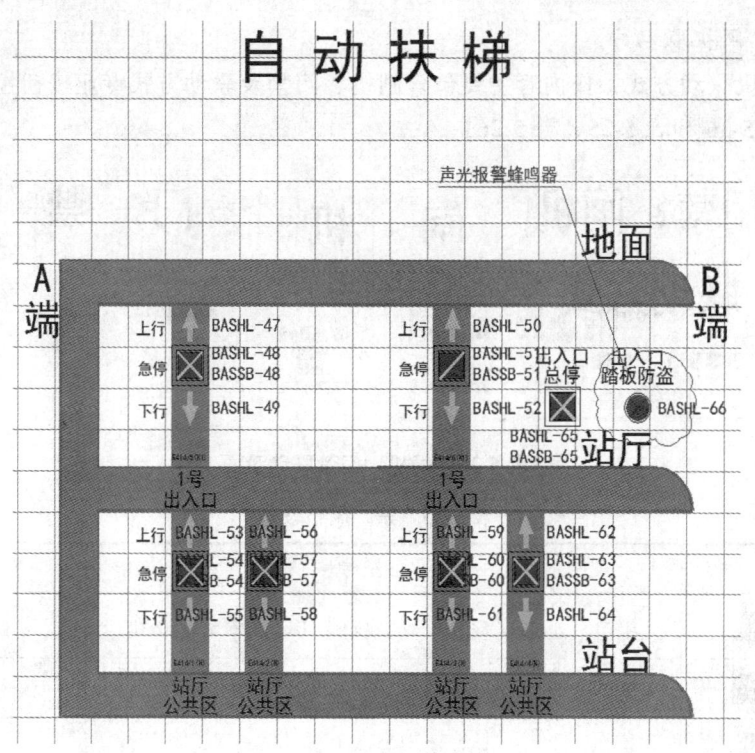

图 5-35　自动扶梯盘面

表 5-23　自动扶梯设备

序号	设备样式	设备型号	备注
1		红色、带灯、自复型、不带铅封、带保护盖按钮	
2		红色声光报警蜂鸣器	
3		绿色箭头状态指示灯	

表 5-24　操作

序号	操作步骤	预期结果
1	确认必须在 IBP 盘上进行此项操作，且得到了授权	
2	翻开"急停"按钮保护盖按下按钮	现场相应的自动扶梯紧急停止运行，"急停"按钮灯亮起
3	翻开"出入口总停"按钮保护盖按下按钮	现场出入口自动扶梯实现总停，"出入口总停"按钮灯亮起

6. 门禁、闸机联动方式

门禁、闸机联动方式操作内容主要包含闸机、门禁及联动方式专业按钮控制、指示灯反馈功能，见图 5-36 和表 5-25、表 5-26。

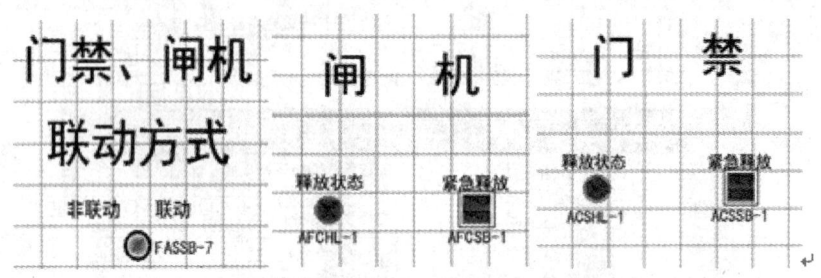

图 5-36 闸机、门禁联动盘面

表 5-25 禁、闸机设备

序号	设备样式	设备型号	备注
1		红色、不带灯、自复型、带铅封、带保护盖按钮	闸机
2		红色、不带灯、自锁型、带铅封、带保护盖按钮	门禁
3		红色圆形状态指示灯	
4		二位钥匙开关	

表 5-26 禁、闸机操作

序号	操作步骤	预期结果
1	确认必须在 IBP 盘上进行此项操作，且得到了授权，且联动方式处于非联动状态	
2	取下闸机"紧急释放"按钮铅封，翻开保护盖按下按钮	现场闸机设备释放打开，"释放状态"指示灯亮起
3	取下门禁"紧急释放"按钮铅封，翻开保护盖按下按钮	现场门禁设备释放打开，"释放状态"指示灯亮起
4	再次按下门禁"紧急释放"按钮	现场门禁设备释放功能释放终止，"释放状态"指示灯熄灭
5	当联动方式处于联动状态时，取下闸机"紧急释放"按钮铅封，翻开保护盖按下按钮	现场闸机设备释放功能不受"紧急释放"按钮控制
6	当联动方式处于联动状态时，取下门禁"紧急释放"按钮铅封，翻开保护盖按下按钮	现场门禁设备释放功能不受"紧急释放"按钮控制

7. 车站环控

车站环控操作内容主要包含环控专业按钮控制、指示灯反馈功能，见图5-37和表5-27、表5-28。

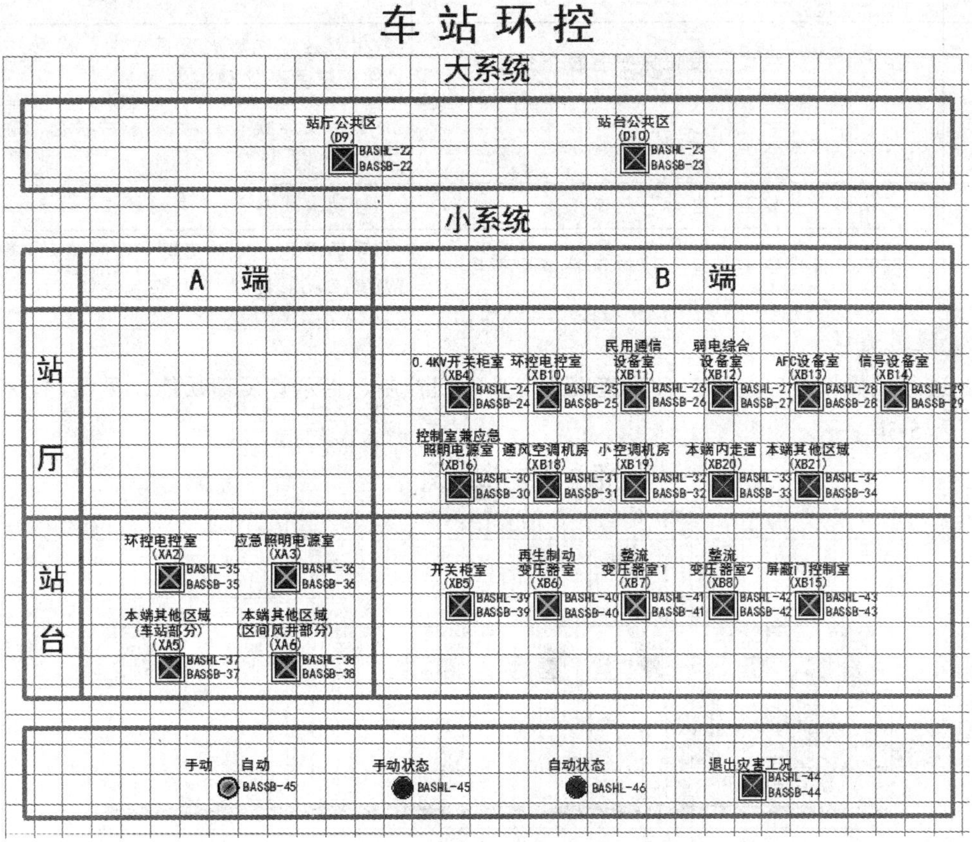

车 站 环 控

大系统
- 站厅公共区 (D9) BASHL-22 / BASSB-22
- 站台公共区 (D10) BASHL-23 / BASSB-23

小系统

A端 / B端

站厅：
- 0.4KV开关柜室 (XB4) BASHL-24 / BASSB-24
- 环控电控室 (XB10) BASHL-25 / BASSB-25
- 民用通信设备室 (XB11) BASHL-26 / BASSB-26
- 弱电综合设备室 (XB12) BASHL-27 / BASSB-27
- AFC设备室 (XB13) BASHL-28 / BASSB-28
- 信号设备室 (XB14) BASHL-29 / BASSB-29
- 控制室兼应急照明电源室 (XB16) BASHL-30 / BASSB-30
- 通风空调机房 (XB18) BASHL-31 / BASSB-31
- 小空调机房 (XB19) BASHL-32 / BASSB-32
- 本端内走道 (XB20) BASHL-33 / BASSB-33
- 本端其他区域 (XB21) BASHL-34 / BASSB-34

站台：
- 环控电控室 (XA2) BASHL-35 / BASSB-35
- 应急照明电源室 (XA3) BASHL-36 / BASSB-36
- 开关柜室 (XB5) BASHL-39 / BASSB-39
- 再生制动变压器室 (XB6) BASHL-40 / BASSB-40
- 整流变压器室1 (XB7) BASHL-41 / BASSB-41
- 整流变压器室2 (XB8) BASHL-42 / BASSB-42
- 屏蔽门控制室 (XB15) BASHL-43 / BASSB-43
- 本端其他区域(车站部分) (XA5) BASHL-37 / BASSB-37
- 本端其他区域(区间风井部分) (XA6) BASHL-38 / BASSB-38

手动 BASSB-45 ／ 自动 ／ 手动状态 BASHL-45 ／ 自动状态 BASHL-46 ／ 退出灾害工况 BASHL-44 / BASSB-44

图5-37 环控盘面

表5-27 环控设备

序号	设备样式	设备型号	备注
1	 ▨	红色、带灯、自复型、不带铅封、带保护盖按钮	
2	 ●	红色圆形状态指示灯	
3	 ◉	二位钥匙开关	

表 5-28 环控操作

序号	操作步骤	预期结果
1	确认必须在 IBP 盘上进行此项操作,且得到了授权	
2	翻开"火灾模式"按钮保护盖按下按钮	相应区域现场火灾模式功能启动,相应"火灾模式"按钮灯亮起
3	将钥匙开关旋至"手动"状态	手动操作模式启动,"手动状态"指示灯亮起
4	将钥匙开关旋至"自动"状态	自动模式启动,"自动状态"指示灯亮起
5	翻开"退出灾害工况"按钮保护盖按下按钮	现场"退出灾害工况"命令启动,"退出灾害工况"按钮灯亮起

8. 隧道通风

隧道通风操作内容主要包含隧道模式专业按钮控制、指示灯反馈功能,见图 5-38 和表 5-29、表 5-30。

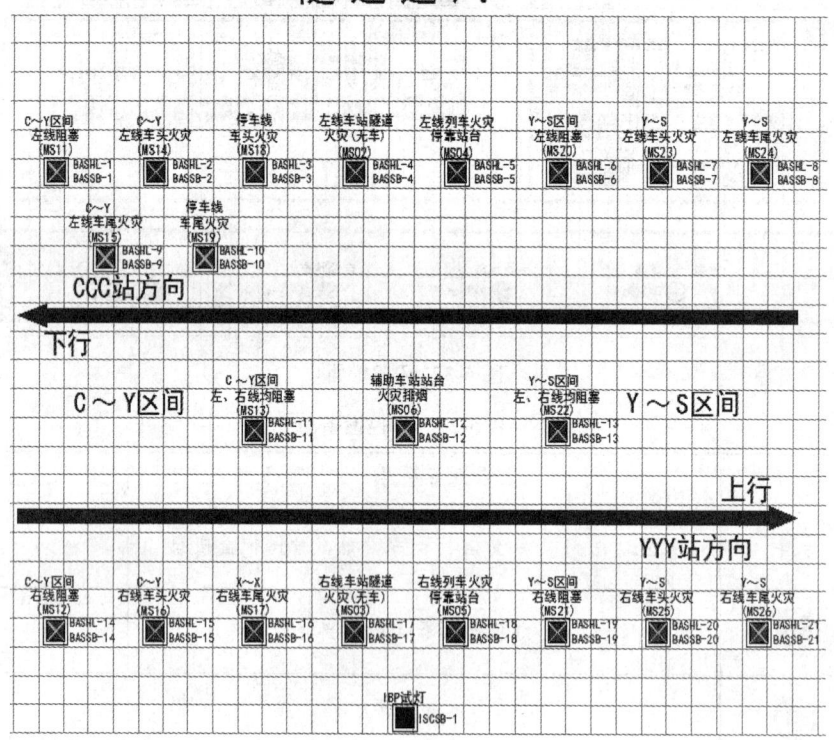

图 5-38 隧道盘面

表 5-29 隧道设备

序号	设备样式	设备型号	备注
1	⊠	红色、带灯、自复型、不带铅封、带保护盖按钮	
2	□	白色、不带灯、自复型、不带铅封、带保护盖按钮	

表 5-30 隧道操作

序号	操作步骤	预期结果
1	确认必须在 IBP 盘上进行此项操作,且得到了授权	
2	翻开"火灾模式"按钮保护盖按下按钮	相应区域火灾模式功能启动,相应"火灾模式"按钮灯亮起

9. IBP 试灯

IBP 试灯操作内容主要包含试灯按钮控制、指示灯反馈功能,见图 5-39 和表 5-31。

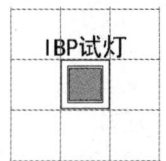

图 5-39 试灯盘面

表 5-31 试灯操作

序号	操作步骤	预期结果
1	按下"IBP 试灯"按钮	(1)"防淹门"专业圆形状态指示灯亮起、蜂鸣器亮起并发出报警声响; (2)"区间消防电动蝶阀"专业圆形状态指示灯亮起; (3)"喷淋泵"专业带灯按钮灯亮起; (4)"自动扶梯"专业箭头状态指示灯亮起,带灯按钮灯亮起,蜂鸣器亮起并发出报警声响; (5)"门禁""闸机"专业圆形释放状态指示灯亮起; (6)"车站环控"带灯按钮灯亮起,圆形状态指示灯亮起; (7)"隧道通风"带灯按钮灯亮起

复习思考题

1. IBP 盘 ACS/AFC 打到联动位或非联动位能否通过 IBP 来紧急释放?
2. 在综合监控工作站是否能执行环控模式?
3. 风机运行/停止/停止时故障/运行时故障/故障/异常、通信故障时各是什么颜色状态?
4. 设备运行总览图是以什么形式列出了哪些设备?作用是什么?
5. IBP 盘上都有些什么?作用是什么?
6. 电力监控系统(SCADA)作为 ISCS 的一部分,主要监控哪些设备?

# 第三部分 故障处理（或应急处理）

第六章 故障处理分类

【本章学习重点】

本章重点学习综合监控的常见故障的判断及软件修改的方法。如：车站新增 AFC 闸机及 BOM 等如何修改；报警在双击确认后连接的画面错误，如 FAS 报警，点击报警后发现连接为 BAS 页面；常见的离线故障处理；点位查找，如气灭信号在 FAS 主机的点位与综合监控人机界面显示不一致；如何导入、导出交换机配置。

第一节 车站部分故障处理

第一目 PA 时间表设置广播播放区域与现场不一致

故障：4 号线中医大站报办公区有时间表广播播放，广播播放区域与工作站 PA 时间表设置不一致。

判断：出现这种情况，多是数据库配置错误造成的，因为如果是服务器时间表进程出现错误，那么只会出现广播无法播放或时间表丢失。

处理：

① 中断时间表进程，以免造成更大影响，然后检查工作站和服务器数据库。

② 经检查发现服务器数据库 PA 时间表配置有办公区，与工作站不一致，经由车站值班人员确定以工作站 PA 时间表为准，所以我们需要修改服务器 PA 时间表，如图 6-1 所示。

3;82260;1;82379;300;1,1,1,1,1,1,1	1	0	上行站台/下行站台/站厅/
3;82320;1;82499;180;1,1,1,1,1,1,1	1	0	上行站台/下行站台/站厅/
3;82380;1;82499;60;1,1,1,1,1,1,1	1	0	上行站台/下行站台/站厅/
3;82440;1;82799;30;1,1,1,1,1,1,1	1	0	上行站台/下行站台/站厅/办公区
3;23591;1;82319;600;1,1,1,1,1,1,1	1	0	上行站台/下行站台/站厅/

图 6-1 修改服务器 PA 时间表

③ 打开 iCentroView>当前工程>Config 文件夹>schendule 文件，双击 t_schendule_info 下

的广播词条，在弹出的对话框中，修改广播区域如图 6-2 所示。

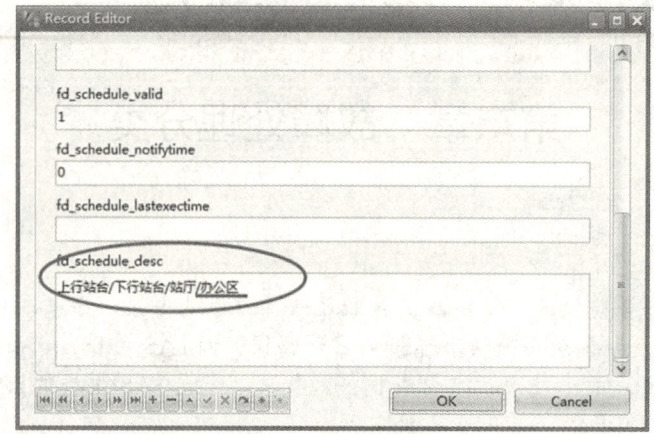

图 6-2 修改广播区域

第二目 烟感报警位置与防火分区不一致

故障：某站报综合监控界面上，报警烟感与防火分区不一致。

判断：烟感在画面上的位置是手动定位，防火分区不一致，应是烟感点位报警分区设置错误。

处理：

① 登录配置客户端如图 6-3 所示。

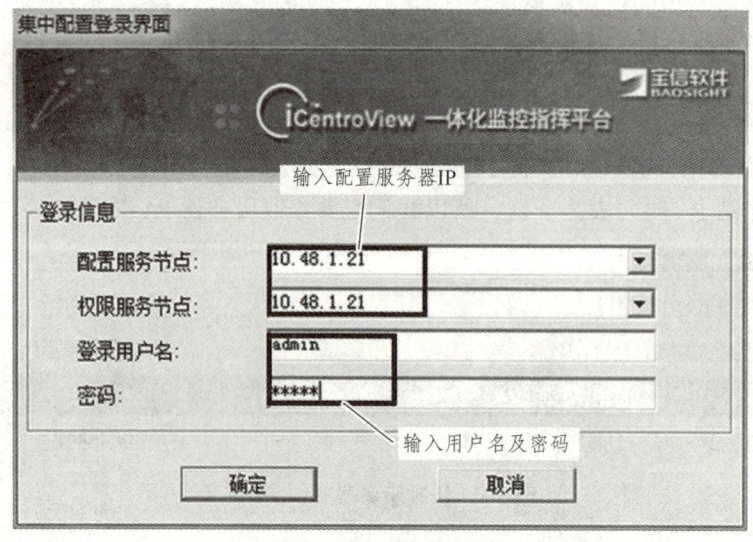

图 6-3 配置客户端

② 确定烟感点位如图 6-4 所示。

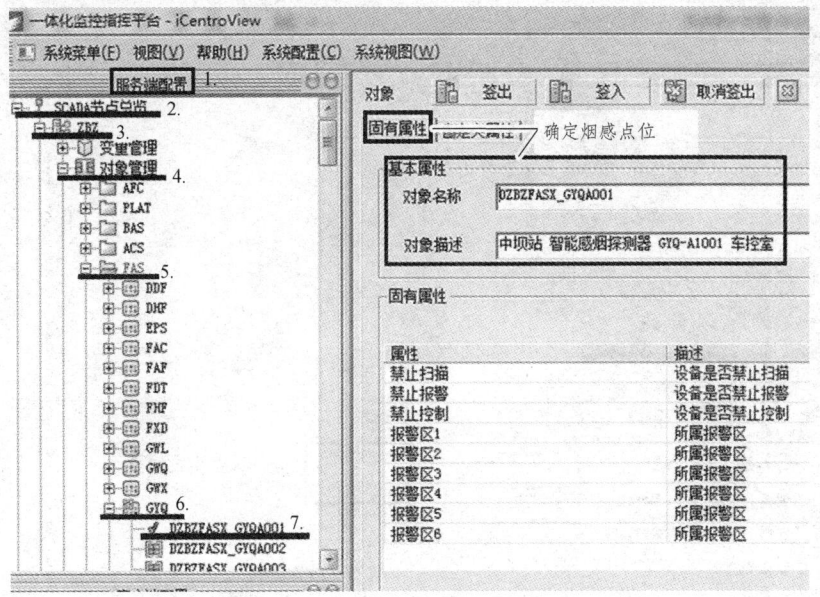

图 6-4　确定烟感点位

③ 查看烟感火灾报警分区画面连接，并修改，如图 6-5 所示。

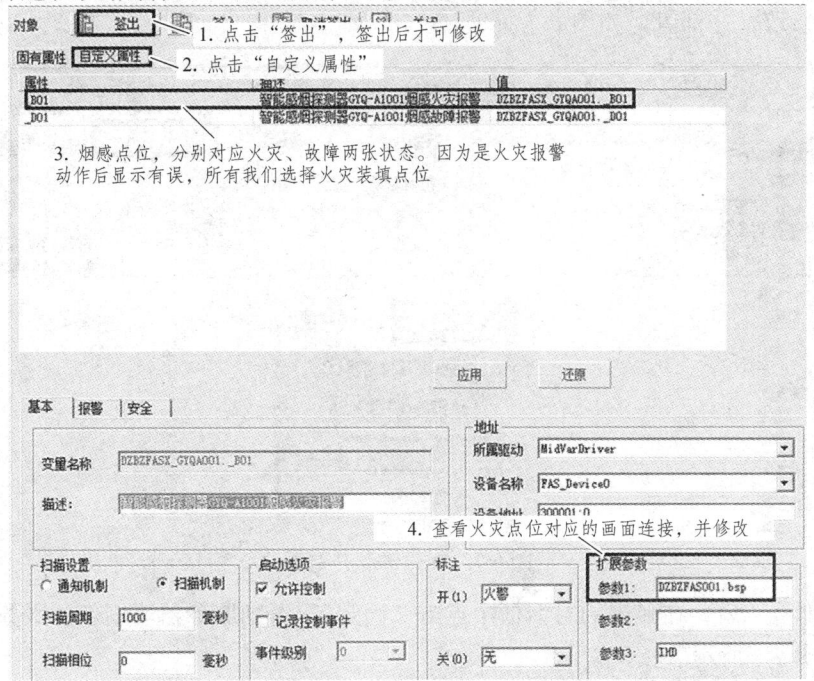

图 6-5　查看分区画面连接并修改

④ 查看烟感火灾报警分区参数，并修改，如图 6-6 所示。

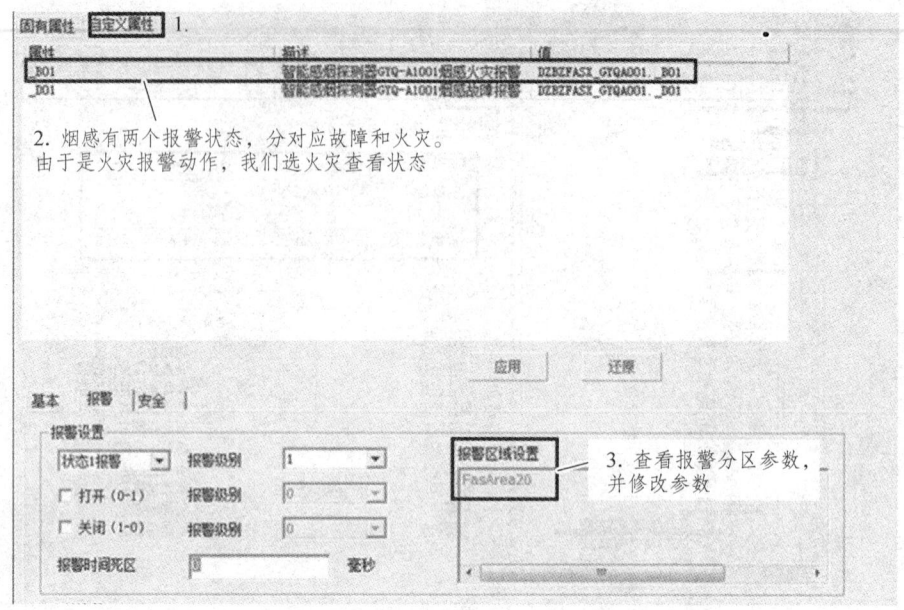

图 6-6 查看报警分区参数并修改

⑤ 保存修改，并部署，如图 6-7 所示。

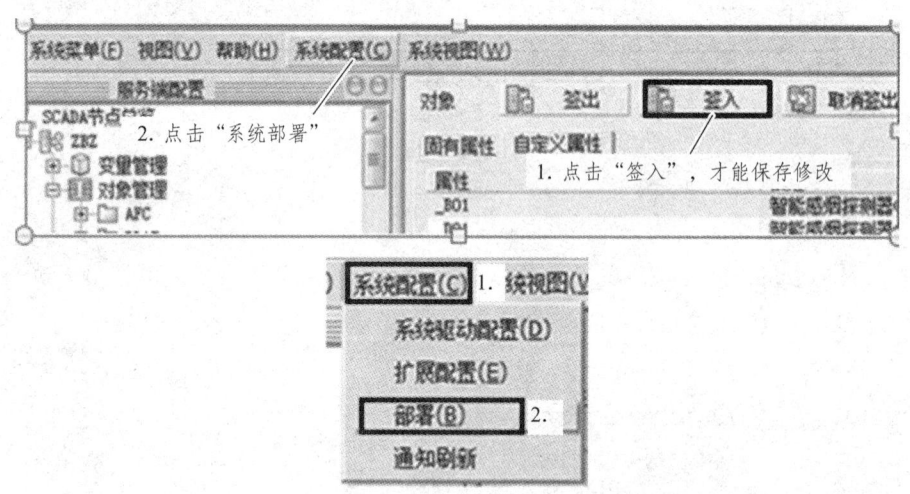

图 6-7 保存修改并部署

点击"部署"后，在弹出的对话框中点击"确定"，否则服务器不刷新，服务器仍使用旧的点位，如图 6-8 所示。

⑥ 部署中及完成后注意事项如图 6-9 所示。

图6-8 刷新服务端

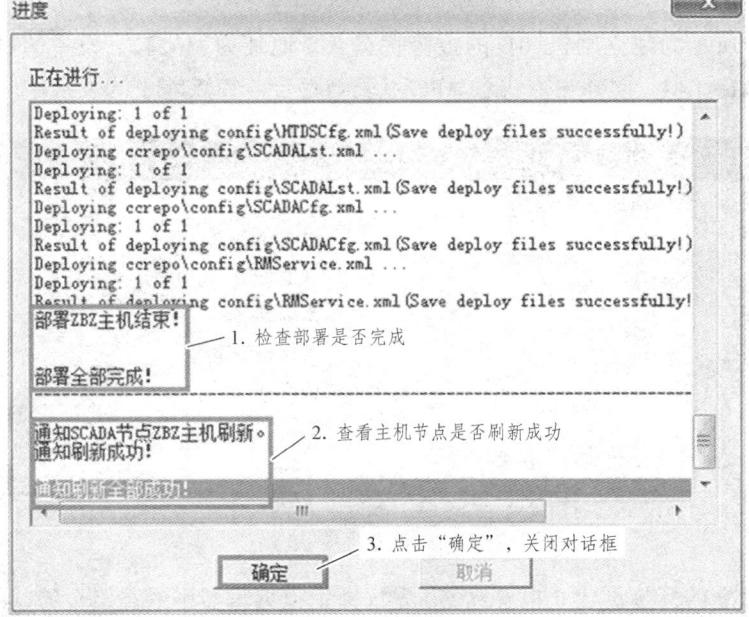

图6-9 注意事项

第三目　车站新增 AFC 闸机及 BOM

在与 AFC 建立通信后，首先添加点表，对于一台闸机，综合监控需读取两个点，一个服务状态，一个设备报警。

如图 6-10 所示为建立闸机的 01 的服务状态点，地址为 40217，设备的变量标签为 AFC_TCM01_STATE。需特别注意的是：综合监控的 modbus 起始地址为 40000，而 AFC 为 40001。所以 AFC 的地址会比综合监控加 1。

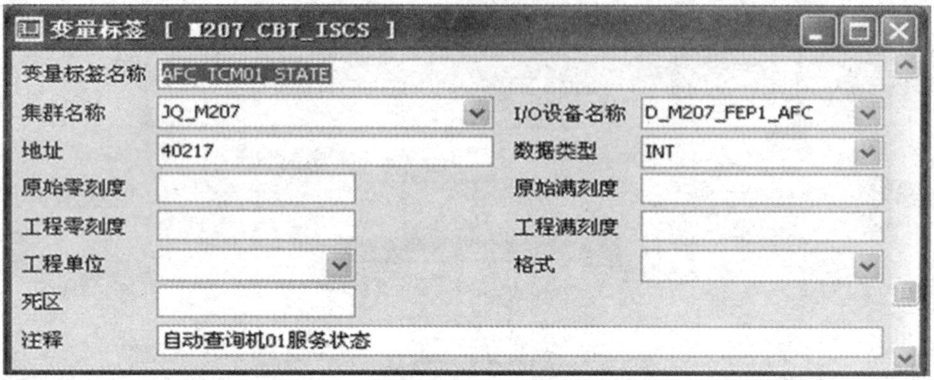

图 6-10　添加点表

如图 6-11 所示为建立闸机 01 的报警状态点，地址为 40242，设备的报警变量标签为 AFC_BOM01_ALARM。同样也需注意 AFC 点表与综合监控点差 1 的关系。

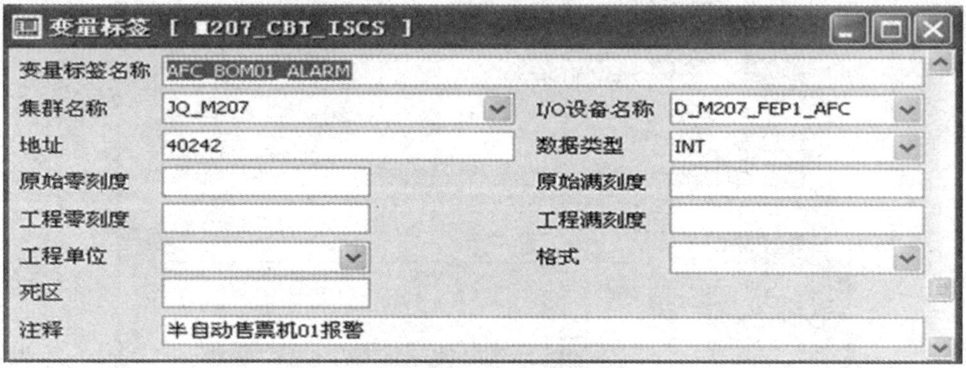

图 6-11　建立报警状态点

利用已经建立的标签再建立报警标签，先选择工程编辑器中的高级报警，如图 6-12 所示。

图 6-12 选择工程编辑器

在高级报警中先输入用于制作报警的变量：AFC_BOM01_ALARM。报警描述为该报警触发时所报信息表达式为 AFC_BOM01_ALARM=1。该点置位时触发报警，如图 6-13 所示。

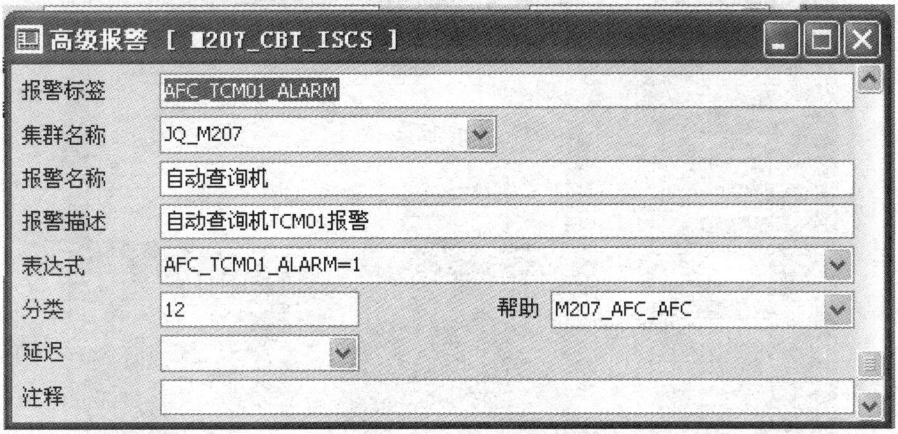

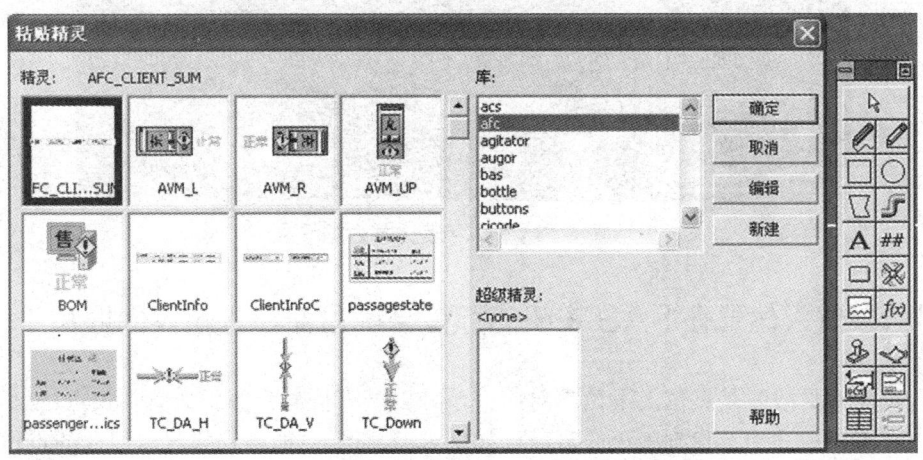

图 6-13 输入报警变量

再在 ISCS 工程中选择 AFC 的页面进行修改，选择精灵后，选择库为 AFC，然后在里面选择对应的精灵如 AFC、BOM 等，如图 6-14 所示。

图 6-14 选择对应的精灵

在精灵中输入点表，连接数据。如 1 号闸机 EX01，点击精灵填写设备号 01，该处将连接标签 AFC_TCM01_STATE，即将人机界面的图形与点表进行了连接。修改完成后，需保存页面，再在工具中选择更新页面（常见修改后运行页面没更新是由于该问题）。然后编译工程，运行工程（编译过程中，子工程和总工程都需编译，如不编译，易导致更新不成功）。然后将工程上传，在工作站、FEP 中都进行更新后修改完成。如果只更新服务器，会导致新增点位及人机界面为麻点，因为数据的 IO 采集在 FEP 实现，如图 6-15 所示。

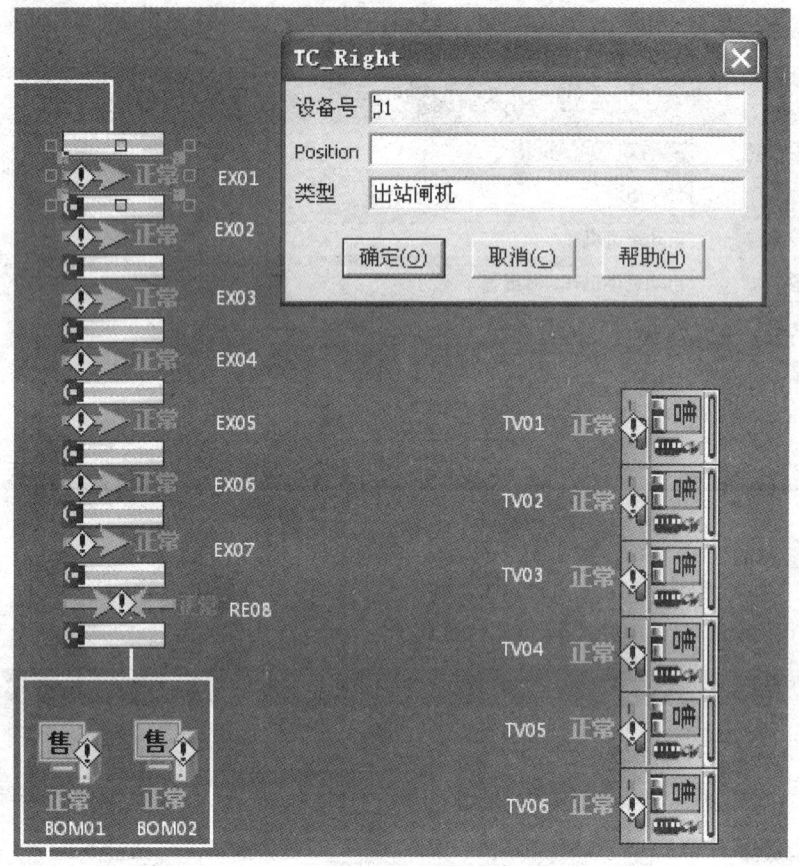

图 6-15 输入点表连接数据

第四目 气灭信号在 FAS 主机的点位与综合监控人机界面显示不一致

综合监控常见故障是点位上下位不对应，该处以气灭信号为例，如何查找点位。

首先在编辑模式中，找到气灭的页面，如图 6-16 所示，如需查找气体释放的点位，操作为：按住"CTRL"键，双击气体释放处的图标。会弹出如图 6-17 所示的界面，表达式为

（FAS_QM1_5 BITAND 0x000F）= 3，其中 FAS_QM1_5 就是点位，BITAND 代表按位与，如果相与的结果为 3，图标变为红色，不为 3，图标为绿色。再在 ISCS 该站的 FAS 工程中，查找文件 variable，FAS_QM1_5 对应的 modbus 地址为 40166，再与 FAS 主机导出的配置文件进行对比。注意：查找时不能改变 variable 文件的格式，否则容易导致编译报错。

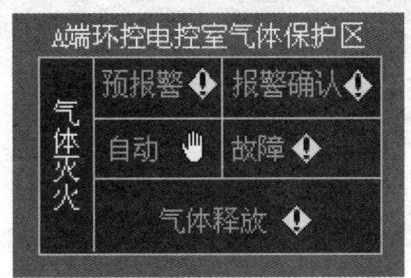

图 6-16 气灭页面

第二节 中央部分故障处理

第一目 ATS 到站时间及到站广播不能正常播放

到站时间及广播是由信号的 ATS 以自定义协议的方式传递给综合监控，综合监控将预到站时间发给 PIS，同时综合监控触发广播。OCC 的 FEP 作为 Ioserver 与信号 ATS 进行数据采集交互，而 OCC 服务器作为客户端（IP 为 10.104.101.99 与 10.104.102.99 的服务器从 FEP 中取数据）。

综合监控对于到站时间及到站广播的控制都是在 OCC 服务器中调用 cicode 函数实现的，当出现单站 PIS 或者到站广播的问题，应考虑车站底层设备的故障。如出现全线多站故障时，需查看该驱动。注意：由于该驱动不是 citect 内置驱动，不能实现设备的冗余，当 2 台服务器都启用驱动时，会同时取信号数据，导致数据异常。同一时刻只能开启一台的驱动，如图 6-17 所示。

第二目 车站工作站有报警，OCC 工作站无报警及如何屏蔽报警

X 号线曾发生过车站有报警而 OCC 调度员站无报警的情形。先查找在报警及标签内是否建立该点，如果建立则查找是否正确启动工程。因为 CITECT 在出现软件报错关闭时，如果鼠标停留在非主工程的工程上（如 BASIC 工程），则开机启动时会默认启动 BASIC 工程，导致无报警点。

如何屏蔽报警：在报警栏中右键，然后选择"disable"项。

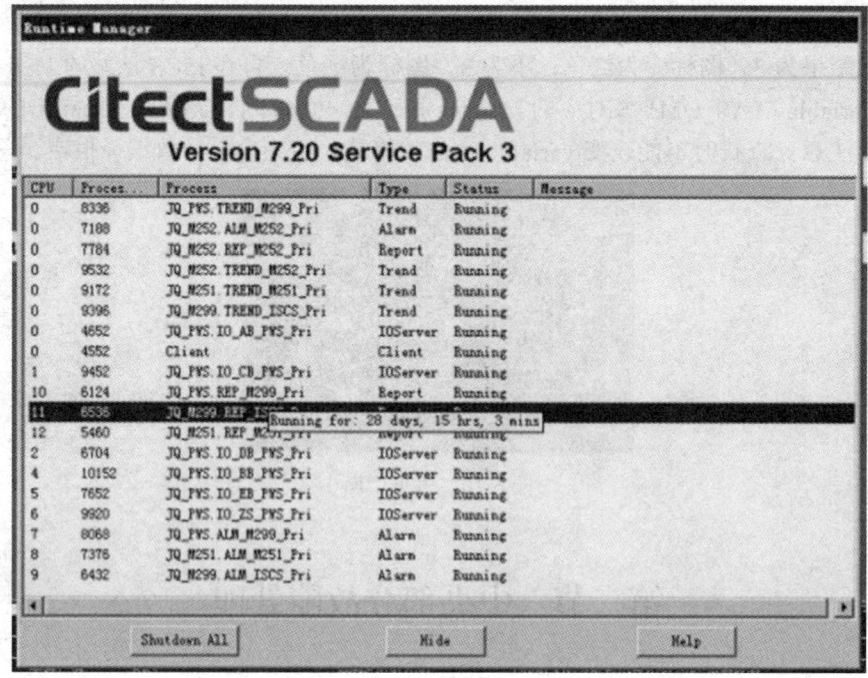

图 6-17　同一时刻开启一台的驱动显示图

第三节　常见通用故障处理

第一目　报警链接页面不正确

以 FAS 烟感为例，如 XXX 站烟感 3-111 报警，双击报警后发现烟感链接 BAS 页面如图 6-18 所示。

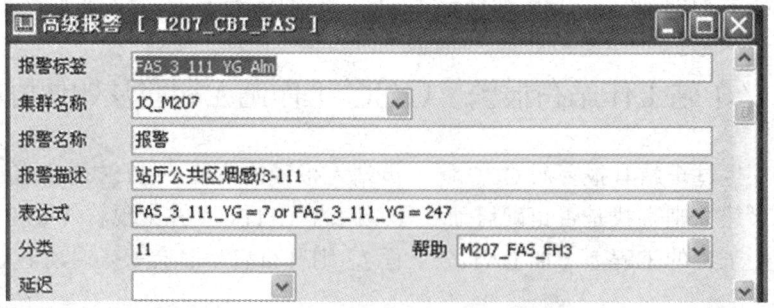

图 6-18　击报警后发现烟感链接 BAS 页面

该类故障，首先选择设备所在工程的高级报警，如烟感 3-111，然后在报警下的子菜单帮助中，查找该设备的报警是否连接到正确的页面，如图 6-18 连接的页面为 M207_FAS_FH3。

第二目　常见的离线故障处理

综合监控与多个专业有接口，系统的主要故障是通信故障。

以 PIS 系统离线为例。排错故障的方法是：

（1）先排查数据链路故障。

（2）再查找软件通信故障。

首先采用 PING 的方式 ping 对端的 IP 地址，用于测试线路的物理层，可以带参数，如茶店子 PIS 命令为 ping　191.164.7.11 –t –l 5000，-t 代表长 ping，-l 代表下发数据包的大小，用于检测在大数据的情况下是否有丢包（注意：ping 时注意两端在同一网段，即要远程到 FEP 进行测试）。能 ping 通说明物理链路是好的，如不能 ping 通则使用网络测试仪对网线进行测试。

在数据链路正常的情况下，需进行软件通信的测试，可采用一些测试工具。FAS、AFC、PIS、PSD 都采用 modbus 以太网协议，可采用 modbus 相应的测试工具测试。PA 采用 modbus RTU 协议。SCADA 采用 IEC104 协议，可采用 PMA 进行仿真测试。

对于采用 modbus 协议进行通信的系统，可以用 modscan 模拟上位机（即综合监控），用 modsim 模拟下位机（如 PIS、AFC、PSD 等系统）。

如何使用 MODSCAN：如图 6-19 所示，打开 modscan.exe 文件。

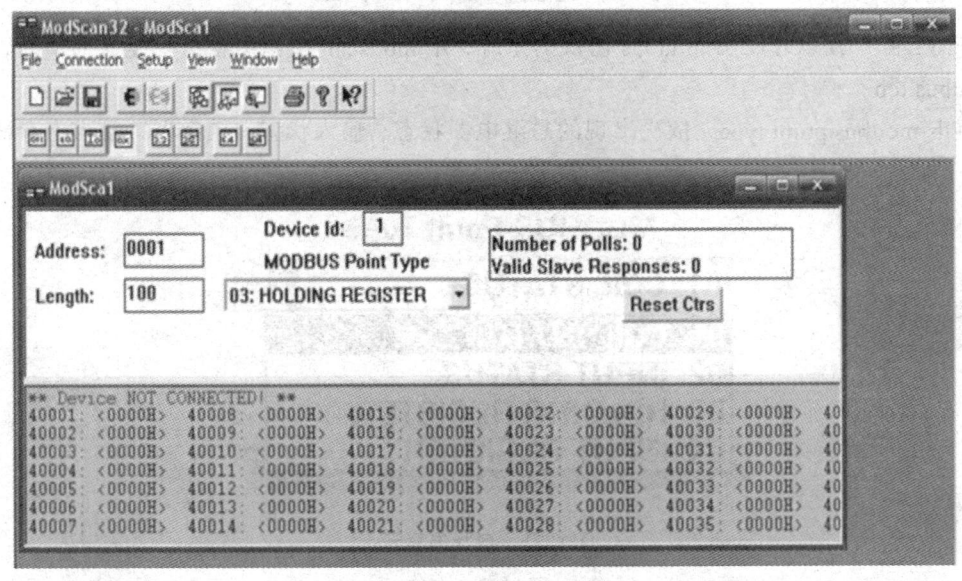

图 6-19　打开 modscan.exe 文件

点击 Connect 后，连接如果为 modbus rtu，如广播，则如图 6-20。选择串口，波特率及校验都设置为默认。波特率为 9600，停止位为 1，然后可以在寄存器中写数模拟综合监控向广播系统写数据的过程。

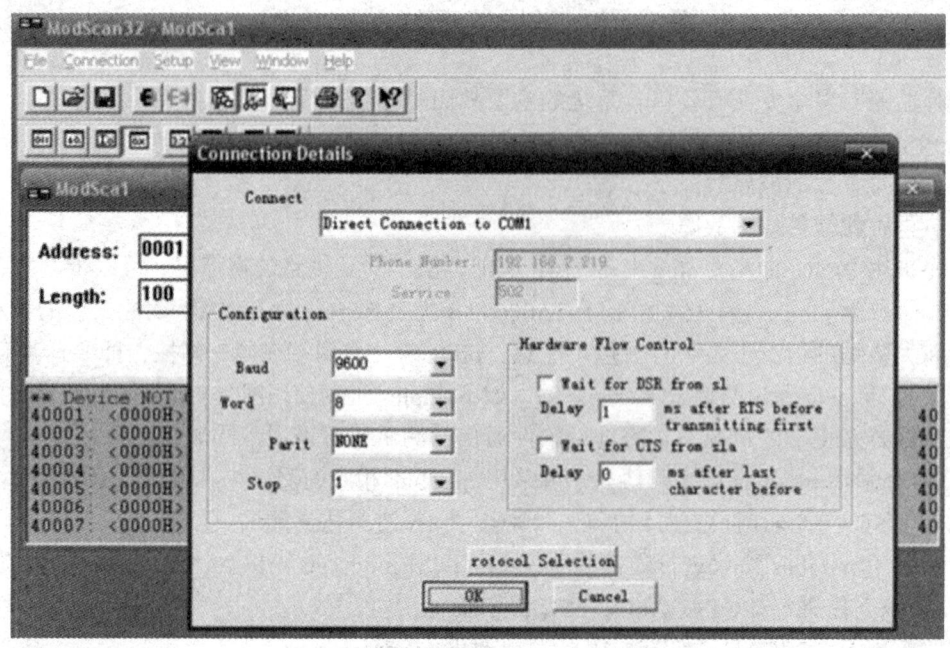

图 6-20　连接为 modbus rtu（广播）

注意：除广播以外使用 modbus 协议的系统，用 modscan 模拟综合监控建立通信时，都使用 modbus tcp。

点击 modbus point type，依次出现的是继电器状态、输入状态、锁存器、输入寄存器，如图 6-21 所示。

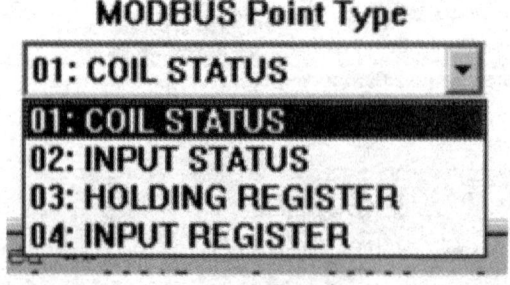

图 6-21　各状态显示

对应的 modbus 地址为：

Modbus 协议定义的寄存器地址是 5 位十进制地址,即:

线圈(DO)地址:00000 ~ 09999

触点(DI)地址:10000 ~ 19999

输入寄存器(AI)地址:30000 ~ 39999

输出寄存器 AO)地址:40000 ~ 49999

由于上述各类地址是唯一对应的,因此有些资料就以其第一个数字区分各类地址,即:0x 代表线圈(DO)类地址,1x 代表触点(DI)类地址,3x 代表输入寄存器(AI)类地址,4x 代表输出寄存器(AO)类地址。

利用 modsim 模拟下位机,采用第三方软件测试数据在综合监控的人机界面等是否能正常接收及显示。设置如图 6-22 所示。

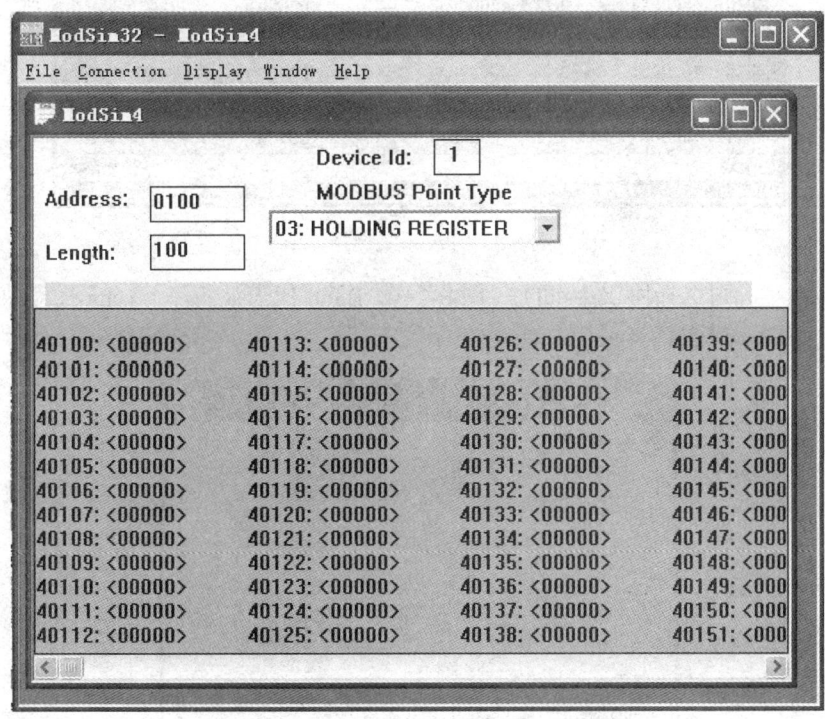

图 6-22 设置人机界面等能否正常接收及显示

在 FILE 菜单中点击 new,将创建一个模拟人机的页面。

40100 代表 modbus 地址,尖括号内代表该寄存器的值。Address 代表寄存器的起始地址,Length 代表寄存器长度(从 40100 开始的 100 个)。

然后点击 Connect,如图 6-23 所示。PA 系统则选择 Port,用于仿真 modbus RTU;而 AFC、PIS、PSD 等则选择 Modbus TCP。

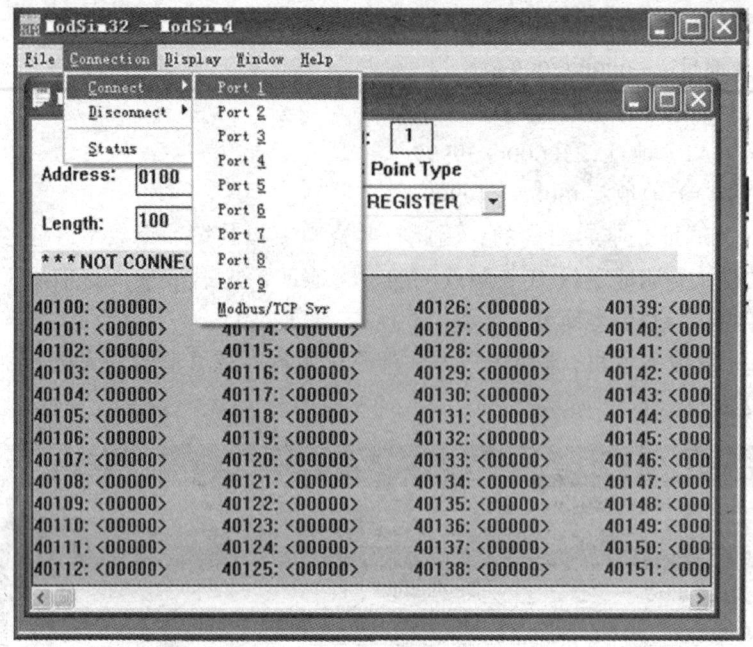

图 6-23　PA 系统选择 Port

如为 PA 系统，则选择协议为 RTU（图 6-24），Baud 代表波特率，Data 代表数据位，Stop 代表停止位，Parity 代表是否采用奇偶检验。

图 6-24　PA 选择 RTU 协议

用于仿真采用 modbustcp 协议的系统时，选择 connect 的 Modbus tcp，如图 6-25 所示。
再设置端口，设置 502 如图 6-26 所示，具体查看建立通信一章，该章详细说明了端口的设置原理。

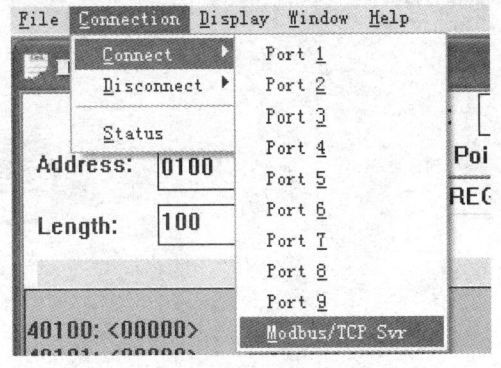

图 6-25 选择 connect 的 Modbus tcp　　　　　图 6-26 设置 502

如何设置数据？点击寄存器 40 100，会弹出设置框，如图 6-27 所示，在 Value 中设置寄存器的值 100，再点击 Update，即将 100 写入了 40 100 地址，下位机的模拟已经完成，可在综合监控界面及 TAG DEBUG 中查看接收到的值是否正确，如果不正确说明综合监控界面点位有问题，查询点位修改。

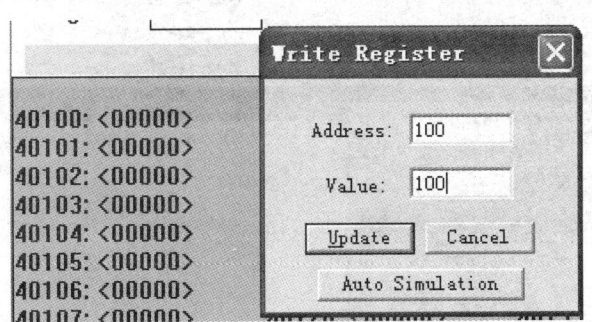

图 6-27 在 Value 中设置寄存器的值 100

第三目　如何正确下载和上传工程

综合监控系统采用 SVN 服务器实现对软件的标准化管理，在中央建立 SVN 服务器，每个车站的工程在修改后都传递到中央，车站也可以从中央下载最新版本的工程。

如何下载最新工程：如图 6-28 所示。选择车站工程，右键选择 SVN update，根据提示框即可进行下载。注意：图标内绿色小钩表示当前工程与 SVN 工程版本一致，如果为红色感叹号表示版本不一致。

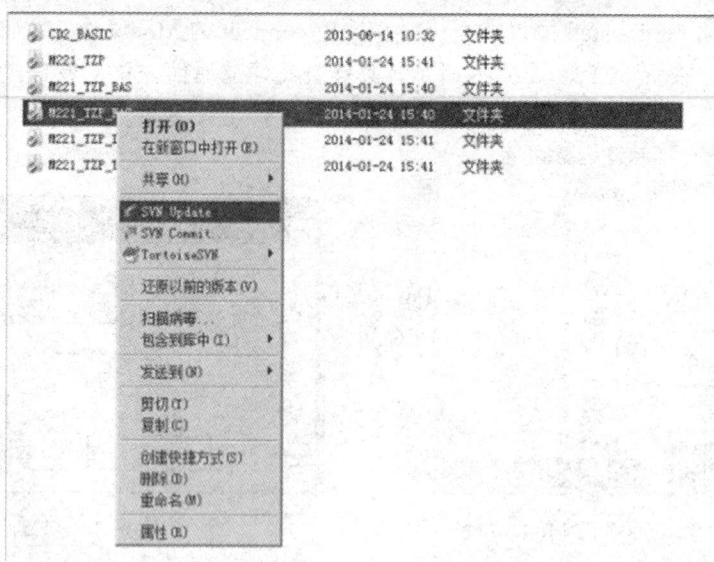

图 6-28 下载最新工程

注意：如果是新建的文件夹，在下载新工程时，采用先 checkout 然后再下载，如图 6-29 所示。

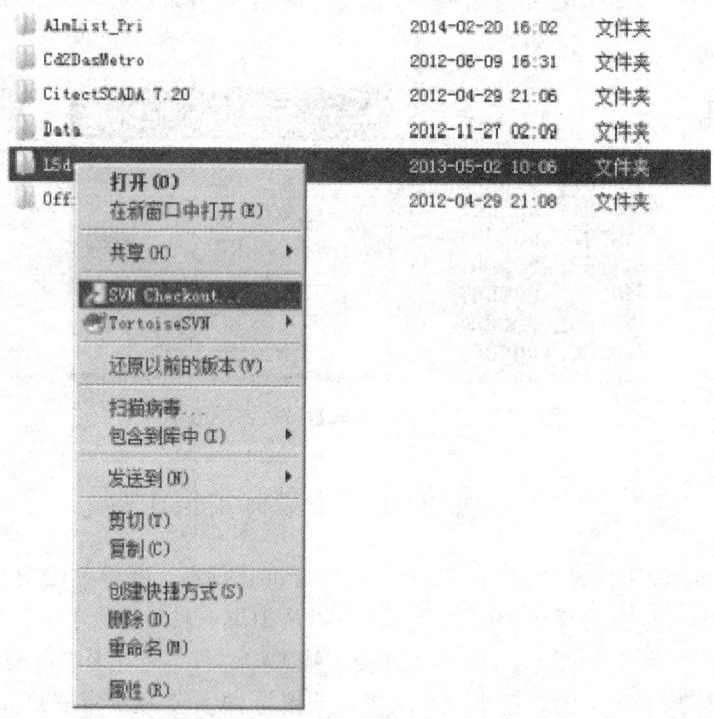

图 6-29 下载最新工程（新建文件夹）

第四目　如何导入导出交换机配置

对交换机配置进行备份,在出现紧急情况时,更换交换机硬件后立即导入交换机配置恢复设备。

首先在工作笔记本上安装 tftp 服务器,然后将配置保存在固定文件夹中。

如图 6-30 所示：设置服务器地址。

注意：服务器地址与交换机在同一网段。在浏览中设置交换机配置的存储地址。

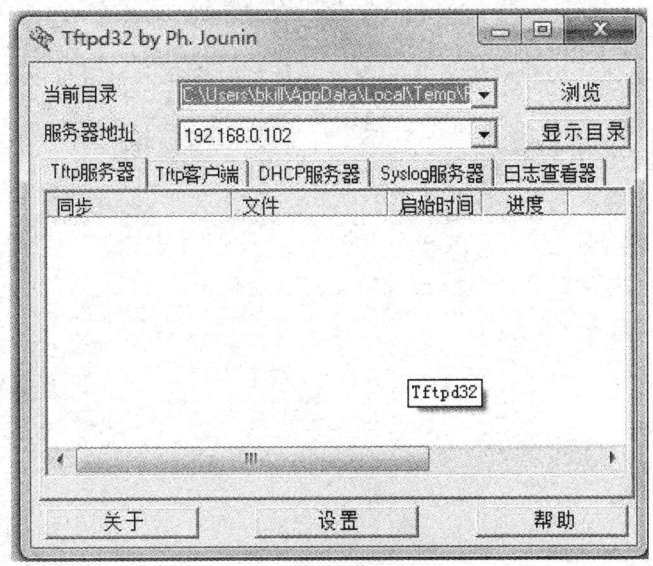

图 6-30　设置服务器地址

然后以特权模式登录交换机,如图 6-31 所示：

```
Switch>en
enable  english  enter
Switch>en
enable  english  enter
Switch>enable
Switch#Jan  1 00:01:05 User admin enter privilege mode from console 0, level = 15

Switch#copy tftp: flash:
Source file name[]?startup-config
Remote-server ip address[]?10.91.18.1
Destination file name[startup-config]?
```

图 6-31　特权模式

导入配置的过程,进入交换机特权模式：

（1）输入 copy tftp：flash（表示从 tftp 拷贝到交换机 flash）。

（2）根据提示 Source file name，输入笔记本中交换机配置文件名字为：startup-config。

（3）根据提示 rotemote-server ipaddress[]？输入 tftp 服务器的 ip：10.91.18.1

（4）根据提示 Destination file name [startup-config]？输入 y，即将配置文件导入并默认存储为文件名为 startup-config 的文件。

导出过程类似，采用逆向操作。

复习思考题

1. 如何检查本地计算机和网络上另一台计算机之间路径上的通信情况，操作中使用远程计算机的 IP 地址？
2. 如何浏览所有的 IP 配置组件？
3. 如何在每个集群中包含 I/O 服务器？
4. 如何在服务器上创建一个新变量标签？
5. 烟感报警位置与防火分区不一致时的处理方法是什么？

第四部分 新技术应用

第七章 新技术应用

【本章学习重点】

本章重点学习综合监控远程巡检系统、主所一键应急程控功能、水泵在线监测等几种新技术的基本功能。

第一节 综合监控远程巡检系统简介

地铁综合监控系统建立了统一的软硬件平台,实现了资源共享、互联互通、设备集中管理和维护,同时还可对子系统进行故障监测,并为紧急情况下事件的处理提供全面、及时的信息和控制能力,提高地铁整体运营调度管理水平,但对系统自身的运行状态缺乏诊断手段。

随着地铁线网化发展,综合监控设备越来越多,维护量越来越大,传统的人工现场巡检方式和事后故障处理方式已不能满足运营需求。综合监控远程巡检系统(图7-1)可实现在车站和中央的工作站、服务器、前端通信处理机上部署监视各设备系统性能的服务端程序,并在工班驻点及调度工作站上部署远程巡检客户端程序,实现对全线服务器、工作站、前端通信处理机、交换机的内存使用率、CPU利用率、CPU温度、硬盘剩余空间、软件运行时间、网络端口状态和组态软件各服务状态的在线监测,还可以对上述设备的集成系统和互联子系统在线/离线状态进行实时状态监测和异常报警,并提供相应异常报警和报表业务。

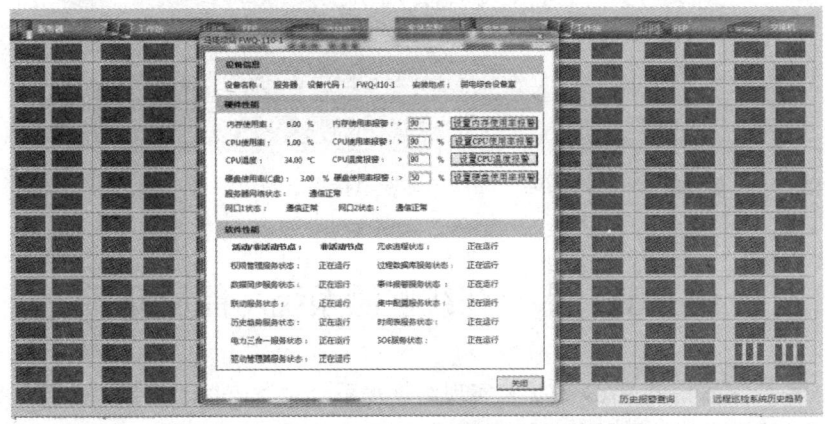

图7-1 综合监控远程巡检系统

一方面，该系统可辅助维保工班高效快速地完成对设备性能和运行状态的检查，替代现有的现场巡检模式，从而提升巡检效率、节约巡检时间。另一方面，通过巡检系统可对运行中的设备性能状态进行检查鉴定，以判断其运转是否正常，有无异常与劣化征兆，对故障进行预判，预测其劣化趋势，以便事前采取针对性措施控制和防止重大故障发生，提高设备的稳定性。

第二节　主所一键应急程控功能简介

每条地铁线路都设置 2 个及以上的主所为地铁列车和车站提供电源，在其中一个主所两路电源失电的情况下，需由其他主所对其进行支援供电。如果电调人工执行倒闸操作，完成失电主所断路器分闸、切全线三级负荷、保护定值组切换、合环网联络开关、合主所断路器等相关操作大概耗时 30 min。在综合监控平台上开发主所一键应急程控卡片程序（图 7-2），可根据供电工艺及规则，实现在主所退出环网运行，另一主所支援供电的情况下，由程序自动执行相关开关的分合闸顺序控制、保护定值组自动切换等工作，整个支援供电大概耗时 4 min。采用一键应急程控功能可以避免人为操作失误的风险，还可以快速切换供电方式，减少故障对列车牵引及车站用电的影响。

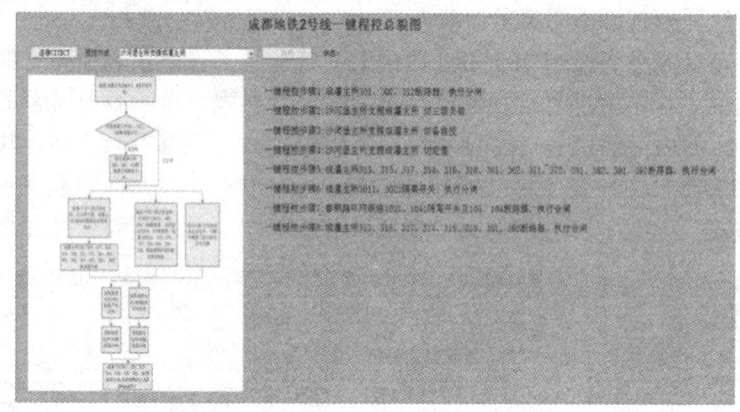

图 7-2　主所一键应急程控总貌

第三节　水泵在线监测系统功能简介

综合监控系统深度集成 BAS 系统，实现给排水系统设备监视、控制、故障报警、运营统计等相关功能。水泵在线监测功能（图 7-3）作为综合监控系统新增内容，可实现对全线给排水系统水泵集中监控,具备对各个车站、区间给排水系统水泵故障进行预警,对水位上升趋势进行预判和预警,对传感器故障、排水异常报警、报警阀值配置、水泵运行时间统计、检修超时、预防性维修报表进行统计与分析等功能。该功能为调度、检维修人员直观地掌握各线路全线水泵运行情况提供了条件,预警功能为检修人员提前发现问题争取了时间,预防性维修报表统计与分析可为检修维修人员分析查找问题以及修程修制的修定提供数据支撑。

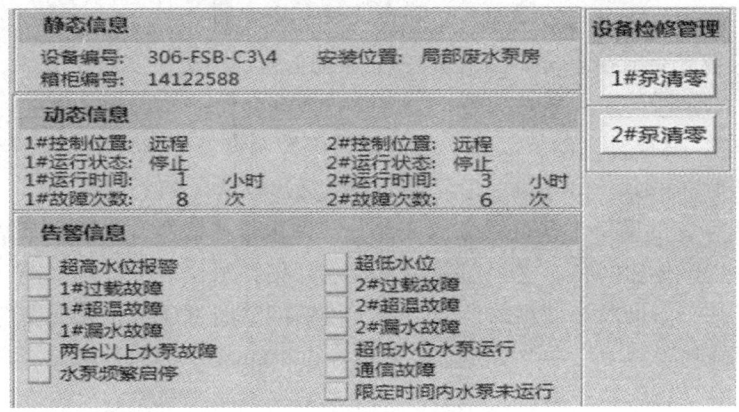

图7-3　水泵在线监控系统

复习思考题答案

第一章 综合监控系统介绍

1.（1）中央级综合监控系统（CISCS），主要设备包括历史、实时服务器、中央交换机、磁盘阵列、调度工作站、大屏幕系统等。（2）车站级综合监控系统（SISCS），主要设备包括车站服务器、FEP、交换机、IBP 盘等。（3）现场级控制设备（各被集成子系统部分），包括 FAS 探头、手报按钮、BAS 传感器、远程智能输入输出模块（RI/O）等。

2. 综合监控系统的网络大致可以分为三部分，即主干传输网、中央和车站局域网和现场总线网络。（1）主干传输网络。主干网采用冗余双环拓扑结构进行构建，用于综合监控系统控制中心与各车站、车辆段局域网的连接。主干传输网络通过通信系统提供的单模光纤实现连接。中央、车站和车辆段与主干网的连接采用 1 000 Mb/s 单模光纤接口。主干传输网的交换设备采用工业级的以太网交换机。（2）中央和车站局域网包括控制中心、各车站、车辆段的综合监控系统内部局域网。（3）车站级局域网为双冗余的 1 000 Mb/s 以太网，符合 IEEE802.3 系列的相关标准。车站级局域网采用冗余工业以太网交换机组建（通过千兆单模光纤接口连接主干传输网络）。

第二章 地铁中常用的通信协议

1. 标准的 Modbus 协议通信介质为串口（RS232\RS422\RS485），分为两种传输模式（ASCII 或 RTU）。

2. 01：读取线圈状态；02：读取输入状态；03：读取保持寄存器；04：读取输入寄存器。

3. 三层次结构分别为 OPC Server、OPC Group、OPC Item。

（1）OPC Server：OPC 服务器的一个实例，它自动含有一个 OPC 组集合对象，并可在其基础上生成一个 OPC 浏览器对象；它是创建其他对象的基础，是客户端程序必须首先实例化的对象，可以使用 OPC 数据访问自动化接口的"connect"方法和数据源连接。

（2）OPC Group：主要用于客户程序组织管理数据项，属性包括名称、刷新率、服务器句柄等。方法主要有同步、异步读写操作和数据刷新，异步读写完成与否或者指定项的数据改变都将触发事件，通过检测这些事件可以提高数据访问的效率。

（3）OPC Item：描述客户和数据服务器的一个连接，属性包括父结点、访问句柄、类型、品质、时间标签等。方法是读写数据，存储具体 Item 的定义、数据值、状态值等信息。

第三章 综合监控系统功能及接口知识

1.（1）无综合监控情况下，各系统分散，需要操作的系统很多，会造成遗漏及慌乱情况。

（2）综合监控联动功能，可以在火灾时及时联动排烟、广播、AFC、PSD、CCTV、导向等系统，及时方便快捷安全地完成防灾。

2.（1）综合监控接口系统众多，与AFC、信号、PSD、PA、CCTV等20余个机电系统有接口，因此综合监控系统从实质上来讲是一个接口系统。（2）综合监控的联动功能可以使各机电系统在设定条件下自动实现各项功能，免去了站务及调度人员的烦琐操作，一方面在防灾救灾中提高了效率，另一方面也是综合监控系统人性化、方便性的体现，因此综合监控的联动功能是系统承包的关键所在。

3.（1）隧道列车阻塞模式：当列车在隧道内停留超过某一预定时间时，信号系统经数据接口向综合监控系统发出列车阻塞信号，以激活隧道环控系统启动隧道列车阻塞模式来提供隧道通风。（2）列车进站广播及旅客信息显示：根据列车实时的行车信息（轨道电路状态）确定列车进站状况，实现进站列车自动广播、车站信息显示功能。（3）自动扶梯与导向标识联动：根据自动扶梯的运行状态控制相应的导向标识的显示。（4）自动售检票闸机与导向标识联动：根据自动售检票闸机的出入运行状态控制相应导向标识的显示。（5）牵引电源与区间照明联动：将监视从SCADA收到的牵引直流开关器的状态，然后根据逻辑表打开或关闭有关的区间照明部分。（6）火灾报警与广播及闭路电视联动：综合监控系统在接收火灾报警信息后，自动切换闭路电视监视火灾报警区域，同时在HMI上发出弹出的窗口信息，操作员需作出确认后才将服务广播强制切换成火灾应急广播模式，如不确认或选择取消则继续进行正常服务广播。（7）车站关闭\疏散模式：综合监控系统将在工作站人机界面及IBP上提供"车站关闭"/"车站疏散"模式功能，此功能将由操作员手工激发启动及停止。（8）早间启运ISCS联动功能：车站照明、电扶梯、导向系统、AFC、BAS等系统根据系统运营时刻表就行早间启运联动，根据时刻表的编排有序地进行设备启动并投入运营。（9）夜间停运ISCS联动功能：AFC、电扶扶梯、导向系统、BAS等系统根据系统运营时刻表进行晚间停运联动，根据时刻表的编排有序地进行设备停运状态；PIS、PA系统提前对乘客给出响应提示，AFC出闸机开放、进闸机锁闭。（10）列车在站台火灾：根据火灾处理联动预案进行车站防排烟。同时，PSD、AFC、PA联动有序疏散乘客，AFC进闸机锁闭，出闸机开放。（11）列车在隧道火灾：根据火灾处理联动预案启动区间隧道通风模式。PA、PIS系统提示疏散相邻车站乘客。（12）车站非公共区域火灾：启动水喷淋系统、启动消防泵系统并确认相邻车站区间泵运行方式；同时，PA、PIS系统提示乘客疏散。（13）TFDS系统与隧道通风系统联动：综合监控从TFDS系统接收到隧道温度过高信号后，人工确认后触发隧道排烟模式。（14）AFC系统与CCTV系统联动：从AFC系统接收到异常客流信息后，自动显示相应站厅的CCTV图像。（15）PSD系统与CCTV系统联动：从PSD系统接收到站台门故障报警信息后，自动显示相应站台的CCTV图像。（16）FAS系统与门禁系统联动：综合监控系统在接收火灾报警信息后，可自动根据火灾区域确认情况启动与门禁系统的相关联动，根据具体情况确定相应门的开闭。

4.（1）就地设备；（2）IBP；（3）BAS 维护工作站；（4）车站工作站；（5）中央工作站。

第四章　典型设备检修标准及维护要点

1. 综合监控典型设备有 4 个维护周期的典型设备有服务器、FEP、交换机，4 个维护周期分别为日、双周、季度、年度。

2. 综合监控典型设备有 3 个维护周期的典型设备有 IBP 盘、大屏系统、工作站等，3 个维护周期分别为双周、季度、年度。

3. 综合监服务器的年检检修标准如下：

（1）服务器中的杀毒软件运行正常，病毒库使用及查杀记录正常。

（2）扫描服务器全盘无病毒。

（3）服务器卫生情况：手摸及目测均无尘土。

（4）对服务器进行镜像备份。

4. 综合监控服务器的季检检修标准如下：

（1）服务器各相关进程运行正常。

（2）主备服务器冗余正常，检查服务器工程版本为最新。

（3）KVM 切换正常。

（4）服务器的卫生情况：手摸及目测均无尘土。

5. 综合监控 IBP 盘的双周检检修标准如下：

（1）IBP 盘上按钮应动作灵活、无卡阻，所属系统区的按钮灯都能正常亮灯，非自复按钮处于正常位置。

（2）IBP 盘面保持干净，柜内、桌面设备摆放整齐，硬件设备完好。

（3）IBP 盘柜体上元器件无破损、安装无松动，柜体表面无刮痕、脱漆等。

（4）IBP 盘上各指示灯状态正常。

6. 综合监控工作站的双周检检修标准如下：

（1）工作站硬件完好正常，显示器无水波纹、色温正常，视屏线无松动，未造成显示异常。

（2）综合监控各子系统网络连接正常。

（3）操作系统运行正常，CPU、内存占用率正常，驱动正常，IBP 时间与工作站时间差范围在 1 s 左右。

（4）综合监控工作站无死机以及通信中断现象。

（5）能成功进入综合监控系统平台软件界面并对其进行正常操作。

7. 综合监控 FEP 的日检检修标准如下：

（1）FEP 的各组态软件及进程运行正常，FEP 操作系统和网络数据收发正常。

（2）FEP 的 CPU 及内存使用正常。

（3）时钟同步软件运行正常。

（4）各互联子系统无离线状态。

8. 综合监控大屏系统的双周检检修标准如下：

（1）所有投影单元后部电源板上的绿色 STANDBY 电源指示灯已经点亮，电源供应正常。

（2）各信号指示灯（节点机指示灯、RGB 服务器、控制服务器和视频服务器设备指示灯、桌面服务器、电力、客流、ATS 服务器硬件指示灯、硬件防火墙指示灯）、LED、服务器面板指示灯正常，报警灯无报警。

（3）磁盘指示灯状态正常，磁盘阵列主机运行正常。

（4）大屏灯泡正常，无灯泡损坏。

（5）大屏系统使用环境温度（22.5+5）°C。

（6）时钟服务器面板显示状态正常，查看系统时间准确。

（7）投影机亮度正常、图像清晰。

（8）大屏管理控制工作站软、硬件运行正常。

（9）多屏处理器软硬件运行正常。

第五章　人机界面标准（人机）

1. 打到联动位不能通过 IBP 盘紧急释放，非联动位则可以通过 IBP 紧急释放。

2. 能执行环控模式。

3. 运行时是绿色并且扇叶旋转，停止时是灰色，停止故障时是黄色，运行故障时是黄色并且扇叶旋转，故障时是红色，异常、通信故障时是蓝色。

4. 设备运行总览图是以列表的形式列出 BAS 系统大系统、小系统、隧道通风系统的所有风机、空调等重要设备，方便运营人员清楚掌握 BAS 所有重要设备的当前运行状态并对其进行控制。该画面还以表格的形式列出了大系统、小系统、隧道通风系统当前正在执行的模式号及模式说明。在画面右下是图例说明，标明每个颜色所代表的设备状态，帮助运营人员迅速了解和掌握综合监控系统平台。

5. IBP 盘上有各个子系统紧急控制的按钮和关键设备的状态显示，作为紧急情况下和在车站监控系统故障造成无法通过监控系统进行监控操作时的后备操作手段。在紧急情况下由车站值班员操作指令按钮，实现对设备和各个子系统的紧急控制。

6. 监控全线供电系统设备，包括主变电所、混合变电所、牵引变电所、降压或跟随变电所、1500DC 接触网、低压配电室等，包括的主要供电设备如下：

（1）110 kV 供电系统设备；

（2）35 kV 供电系统设备；

（3）1 500 V DC 牵引电力系统设备；

（4）1 500 V DC 接触网设备；

（5）400 V 低压配电系统设备；

（6）不间断电源供电系统设备。

第六章　故障处理分类

1. 使用 tracert 命令来检查本地计算机和网络上另一台计算机之间路径上的通信情况，操作中使用远程计算机的 IP 地址查看步骤是：

（1）打开一个命令窗口（cmd）。

（2）在 C:\提示行输入：TRACERT[远程计算机 IP 地址]〈回车〉。

（3）如果在课堂上允许与外部网络通信，可以尝试连接互联网上的其他地址。

2. 使用 ipconfig 命令，并加/all 属性：

（1）打开一个命令窗口（cmd）。

（2）在 C:\提示行输入：ipconfig/all〈回车〉，此命令可浏览所有 IP 配置配件。

3. 工程中已经存在 I/O 服务器。打开 I/O 服务器定义表，并将添加到相应的集群中的步骤为：

（1）打开 Citect 管理器，并选择 Pulp 工程。

（2）打开 Citect 编辑器。选择 servers（服务器）→I/O Servers（服务器）。

（3）从 Cluster Name（集群名）下拉列表中选择 Puip-Cluster-1。

（4）点击 Replace（更新）。

4. 在服务器上创建一个新变量标签的方法：

（1）打开 Citect 工程编辑器并选择 Tags（标签）→Variable Tags（变量标签）。

（2）创建一个新的 Variable Tags（变量标签），并点击 Add（添加）即可。

5. 因烟感在画面上的位置是手动定位，与防火分区不一致，所以判断是烟感点位报警分区设置错误（作答时不需要画图）。

处理方法：①登录配置客户端如图 1 所示。

②确定烟感点位如图 2 所示。

③查看烟感火灾报警分区画面连接，并修改，如图 3 所示。

④查看烟感火灾报警分区参数，并修改，如图 4 所示。

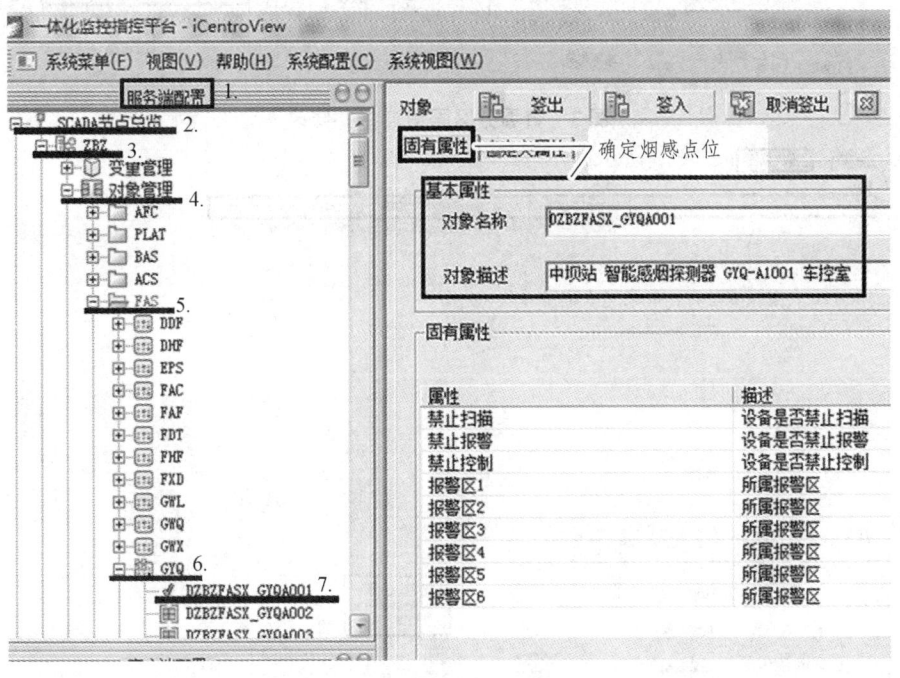

图1

图2 确定烟感点位

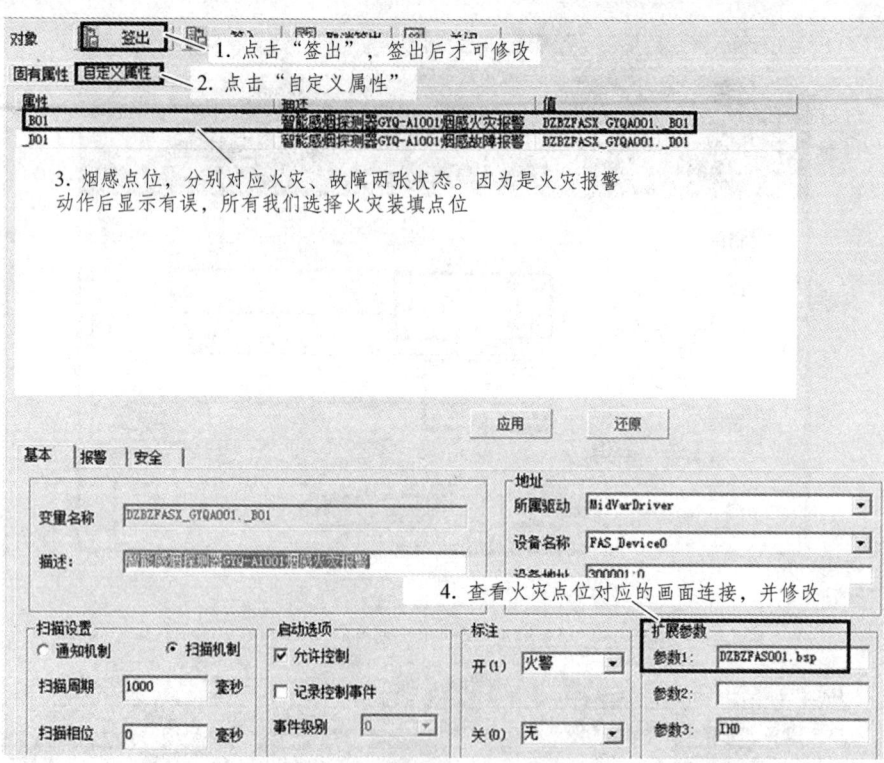

图3 查看分区画面连接并修改

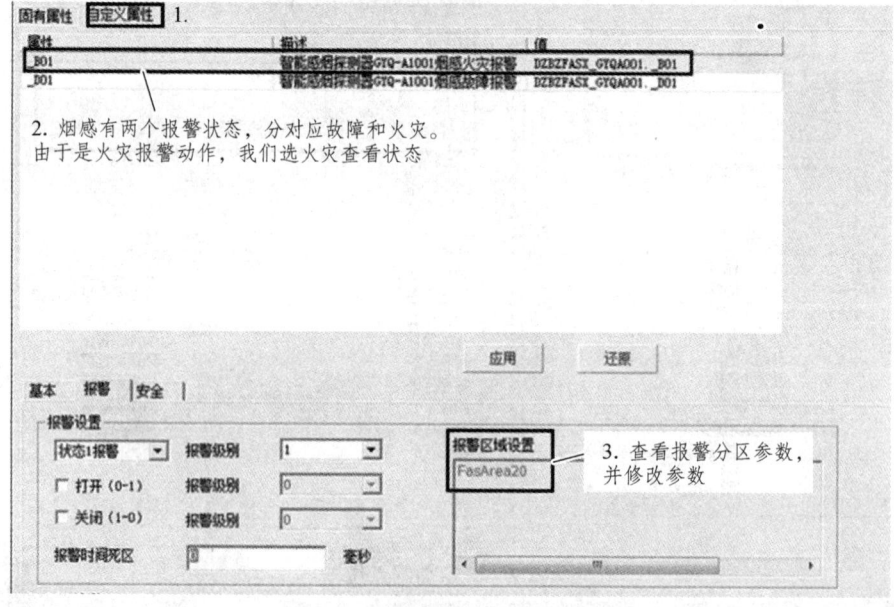

图4 查看报警分区参数并修改

⑤ 保存修改，并部署，如图 5 所示。

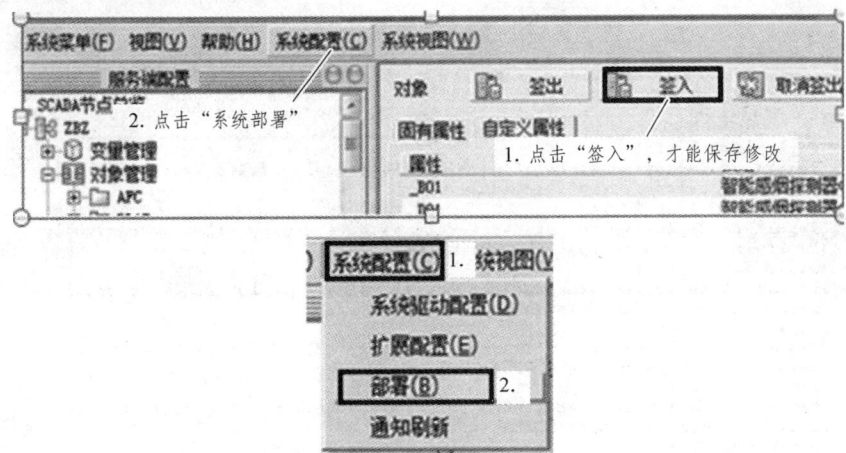

图 5　保存修改并部署

点击"部署"后，在弹出的对话框中点击"确定"，否则服务器不刷新，服务器仍使用旧的点位如图 6 所示。

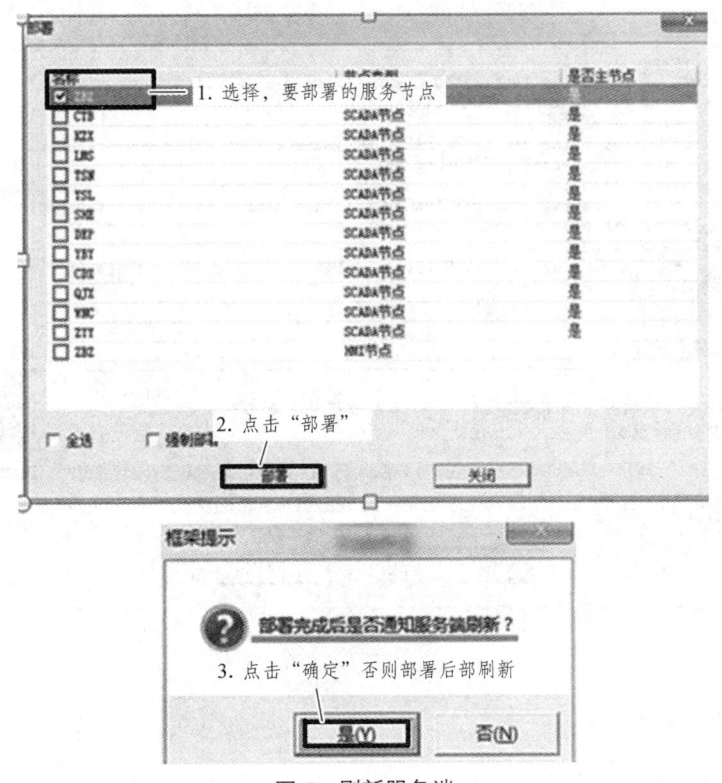

图 6　刷新服务端

225

⑦ 部署中及完成后注意事项如图 7 所示。

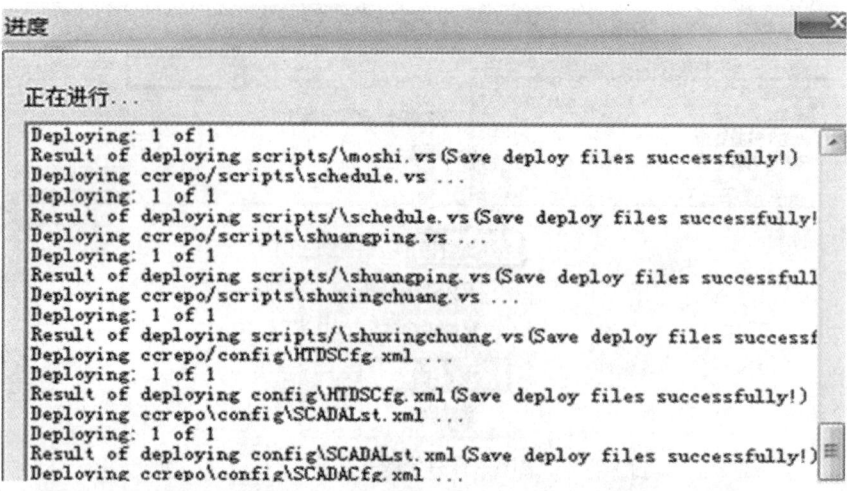

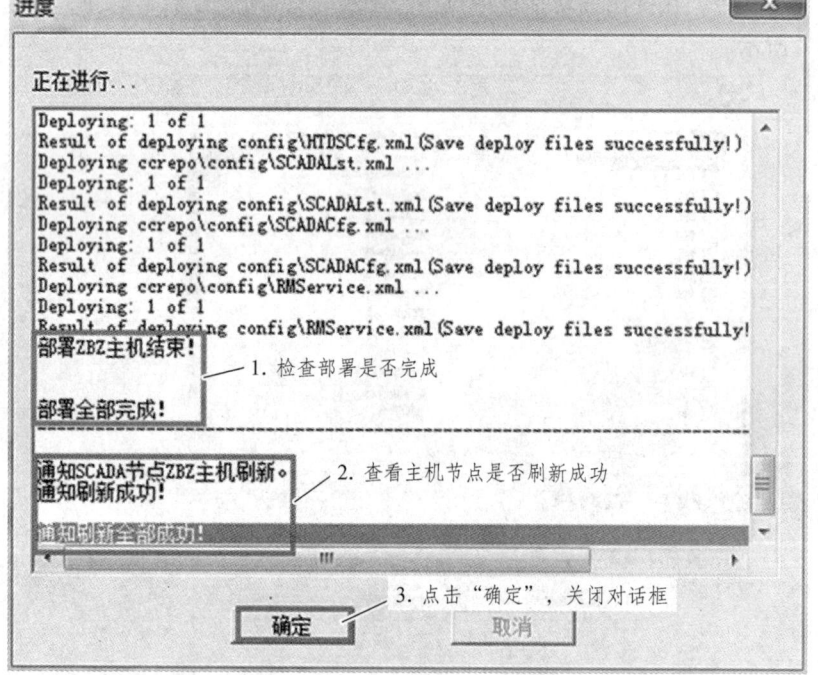

图 7 注意事项

参考文献

[1] 工业和信息化部. GB 50636—2010 城市轨道交通综合监控系统工程设计规范[S]. 北京：中国计划出版社，2011.

[2] 北京市规划委员会. GB 50157—2013 地铁设计规范[S]. 北京：中国建筑工业出版社，2013.

[3] 住房和城乡建设部. GB 50490—2009 城市轨道交通技术规范[S]. 北京：中国建筑工业出版社，2009.

附录 名词解释

1. ACS（Access Control System）：门禁系统
2. AFC（Automatic Fare Collection）：自动售检票系统
3. ATO（Automatic Train Operation）：自动列车驾驶系统
4. ATS（Automatic Train Supervision）：列车自动监控系统
5. BAS（Building Automation System）：环境与设备监控系统
6. BS （PA）(Broadcasting System）：广播系统
7. CAS（ALM）(Centralized Alarm System）：集中告警系统
8. CS（CLK）(Clock System）：时钟系统
9. ESC（Escalator）：自动扶梯系统
10. FAS（Fire Alarm System）：火灾自动报警系统
11. FC（Fiber Channel）：光纤通道
12. FEP（Front End Processor）：前端处理器（前端通信机）
13. FG（Flood Gate）：防淹门系统
14. I/O（Input/Output）：输入/输出
15. IBP（Integrated Backup Panel）：综合后备盘
16. IEEE（Institute of Electrical & Electronic Engineers）：电气与电子工程师协会
17. ISCS（Integrated Supervision and Control System）：综合监控系统
18. HMI（Human Machine Interface）：人机界面
19. NMS（Network Management System）：网络管理系统
20. OCC（Operating Control Center）：控制中心
21. OPS（Overview Projection System）：大屏幕系统
22. PIS（Passenger Information System）：乘客信息系统
23. PED（PSD）(Platform edge Door）站台门系统
24. PSL（PED System Local controller）：站台门系统就地控制器
25. RCS（Radio Communication System）：无线通信系统
26. PSCADA（Power Supervisory Control And Data Acquisition System）：电力监控系统
27. SCADA（Supervisory Control And Data Acquisition System）：数据采集与监视系统
28. SOE（Sequence Of Event）：事件顺序记录
29. TCP/IP（Transmission Control Protocol/Internet Protocol）：传输控制协议/网络互联协议

30. TFDS（Tunnel Fire Ditect System）：隧道火灾探测系统

31. TS（Transmit System）：传输系统

32. UPS（Uninterrupted Power System）：不间断电源系统

33. 接口界面：综合监控与接口设备的位置分界

34. 物理接口：综合监控与接口设备的接口类型及接口功能

35. OPC：（OLE for Process Control）是为过程控制设计的 OLE 技术，由一些世界上技术上占领先地位的自动化系统和硬件、软件公司与微软公司紧密合作而建立，OPC 基金会负责 OPC 规范的制定和发布。

36. DCOM：（分布式组件对象模型，分布式组件对象模式）一系列微软的概念和程序接口，利用这个接口，客户端程序对象能够请求来自网络中另一台计算机上的服务器程序对象。DCOM 基于组件对象模型（COM），COM 提供了一套允许同一台计算机上的客户端和服务器之间进行通信的接口。

37. OLE：在客户应用程序间传输和共享信息的一组综合标准。允许创建带有指向应用程序的链接的混合文档以使用户修改时不必在应用程序间切换的协议。OLE 基于组件对象模型（COM）并允许开发可在多个应用程序间互操作的可重用即插即用对象。该协议已广泛用于商业上，在商业中电子表格、字处理程序、财务软件包和其他应用程序可以通过客户/服务器体系共享和链接单独的信息